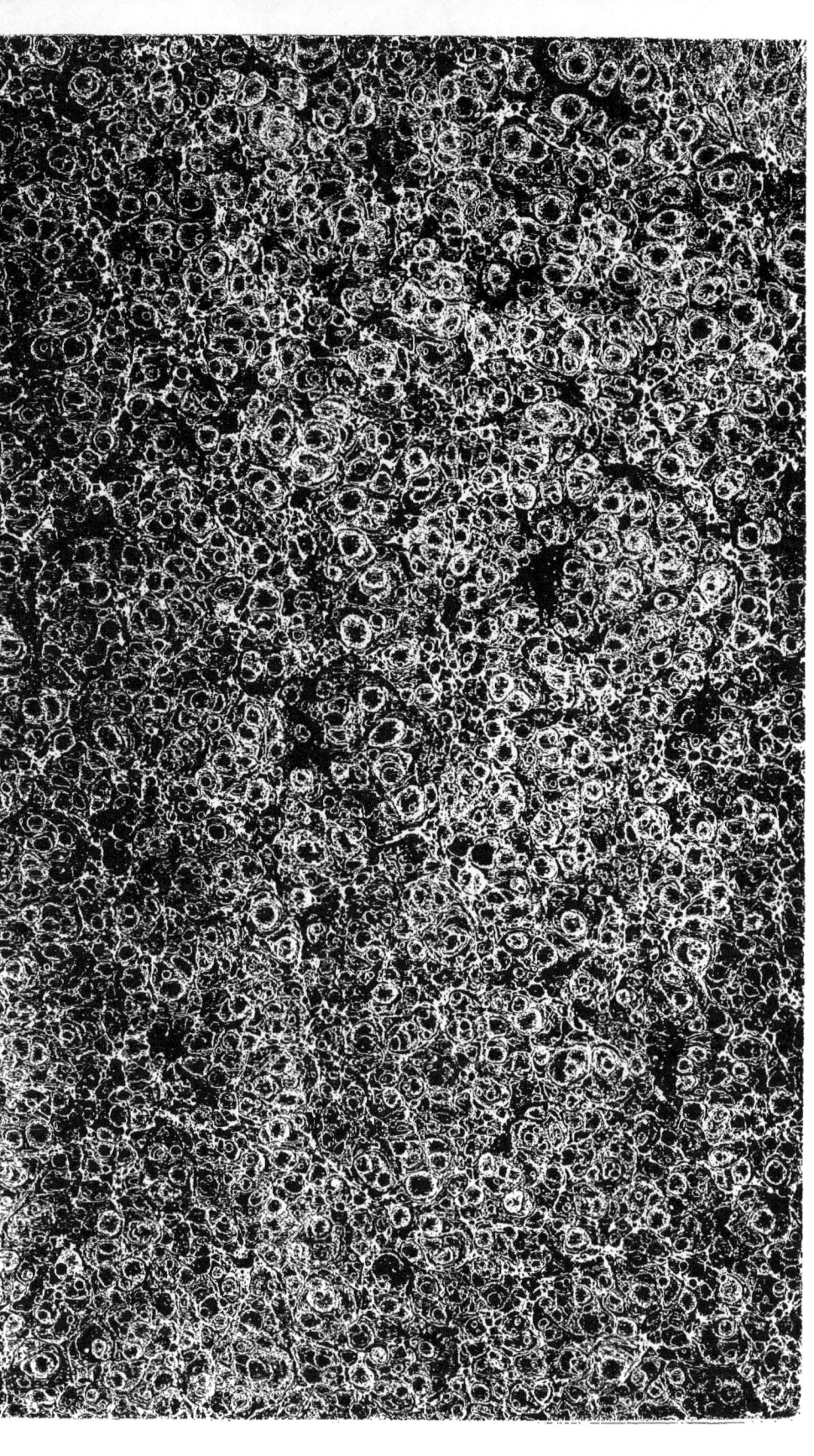

UN HOMME D'ŒUVRES

FERDINAND-JACQUES HERVÉ-BAZIN

1847-1889

ALFRED MAME ET FILS
ÉDITEURS À TOURS

UN HOMME D'ŒUVRES

FERDINAND-JACQUES HERVÉ-BAZIN

PROPRIÉTÉ DES ÉDITEURS

Ferdinand-Jacques Hervé-Bazin.

UN
HOMME D'ŒUVRES

FERDINAND-JACQUES
HERVÉ-BAZIN

1847-1889

TOURS
ALFRED MAME ET FILS, ÉDITEURS

M DCCC XCV

AVERTISSEMENT

Nous publions ici une nouvelle édition d'un livre qui a été accueilli très favorablement lors de son apparition, en 1891 [1]. Nous n'en avons retranché que certains détails qui, par leur relation même avec des événements déjà loin de nous, ont perdu de leur intérêt.

Dans une préface mise en tête de ce volume, deux amis de M. Hervé-Bazin, MM. le marquis de Moussac et Paul de Monvallier, écrivaient :

« Il n'est pas de spectacle plus salutaire et de leçon plus éloquente que la vie d'un homme de bien. Nous n'avons jamais mieux senti cette vérité qu'à la lecture des pages consacrées à l'un de nos meilleurs, de nos plus chers amis, Ferdinand Hervé-Bazin. Le 8 janvier 1889, à Angers, la mort le terrassait en quelques heures. Par un de ces coups soudains que la science est impuissante à conjurer il tombait à quarante et un ans, frappé au milieu du bonheur domestique le plus complet et le plus pur, dans la pleine maturité de son

[1] L'édition première a été faite par la Société générale de librairie catholique (Victor Palmé), format in-8º, avec portrait de M. Hervé-Bazin.

talent, dans tout l'épanouissement d'une activité aussi intelligente que féconde.

« De toutes parts, ceux qui l'avaient connu exprimèrent le désir de voir revivre, dans le cadre d'une biographie, sa virile et attachante physionomie. Leur vœu a été entendu. Ce livre est un portrait tracé d'après nature, par un pinceau aussi fidèle qu'habile et délicat. Nul ne pouvait mieux remplir cette tâche que l'un de ceux qui vécurent près de lui pendant vingt années dans une intime et perpétuelle fraternité d'idées, d'affections et de travaux.

« L'auteur n'a eu qu'à laisser parler ses souvenirs et son cœur pour nous donner un livre excellent, dont on peut dire avec La Bruyère :

« Quand une lecture vous élève l'esprit et qu'elle
« vous inspire des sentiments nobles et courageux, ne
« cherchez pas une autre règle pour juger de l'ouvrage :
« il est bon et fait de main d'ouvrier. »

« D'un bout à l'autre, ces pages nous élèvent dans une sphère presque idéale où l'homme, l'époux, le père, le professeur, le citoyen, le chrétien, nous apparaît animé des sentiments les plus nobles, des ambitions les plus désintéressées, des vertus les plus hautes.

« Homme d'étude et d'action, orateur entraînant, professeur émérite, écrivain et journaliste distingué, Hervé-Bazin était surtout un homme de cœur et de dévouement, un catholique tout vivant de vie surnaturelle, une âme toute débordante de zèle et de charité. »

Ce sont ces considérations qui nous ont décidés à donner une nouvelle édition de *Un Homme d'œuvres,* et à offrir de nouveau au public cette biographie toute pleine d'enseignements.

UN HOMME D'ŒUVRES

FERDINAND-JACQUES HERVÉ-BAZIN

I

La vallée de la Loire. — La famille de Ferdinand Hervé. — Mort de son père. — Premiers emprunts aux *Cahiers rouges*. — Mort de sa grand'mère et de son grand-père. — Entrée au lycée d'Angers; ce qu'il y souffre. — Compliment à Mgr Angebault. — Lettre à sa mère. — Mort de sa mère. — Il est reçu bachelier.

La vallée de la Loire, de Nantes à Blois, offre le même caractère. Elle est très fertile et très peuplée. La terre y est morcelée, meuble, propre à toutes les cultures : herbages, froment, avoine, chanvre, légumes, elle nourrit abondamment tout ce qui germe en elle. Beaucoup de peupliers, beaucoup d'oseraies et de saulaies au bord de l'eau, qui donnent au paysage une teinte neutre, un peu grise : au milieu coule le fleuve, toujours large, coupé de bancs de sable, encadré de collines souvent couvertes de vigne. Tout le monde connaît cet aspect riant, d'un grandiose atténué par la douceur des contours et des couleurs. Il a été plusieurs fois décrit. Nous n'y reviendrons pas.

Mais dans cette vaste plaine il y a, quand on observe, bien des cantons distincts. Et l'un d'eux c'est le coin de pays compris entre Trélazé et Beaufort. Ce qu'il a de particulier? Précisément la réunion au plus haut degré de tous les traits propres à la vallée de la Loire : douceur de climat, fécondité remarquable du sol et variété de ses productions, et aussi la culture qu'on y fait des graines. Une partie de ce commerce, que Paris centralise, comme tant d'autres, s'approvisionne à Andard, à Brain-sur-l'Authion, à Corné, à Mazé. Mais la graine, c'est la fleur auparavant, et rien n'est joli comme de voir, aux mois d'été, des champs entiers couverts de pétunias, de reines-marguerites, de capucines, de zinnias, de lin, de carottes, de salsifis, de balsamines en fleur. Cette richesse de couleurs passe vite, mais elle en cache une autre qui demeure. La culture des graines a été longtemps rémunératrice. Elle fait vivre encore un assez grand nombre de gens. On peut dire qu'elle est désormais passée dans la contrée à l'état de tradition.

Le premier qui la tenta, et, après quelques années, l'acclimata, fut M. Ferdinand Hervé, le père de celui dont ce livre raconte la vie. Il habitait, dans la commune de Brain-sur-l'Authion, le petit manoir de Rousson, acheté par un aïeul vers 1780. Un toit mansard sur un étage en pierres de tuf, deux petites ailes avançantes, des servitudes qui les prolongent, une grille en bois qui ferme la cour : voilà le logis. Autour, quelques champs formaient le domaine; en avant s'ouvre la vallée plate de la Loire, et derrière, deux bois de haute futaie et quelques coteaux de vigne ferment l'horizon.

M. Ferdinand Hervé vivait là, avec son père et sa mère, à la mode ancienne, dirigeant lui-même ses domestiques et ses journaliers dans l'exploitation de sa terre. C'était un homme simple et actif, entendu aux affaires, considéré parmi les siens. Son seul chagrin, pendant les douze premières années de son mariage fut de ne pas avoir d'enfants. Sa femme[1] et lui en demandaient à Dieu, allant en pèlerinage, suivant une coutume touchante du pays, à la petite chapelle de La Réalle, dédiée à la sainte Vierge. Aussi ce fut une grande joie quand l'enfant tant désiré naquit enfin, le 11 juin 1847. On l'appela Ferdinand-Jacques. Trois ans plus tard, un second fils, Henri, naquit à son tour, et le père, songeant à l'avenir de ces deux enfants, se sentit, pour travailler et accroître sa fortune, une ardeur qu'il n'avait point eue jusque-là.

C'est alors qu'il entreprit en grand la culture des graines dont nous avons parlé. Pendant plusieurs années les gains furent magnifiques. Les deux garçons grandissaient dans la saine liberté de la campagne ; tout allait à souhait, la famille était en plein bonheur, quand tout à coup la mort vint enlever le chef. Il fut emporté, le 9 septembre 1856, par une fièvre scarlatine.

Ce deuil, si cruel et si soudain, laissa dans l'esprit de Ferdinand-Jacques une ineffaçable impression. La mère en conçut un tel chagrin qu'il s'opéra en elle, à partir de ce jour, un changement presque complet. Elle eut à

---

[1] Il avait épousé Mlle Éléonore Brault, de la paroisse de Charcé.

s'occuper des lourdes affaires qui lui restaient à régler, des enfants, dont l'éducation l'inquiétait déjà. Les soucis prirent dans son âme la large place qu'y avait occupée la joie.

Ici nous commençons à emprunter à ces notes personnelles, écrites sans aucun souci de publication, que Ferdinand-Jacques, tout jeune encore, entreprit de jeter sur des cahiers qu'il appelait « ses cahiers rouges », et qu'il n'interrompit jamais, jusqu'à la fin de sa vie.

« J'ai à peine connu mon père, écrit-il. C'était un homme de haute taille, très vigoureux, sanguin ; il avait les cheveux très frisés, à demi blancs, et portait un collier de barbe. C'était une physionomie à la fois douce et forte, très caractéristique. Il aimait tendrement ma mère, qui paraissait toute petite auprès de lui. Mon père augmenta beaucoup notre fortune. Il sut acheter les prairies de l'Authion alors qu'elles n'étaient encore que des marais, et, dans les dernières années de sa vie, il entreprit une culture de graines qui réussit à lui donner trente à trente-deux mille francs de produit net par an.

« Mon père mourut en 1856, après la grande inondation de la Loire, qui causa tant de ruines. Il avait été très fatigué par les constructions de digues et par des émotions de toutes sortes. J'étais encore tout enfant. Je le revois s'appuyant sur la table des serviteurs et se plaignant d'un violent mal de tête. C'était un vendredi. Trois jours après, il n'était plus. Une grande foule accompagna son convoi, on disait que la commune perdait beaucoup, et on plaignait ma mère, qui restait seule avec deux petits enfants, et la charge d'une grosse liquidation.

« Notre mère accepta vaillamment sa tâche. Elle ne quitta jamais le deuil, mais s'occupa beaucoup de nous. Ignorante de la vie, elle demanda des conseils à tous nos parents... Ma mère était extrêmement douce, simple, bonne, et parfois faible. J'ai encore présents à l'esprit ses conseils, et les prières qu'elle nous faisait dire le soir, celle-ci surtout, que j'ai redite tous les jours de ma vie : « Mon Dieu, je vous donne mon cœur, rem-
« plissez-le, s'il vous plaît, de votre sainte grâce et de
« votre saint amour. »

Nous trouvons ailleurs cet autre souvenir :

« Dire que mon père est mort il y a douze ans, et que ceux qui l'ont connu m'en parlent encore en pleurant! Oh! c'était là un bon ménage. Tenez, je vais vous en donner un exemple. Il aimait et respectait beaucoup ma mère. Or, survenait-il dans le cours d'une semaine, au milieu des occupations immenses de toute la maison, une petite contrariété qui jetait de la froideur entre mon père, ma mère, mon grand'père ou ma grand'mère, le dimanche suivant, chose singulière, ils voulaient tous aller à la première messe. Alors tout le monde partait, à cinq heures et demie du matin (il y avait trois petits quarts de lieues à faire), j'allais avec eux, et qu'arrivait-il? Sans s'être entendus, mon père et ma mère communiaient tous deux! Et puis, tous deux émus et charmés, ils revenaient le bras sous le bras, ne causant point, mais savourant avec délices l'air pur du bon Dieu, le chant des oiseaux qui saluaient le jour. Le soleil lançait sur eux ses premiers rayons, et semblait leur apporter à la fois la vie et le bonheur. Oh! c'était beau et bon, et sans comprendre, moi, tout petit, je courais devant eux. Ils me rappelaient en se souriant l'un à l'autre, et m'embrassaient sur la même joue. Ah! tenez, ces souvenirs si pleins de poésie et d'élévation m'émeuvent encore; je ne les oublierai de ma vie. »

Dans le grand malheur qui l'avait atteinte, il restait à la pauvre veuve un doux et sûr appui dans l'affection de son beau-père. Ce bon vieillard est resté honoré dans la famille comme un modèle de haute vertu. Il était d'une foi très grande et d'un caractère très bienveillant. Nul ne le vit s'emporter pendant le cours de sa vie. Quand il allait aux vendanges, conduisant son cheval, un de ses petits-fils assis près de lui, l'autre blotti sous la capote du cabriolet, de quelle allure pacifique c'était! Il racontait des souvenirs du vieux temps et comment son père avait, sous la Révolution, caché des prêtres dans ses étables. Quand il allait aux champs, parmi ses ouvriers, aux moments de repos, il récitait son chapelet. Il priait continuellement, jetant au vent toute une semaille d'*Ave Maria,* qui devaient plus tard germer en d'autres âmes.

C'est dans ce milieu d'affections dévouées et attristées que Ferdinand-Jacques passa les années décisives où, sous des traits et des allures d'enfant, un homme, bien plus tôt qu'on ne croit, se forme et prend un tempérament qui variera bien peu. Il dut aux chagrins qui de bonne heure l'atteignirent une maturité précoce; aux exemples des siens un attachement vif et sincère à toutes les pratiques religieuses. Il était encore tout jeune, quand, un jour, sa mère l'emmena dans une des églises d'Angers, et se mit à prier devant l'autel de la Vierge. Et pendant qu'elle priait ainsi, le petit, dans un élan de ferveur naïve, prit un crayon, et, sur le mur de la chapelle, écrivit : « O Marie, faites que je sois votre chevalier ! »

Le trait montre bien l'éducation toute pénétrée de piété qui se donnait au logis de Rousson. Plus tard, quand il lui arrivait de passer devant la chapelle de Notre-Dame de la Salette, cette scène de son enfance lui revenait souvent en mémoire, et le vœu exprimé à la sainte Vierge se reformait au fond de son cœur.

De cette période de sa première enfance, il acquit le bon sens calme, la gaieté simple et jamais excessive, ce quelque chose d'ouvert dans la physionomie que possèdent rarement les gens plus compliquées des villes. Il était, lui, de la bonne et saine campagne d'autrefois. Et c'est ce qui contribua, plus tard, à lui donner une influence naturelle sur les ouvriers et sur les hommes du peuple. Il les avait vus de près. Le long séjour en pleine vallée, l'école primaire d'Andard, la fréquentation des vendangeurs, des journaliers, des fermiers voisins, lui avaient fait de bonne heure connaître et aimer le peuple. Et c'est là le grand secret pour être aimé de lui.

Rapidement de nouveaux deuils atteignirent la famille. La grand'mère, depuis plusieurs années malade, mourut; son mari ne tarda guère à la rejoindre. Il vit venir la mort avec la même sérénité qu'il avait pris la vie. Il eut, à quelque intervalle, deux attaques de paralysie :

« C'est bien, dit-il, je sais ce que cela veut dire, la troisième fois ce sera fini. »

La troisième fois, quand il sentit venir le mal, il

appela sans s'émouvoir, reçut les derniers sacrements, et ses lèvres, demeurées libres, répétèrent la nuit et la journée du lendemain les trois noms qu'il aimait le mieux : « Jésus, Marie, Joseph ! » Vers le soir on le crut mort. Ceux qui l'avaient soigné allumèrent un cierge auprès de son lit, et se retirèrent dans une pièce voisine. Mais quand on revint pour l'ensevelir, il sourit doucement et dit :

« Je ne suis pas encore mort, mes enfants, mais cela ne tardera pas. »

Il jeta un coup d'œil sur sa montre pendue à côté de lui, et, exact jusqu'au bout, demanda qu'on la remontât :

« Elle ira plus longtemps que moi, » dit-il.

Et ce fut vrai.

L'âge des études était arrivé. Les deux frères furent placés comme internes au lycée d'Angers. La décision peut sembler étrange, après ce que nous avons dit de l'esprit religieux des parents. Elle s'explique pourtant si l'on songe à l'ignorance où sont beaucoup de familles, d'ailleurs excellentes, à l'égard des choses de l'enseignement.

Il a été écrit tant de pages, par des hommes compétents, par des professeurs même de l'Université, et non des moindres, pour condamner le régime et les résultats des internats des lycées, les aveux sont si nombreux et si concordants, qu'il est presque inutile de répéter que les mœurs y sont fort médiocres, la pratique religieuse à peu près nulle et la vie monotone. Les neuf ans qu'Hervé demeura au lycée furent pour lui un temps d'épreuve. Il eut le courage de se maintenir l'enfant pur, honnête et pieux qu'il était. Dès le début, il s'affirme tel, il montre cette énergie et cette droiture d'âme qui sont un des traits saillants de sa physionomie morale. Mais au prix de quelles luttes, de quelles avanies, de quels découragements passagers! lui, qui n'avait point de rancune, n'a jamais pu l'oublier. Il éprouvait un sentiment pénible à voir seulement les fenêtres ou à entendre la cloche de cette maison qui lui rappelait la période la plus déçue de sa vie. Ses cahiers rouges, commencés précisément vers cette époque, donneront une idée exacte des impressions et de la nature de l'enfant. Le début est, par sa forme même, assez caractéristique.

« Considérant qu'on ne peut jamais trop gagner à juger de sang-froid ses propres actions, à repasser dans son esprit tous les événements antérieurs pour en tirer une saine conclusion, et prendre de louables résolutions; considérant en outre qu'il y aurait du charme pour moi à retracer chaque jour ma conduite envers les autres et à juger celle des autres envers moi, pour discerner facilement le bien et la justice d'avec le mal et le déshonnête; croyant enfin qu'un souvenir peut souvent être de grand poids dans la vie, j'ai résolu d'écrire ce journal et de raconter simplement tous les petits incidents qui peuvent varier la monotonie d'une vie de lycée. Tout y est minutieusement rapporté; à certaines époques seulement j'ai dû passer rapidement sur des faits qui ne pouvaient avoir pour moi dans la suite ni utilité ni intérêt. Je ne sais trop aujourd'hui si une fois sorti de ma prison je continuerai ces notes; mais déjà, pour m'exhorter à le faire, je puis m'assurer moi-même qu'en relisant attentivement mon cahier rouge plusieurs fois, j'ai acquis une certaine expérience des choses, et une juste connaissance de mes camarades et de moi-même; et comme après tout le caractère des lycéens est en petit ce qu'est le caractère des hommes, peut-être cette expérience me servira-t-elle dans le monde. Puissé-je donc me rappeler plus tard les sentiments qui animent aujourd'hui le jeune collégien, et en retrancher tous les défauts et toutes les faiblesses; puissé-je remplir mieux mes devoirs d'homme que je n'ai rempli souvent ceux de lycéen; continuer à n'aimer que les gens honnêtes, retrouver plus tard mes amis sur la route du bien, et pouvoir enfin dans l'âge mûr relire avec eux ces lignes que je trace aujourd'hui, et me dire à moi-même :

« Tu n'as pas failli, tu aimes encore l'honnête et le juste, et, grâce aux conseils de ta mère, de tes amis, tu peux avec satisfaction te rappeler ta vie comme ta jeunesse... à quarante ans ! »

Dans ce milieu universitaire, agissant et pensant comme il faisait, Hervé rencontra dès le début la contradiction. C'était fatal. Elle se montra sous la forme de camarades, esprits forts, moqueurs, déjà savants par instinct dans l'art de froisser une conscience et d'intimider une honnêteté candide. Cette minorité cruelle et lâchement persécutrice dominait, par un phénomène bien connu ailleurs, sur la cour du lycée. On pliait, d'habitude, devant elle. Hervé fut bientôt en butte à ses attaques. On se moquait de sa dévotion; on l'appelait « jésuite », et lui, ne comprenant pas encore tout l'honneur de l'injure, il avait la naïveté de s'en étonner. S'il allait trouver l'aumônier, il était décrété de « bigoterie ». S'il refusait le saucisson acheté par quelques-uns de ses condisciples dans les jours de carême, on le mettait en

Rousson.

quarantaine. Défense de lui parler. Défense de jouer avec lui. Il allait s'enfermer, seul, pendant des récréations entières, dans une salle de musique. Et que l'on ne s'imagine pas que c'étaient là des brimades d'entrée, des initiations absurdes, mais passagères, à la vie de lycée. Ce fut un état, un régime auquel il fut soumis plus ou moins jusqu'à la fin de ses études universitaires, et l'on peut dire une défense, continuée pendant neuf ans, de sa foi religieuse. Bien d'autres enfants auraient cédé devant ce système de vexations. Hervé ne céda pas. Mais elles l'affectaient durement dans sa nature aimante, qui lui eût fait désirer de vivre en bonne harmonie avec tous, dans sa dignité de petite âme naturellement chrétienne. Et il souffrait, comme d'une croissance hâtive, à devenir ainsi trop tôt et trop vite un homme à l'heure où ceux de son âge n'ont d'ordinaire qu'à suivre la voie libre et facile.

Ajoutez à cela le regret, très vif chez lui, de la liberté et de la campagne perdues, l'effroi de cet horizon de murs noirs auquel ne l'avaient point habitué les premières visions de son enfance, l'absence de cette chaleur ambiante dont le jeune homme, comme tout ce qui grandit en ce monde, a besoin d'être entouré, et vous ne serez plus étonné de rencontrer çà et là dans le cahier des cris de véritable détresse.

« Je rentre à l'étude accablé, brisé. Je veux sortir du lycée s'il ne m'arrive aucun changement... Je redoute l'existence, parce qu'on m'a dit que la jeunesse était le plus beau temps de la vie, et que j'ai souffert beaucoup dans ma jeunesse... Est-ce là vivre ? Je ne dors plus, je ne mange pas, je ne fais rien que rêver et gémir. J'ai le cœur gros comme une montagne ! »

Il en avait écrit plus d'une fois à sa mère, et les lettres sont là, touchantes, où les mêmes arguments reviennent sous des formes différentes :

« Maman, je souffre beaucoup. Je souffre de ne pas avoir d'amis, je souffre d'être forcé par les élèves de cacher mes sentiments religieux, je souffre de mépriser les *pions*, de n'avoir personne qui me comprenne, moi qui ai tant souffert déjà dans ma famille, moi qui ai le cœur gonflé d'amertume, et qui cependant veux montrer un visage gai et ouvert, pour ne pas paraître un misanthrope, c'est-à-dire un ennemi de tout le monde... »

Il la suppliait de le retirer du lycée. La mère crut-elle qu'il exagérait ? Elle laissa dire, et n'en fit rien.

Le collégien se résigna. Et cette vie contrariée eut au moins pour lui un avantage : elle le trempa. Ses idées s'affermirent dans la lutte ; il acquit un mépris de tout respect humain que la plupart des hommes jeunes n'ont pas, et, dans la suite, plusieurs de ses amis s'étonnèrent même de la simplicité avec laquelle, en toute circonstance, il affirmait sa foi de chrétien, soit dans ses écrits, soit par ses actes, soit par la parole. La source était là. Certains traits de cette époque indiquent déjà cette sorte de courage. L'un d'eux a été raconté par M. Gavouyère, dans l'éloge qu'il a prononcé de notre ami.

« Un jour, dit-il, c'était pendant la dernière année que M. l'abbé Chevalier, l'aumônier d'alors, passait au lycée,

Hervé est chargé de complimenter Mgr Angebault, qui devait venir donner la confirmation : il insère dans sa petite harangue quelques mots de reconnaissance à l'adresse de l'aumônier. Le proviseur, à qui le discours est soumis, fronce les sourcils, et dit d'un ton rogue : « Supprimez ce passage. » Puis il rature. Hervé se retire et ne dit mot de l'incident. Le grand jour de la visite épiscopale venu, la fameuse phrase était rétablie dans le compliment[1]. »

Il y a dans cette action un sentiment généreux et un mouvement d'énergie qui excuseront, je suppose, la désobéissance auprès des plus rigoristes. Quelle forte et franche nature, et comme elle se serait plus vite et plus largement épanouie sous des maîtres chrétiens!

L'homme se formait donc. Il savait ce qu'il voulait. Il le savait même très bien. Avant sa sortie du collège, en rhétorique, il avait fait choix d'une carrière. Nous en avons le témoignage dans une lettre dont la signature et quelques détails çà et là révèlent un reste d'enfantillage, mais dont les idées sont déjà d'un homme fait.

« Angers, 20 avril 1864.

« Ma chère mère,

« Ce que je vais te dire aujourd'hui te montrera pourquoi je désire te voir avant toute autre chose, car je veux, dans cette lettre, que tu garderas au nombre des

---

[1] *Éloge de M. Ferdinand-Jacques Hervé-Bazin*, professeur d'économie politique aux Facultés catholiques d'Angers, prononcé après son service funèbre au palais de l'université, le 25 janvier 1889, par M. Gavouyère, doyen de la Faculté de droit.

Nous ajouterons que l'excellent prêtre dont il est ici question, M. l'abbé Chevalier, fut au début le meilleur, peut-être l'unique ami du collégien, et que leur amitié, longtemps après que l'un et l'autre eurent quitté le lycée, demeura jusqu'au bout très cordiale et très forte.

importantes, te dire où j'en suis sur le choix d'une position. J'ai toujours demandé au bon Dieu une profession qui me permît de remplir dignement mes devoirs d'homme et mes devoirs de fils. Or cela est difficile à concilier. Je voudrais passer ma vie auprès de toi, et en même temps me faire un nom. Car j'ai de l'ambition : beaucoup peut-être, mais j'ai pensé toujours que l'homme qui n'en avait pas était nul. J'ai pesé toutes les professions d'un homme d'honneur et instruit. J'en voulais une indépendante, et belle aux yeux de tous, grande, honorable, conforme à mes sentiments religieux et à mon amour pour ma petite mère; et qu'ai-je trouvé ?

« Je désire être avocat.

« Ai-je bien choisi? Es-tu contente de moi ? Si cette profession te déplaît, je n'en veux pas, seulement tu m'en donneras une autre toi-même, car je n'en aime véritablement aucune autre. Mais surtout aie confiance en moi. J'ai des sentiments hautement religieux, tu dois t'en apercevoir souvent. C'est un supplice pour moi que de t'entendre me dire : « Je crains de te laisser aller « seul ici ou là. » Ma chère maman, si je voulais faire le mal, j'en aurais mille occasions. Mais ce malheur ne nous arrivera pas. Tu reconnaîtras que ton fils est décidé à se frayer un chemin dans le monde, par la route de la vertu et de l'honnêteté. Aie confiance en moi. Serais-je à cent lieues de toi, je veux que tu puisses dire : Je ne suis pas inquiète, mon fils se conduit bien n'importe où.

« Je dois me faire une carrière tout seul : pour cela laisse-moi ma liberté, je te donnerai ma bonne conduite. Je t'aime bien, cela doit tout te dire.

« Réfléchis maintenant, approfondis tout cela. Va aux informations. Va chez M. Hervé, et même tu pourras lui montrer ma lettre; du moment que ce sera résolu, je travaillerai ferme. Nous nous déciderons jeudi. Mais tout cela ne vaut pas un baiser, et je te l'envoie par la poste. A jeudi !

« Ton fils,

« FERDINAND,

« Futur bachelier ès lettres, étudiant en droit, docteur et licencié en droit, avocat, député au Corps législatif, fils de Mme HERVÉ ! »

Dans cette lettre, Ferdinand s'annonce tel qu'il sera. Il a une belle honnêteté large, un caractère réfléchi et affectueux, une ambition fort nette et qui n'eut jamais rien de vulgaire. Il s'agit, il est vrai, d'une ambition politique, et c'est peut-être celle qu'on pardonne le moins. Hervé l'ignorait assurément quand il écrivait à sa mère. Il n'avait pas encore dix-sept ans, il s'imaginait la députation comme une sorte d'aboutissement et de couronnement de la profession d'avocat, surtout comme un moyen de répandre la vérité par la parole, d'imprimer aux affaires publiques une direction conforme à l'idéal, promptement aperçu, d'un gouvernement monarchique. On ne peut, chez un homme de cet âge, soupçonner même un calcul d'amour-propre, un besoin de popularité. Les côtés nobles de cette ambition avaient séduit l'enfant. Elle le séduisit même après qu'il fut devenu homme, et pour les mêmes raisons. A un moment de sa vie, il parut tout prêt d'y atteindre. Mais une autre vocation lui était réservée : celle des œuvres. Il avait souhaité développer ses doctrines dans un milieu très vaste, du haut de la tribune; dans une sphère plus étroite, Dieu lui permit de les appliquer. C'est là un bien positif, qui peut consoler de beaucoup de discours qu'on n'a pas faits. Hervé le comprit, et ne regretta rien.

Voilà donc qu'il a révélé son secret de jeune homme : devenir avocat, devenir député. Hélas ! celle à qui la confidence s'adressait n'eut pas le temps de conseiller celui qui la faisait. Elle la reçut sans doute avec le sourire indulgent des mères, qui ont une imagination spéciale pour jouir d'avance des succès de leurs fils. Mais, sur cette vision d'avenir elle quitta le monde. Mme Hervé mourut d'une angine, à Rousson, le 21 octobre 1864. Son fils aîné, accouru en toute hâte du lycée, était auprès d'elle. On n'avait pas voulu faire venir le second, par crainte de la contagion. Au moment de mourir, la pauvre femme, songeant aux deux orphelins qu'elle allait laisser, appela Ferdinand auprès d'elle. Il s'approcha de son lit en pleurant :

« Mon petit Ferdinand, dit-elle, tu es jeune, je vais te laisser seul, soutiens ton frère. Cherche de bons amis... Dieu te récompensera d'avoir été bon fils. Il te protégera, pauvre orphelin, et plus tard il te donnera une femme digne de toi. Ah ! que je regrette de ne pas la connaître, de n'avoir pu la voir, moi qui aurais tant aimé avoir une fille ! Moi qui aurais tant voulu être grand'mère !... Que la volonté de Dieu soit faite ! »

On devine ce que fut la douleur de l'enfant, lorsque la mère fut morte et qu'il resta seul en cette maison autrefois si pleine et si joyeuse. Dès la première heure de cette détresse morale, il se trouva quelqu'un pour assister l'orphelin : un homme de cœur, son proche parent, M. Pierre Hervé, passa toute la nuit avec lui, près du lit où sa mère s'était endormie à jamais, et accepta d'être le tuteur des deux jeunes gens.

Ferdinand était donc orphelin à dix-sept ans. A l'âge où la responsabilité de soi-même est déjà si difficile à porter, il se sentait de plus une responsabilité à l'égard de son frère. Il lui devait un exemple et une direction. Il se montra tout de suite pénétré de ce devoir. Jusque-là il n'avait guère travaillé que l'histoire. Il devint subitement un élève studieux. Pour réparer le temps perdu, il alla jusqu'à se composer à lui-même une grammaire latine. L'effort fut aussi persévérant que vigoureux. Bientôt, à l'étonnement de ses maîtres, Ferdinand prit la tête de la classe. Il fut le premier dans presque toutes les facultés, et, à la fin de l'année, il était reçu bachelier ès lettres.

II

Pension de Marquié. — Premières amitiés. — Hervé part pour Paris. — La vie d'étudiant à Paris. — Lettres et notes. — Catéchisme aux ramoneurs chez M. Keller. — Vacances. — Solitude à Rousson. — Un mois aux bords de la mer. — Lettre de M. Accolas.

Quand il eut conquis son diplôme de bachelier ès lettres, Ferdinand voulut être bachelier ès sciences. Son premier soin fut de retirer son frère du lycée. Son second fut d'entrer avec lui dans une pension dirigée par M. de Marquié. Il fallait, on en conviendra, une certaine énergie de volonté pour se remettre ainsi, de soi-même, sous la discipline d'un internat. Chez M. de Marquié, les élèves, internes ou demi-pensionnaires, suivaient les cours du lycée, mais trouvaient au retour, avec une intelligente direction d'études, un milieu choisi et chrétien. En même temps, il commença son droit. Les mathématiques et le code se partagèrent la journée de l'étudiant qui éprouva bientôt, de son changement d'atmosphère, une grande détente d'esprit. Il s'était fait quelques amis parmi les externes du lycée. Il en retrouva plusieurs à la pension de Marquié; d'autres amitiés s'ajoutèrent à celles-là, et, formées dans des conditions de convenance et d'estime réciproques, devinrent une des joies de sa vie. Ferdinand fut même étonné, au début, de cette sympathie tout à coup surgissante autour de lui. Il sortait d'une solitude morale si rude et si longue, qu'il dut s'habituer à cet accueil plus doux de la vie. Il se demandait si vraiment les sympathies qu'il éveillait pourraient durer. Mais, les jours s'écoulant, elles ne passèrent pas. Elles grandirent même. Il fallut bien y croire. Et dès lors, Hervé, ouvrant plus largement son âme, l'abandonna plus volontiers au souffle d'espérance qui emporte la jeunesse vers l'avenir.

Nous trouvons sur son cahier rouge des élans comme ceux-ci :

« Chante mon âme, chante mon cœur, bondis de joie, ô cahier rouge! Pour la première fois depuis des années, tu vas parler de joie, de joie poétique, de joie pure et douce. Car je l'ai enfin trouvée cette joie du cœur, qui me fuyait et que j'avais si longtemps cherchée au lycée, toujours rêvant, toujours croyant et toujours trompé! »

Mais ce bonheur nouveau, ces amitiés nombreuses, ces sympathies inespérées, le laissèrent modeste en le faisant heureux.

Personne ne se diminuait plus facilement et plus naïvement qu'Hervé. C'est une vertu rare à tous les âges, mais surtout à cette période de jeunesse, qui est celle où l'homme n'aperçoit le monde et ne s'aperçoit lui-même qu'à travers un brouillard grossissant : l'illusion. Des illusions sur lui-même, Ferdinand n'en avait

pas, et en voici la preuve. Quelqu'un l'ayant appelé un
« ami providentiel », il écrit :

« Ainsi, Hervé, tu étais déjà « le plus sage des jeunes
« gens, un jeune homme modèle, un jeune homme très
« sage, réfléchi » ; maintenant tu deviens « providen-
« tiel » ... Ne te flatte pas, tu es criblé de défauts : attention ! et efforce-toi de mieux mériter ta renommée. Sois
bon frère, bon ami, bon camarade, pour tout dire, sois
vertueux. Tout sera là : tu pourras te moquer du reste. »

Mon Dieu, oui, on commençait à remarquer le rare
ensemble de qualités morales qui distinguait Hervé.
L'estime, — cette aube du respect, — enveloppait sa
jeunesse. Il s'étonnait des noms qu'elle lui décernait,
mais il n'est pas douteux qu'il les méritait.

Il méritait mieux encore, et pour récompenser, pour
aider en même temps cette âme de bonne volonté, qui
s'offrait si pleinement à son service, Dieu l'entoura de
la meilleure et de la plus douce sauvegarde. Il lui fit
rencontrer, il lui inspira d'aimer une jeune fille qui
devait un jour être sa femme. Il avait dix-neuf ans, elle
en avait quinze.

Ce rêve à peine entrevu, et d'où sortiront vingt années
de bonheur intime, prend vite le pas sur les autres. Il
remplit ses derniers mois de pension, — car il était
encore en pension ! — Devant lui, le succès du baccalauréat ès sciences, obtenu à la fin de l'année, pâlit tout
à fait. On ne trouve qu'une faible mention de l'examen
heureux sur le journal du jeune homme. Tout cela passe
au second plan, et, pour clore l'année scolaire, les der-

nières lignes qu'il écrit portent l'empreinte de ce sentiment nouveau, encore timide, qui n'ose s'exprimer, mais qu'on devine aisément.

« O mon bon cahier rouge, tu n'as parlé que d'amitiés, que ta dernière page ne fasse pas contraste avec les autres ! Je vais fermer ce cahier qui m'a tant de fois consolé, confident de toutes mes pensées. Tes premières pages étaient désolées. Tes dernières pages diront que je me sens plus chrétien, plus fort, plus confiant, plus rempli d'illusions, mais de bonnes et honnêtes, avec des amis excellents, Charles, Guillaume, Georges, Louis, Henri, Arthur, avec un frère plein de bons sentiments, compagnon et confident intime, second moi-même. Elles diront donc, ces pages, que je suis heureux, que je l'ai été presque toute l'année, que j'espère l'être encore ; elles diront cela,... et la dernière de toutes dira une crainte, une faiblesse, un trouble vague, mais quelque chose d'aussi pur et d'aussi bon que le reste. Que mon dernier mot soit donc un mot joyeux, ma dernière ligne un remerciement à Celui dont la bonté m'a comblé de ces biens !

« O mon Dieu ! si mon but, si lointain qu'il soit, doit se réaliser, aidez-moi et soutenez-moi. Mais si ce sont des rêves vains et frivoles qui m'obsèdent, chassez-les. »

En novembre 1866, Hervé s'installa à Paris pour faire sa seconde année de droit. Son premier sentiment, en arrivant, est un sentiment de regret de la province, de défiance de la grande ville, d'étonnement aussi au milieu de tant de choses et d'occupations très différentes de celles qu'il avait connues. C'était si loin de Rousson, tout cela, si loin du lycée, si loin de l'institution de Marquié !

« Le départ a été bien triste, écrit-il ; quitter Henri, mon pauvre frère, quitter mes amis, quitter mon tuteur et sa bonne mère, quitter une ville que j'aimais, des souvenirs précieux, abandonner la plus douce vie qu'il soit possible de mener pendant toute une année, tout cela m'a fait pleurer comme un enfant, et c'est à peine si maintenant je ne pleure pas.

« Et me voilà loin de tant d'êtres chéris ! Me voilà au milieu de cette ville, où, dit-on, bien et mal se coudoient et se combattent, où on périt en une minute, où on peut remporter de grandes victoires. Dieu fasse que je reste à Paris ce que je suis ou voudrais être : un honnête homme, un bon chrétien.

« Mon Dieu ! Marie, ma protectrice ! et vous, ma pauvre mère, priez pour moi, et obtenez que ni les attraits et la facilité du mal, ni les tentations de chaque jour, ne me fassent défaillir un instant. »

« ... Vois-tu, écrivait-il encore[1], j'ai peur que le cœur ne se développe pas du tout à Paris, que l'esprit et le corps aient la plus large part. Pourtant, ce qui fait l'homme, c'est encore le cœur. Qui l'étouffe, étouffe tout. C'est dans le cœur que réside la force, l'énergie, l'amour d'un but qu'on atteindra par le travail ; c'est dans le cœur que l'orateur trouvera l'éloquence, et le

[1] Lettre à son ami Louis Foucault.

jeune homme toutes les belles qualités qui honoreront sa vie... Pense à ton pauvre ami, à l'exilé, prie pour lui. Dieu veuille me protéger! Les prières des amis sont si puissantes! »

Mais ces alarmes disparurent rapidement. Le provincial se fit à cette vie de Paris si merveilleusement intéressante et profitable pour qui la sait comprendre. Il retrouva les amis qu'il avait connus à Angers, et que nous nommerons à cette place, parce qu'il les a gardés toute sa vie et qu'ils ont eu chacun une large part de ses affections : c'est Georges Sicot[1], Henri Bénard[2], Guillaume Bodinier[3], Arthur Loir-Mongazon[4], Eugène Lelong[5], Georges Pavie[6], Gabriel Soudée[7]. Ils sont étudiants en droit, comme lui. Au milieu d'eux, il retrouve sa province, et comme une petite patrie dans la grande; il est avec eux tous en pleine communauté d'idées et de croyances. L'atmosphère est homogène, vivante, intelligente. Il entre dans leur cénacle, formé avant sa venue. Bientôt, sur sa proposition, une conférence littéraire se fonde entre eux; chaque semaine on se réunit. Un des amis lit une étude de littérature ou d'histoire, l'analyse d'un livre nouveau ou d'une pièce nouvelle. On aborde

---

[1] Aujourd'hui avoué près du tribunal civil de Versailles.
[2] Ancien manufacturier, propriétaire à Cholet.
[3] Conseiller général de Maine-et-Loire. L'amitié très intime qui l'unissait à Ferdinand Hervé reçut plus tard, par son mariage, la consécration d'un lien de famille. Les deux amis devinrent cousins.
[4] Professeur à la Faculté catholique des lettres d'Angers, écrivain distingué, mort le 17 février 1887.
[5] Archiviste paléographe, attaché aux Archives nationales à Paris.
[6] Ancien magistrat, avocat au Mans, ancien bâtonnier.
[7] Avoué près le tribunal civil d'Angers.

des questions immenses. On discute à perte de vue, on se réfute, on se sépare tout échauffés par la discussion : on a toutes les ferveurs d'opinions de la vingtième année.

« Me voilà secrétaire de notre petite conférence de littérature. Tous les samedis soir, un de nous fait un travail littéraire que l'on critique ensuite : je dresse procès-verbal de la séance, et je recueille tous les travaux. »

Même ardeur à l'étude; Ferdinand s'attaque à tout à la fois. Il est à l'âge encyclopédique. Il suit les cours de droit, il lit « Tocqueville et Joseph de Maistre », il veut être de toutes les bonnes œuvres. Il fait le catéchisme aux petits ramoneurs avec M. Keller. Il chante dans les chœurs, le dimanche, à la messe des étudiants de Saint-Sulpice. Il est membre du cercle catholique du Luxembourg, membre de la conférence de Saint-Vincent-de-Paul de la rue Notre-Dame-des-Champs, secrétaire du conseil de l'œuvre de la Sainte-Famille. Peut-être en oublions-nous. Il prend aussi des répétitions, précaution superflue assurément, étant donné qu'il travaille exactement, et, chose étrange, il les prend à un répétiteur libre penseur, M. Émile Accolas. L'élève et le professeur ne manquent pas de s'entreprendre et de batailler sur des questions de doctrine et de morale. Émile Accolas attaque le christianisme, Ferdinand Hervé le défend, et fait sur l'esprit de son contradicteur une impression dont nous verrons bientôt la preuve. Entre temps, il obtient une mention de droit romain au concours de la faculté. Enfin, comme s'il y avait une lacune à combler dans l'emploi de ses heures, il nous annonce dans son journal « qu'il va tous les soirs chez Courcelle-Seneuil faire de l'Économie politique ».

Ah! ce Paris des vrais étudiants, comme il prend vite et comme il prend fortement l'esprit! Quelles ressources merveilleuses il offre à tous ceux qu'attire une curiosité ou une ambition quelconque. Quel champ il ouvre, quelle moisson d'idées, à ceux qui n'avaient jusque-là que de vagues aspirations vers la peinture, la musique, les lettres, l'érudition! Comme il protège contre lui-même, par toutes les satisfactions qu'il offre à toutes les soifs de l'intelligence! Beaucoup de gens s'imaginent le quartier latin comme une réunion presque exclusivement composée d'étudiants viveurs, inassidus au cours, inconnus dans les amphithéâtres et trop connus dans les brasseries. Mais il y a quartier latin et quartier latin. Il y a celui où l'on travaille, où l'on pense fiévreusement à l'avenir, où l'on s'entoure de plus de livres qu'on n'en peut lire, où l'on se passionne pour des thèses de science, ou de littérature, ou de politique, où les diverses facultés d'une âme jeune, sollicitées toutes ensemble dans cet incomparable milieu, se développent, s'affermissent, et donnent à l'homme la joie profonde de se sentir vivre pleinement par tous les côtés à la fois.

Ferdinand était de ce quartier-là.

Nous pourrions analyser en quelques mots ces deux années moins remplies de faits que de travail, moins remplies de travaux que d'ébauches et de préparations. Mais ne vaut-il pas mieux, au lieu d'un résumé froid, donner une série d'extraits vivants, pénétrés de l'humeur quotidienne de celui qui les écrivait, et n'est-ce pas le meilleur moyen de connaître un homme, que de surprendre ainsi ses notes ou ses lettres intimes, au hasard des jours, bons ou mauvais!

« Décembre 1866.

« Dimanche, je suis allé à la messe des étudiants, de neuf à dix heures; — messe basse et entretien spirituel. — A cette messe, quelques jeunes gens chantaient des chœurs. Tu me vois d'ici, allant aussitôt m'inscrire auprès de l'abbé de la Foulhouze, comme baryton. — A une heure, je suis allé entendre le P. Hyacinthe... Il a des mouvements d'éloquence d'une puissance étonnante. Sa voix ébranle Notre-Dame. Quand je sors de là, j'en ai pour trois heures à me remettre[1]. »

« Janvier 1867.

« Je vais chez Accolas tous les jours. Discussions violentes sur le christianisme.

« .. J'ai à revoir ma grammaire française et même mon catéchisme! Et que de choses encore! Une montagne de choses à défricher! D'abord, j'ai devant moi mon examen à passer, et quand j'aurai fini, j'entrevois par derrière de grandes œuvres à fonder: l'édification de mes opinions politiques, philosophiques et économiques: tous les matériaux sont devant moi.

« ... Il me faudra aussi réformer mon caractère trop vif et trop prompt à la première impression.

« Je voudrais me faire des idées fixes et arrêtées, car je déteste ce qui est fugitif, de près ou de loin; je ne

[1] Lettre à son frère.

reconnais, je n'aime que ce qui est immuable et sûr... Je veux travailler, je veux mettre à mon arc le plus de cordes que je pourrai. Dès qu'on se met au travail avec courage, dès qu'on s'identifie avec lui, il devient un précieux ami qu'on ne veut plus quitter. »

Et encore :

« Je suis ami de la liberté, de la marche en avant, de l'étude approfondie de toutes choses, de l'ardeur nationale, de l'élan des âmes dans la paix physique, de la noblesse des caractères et de la grandeur morale de mon pays et de mes concitoyens, mais il est une chose qui passe avant toutes autres : ma dignité de catholique.

« J'ai parlé vendredi avec succès à la conférence d'Aguesseau, fondée par Accolas. J'ai été applaudi, et j'ai reçu les compliments de M. Accolas et d'autres. J'ai été bien heureux, et je le suis encore, quoique, en somme, je n'aie fait que réciter mon discours[1]. »

« 30 janvier 1867.

« Je t'ai dit, je crois, que j'avais été à l'enterrement de M. Cousin. Le corps était exposé dans la chapelle de la Sorbonne. Bientôt arrivèrent les députations des Sciences, des Lettres, des Académies, des Chambres, etc. Je me mêlai au cortège, avec Lelong. Nous allâmes à Saint-Étienne et de là au Père-Lachaise, où nous entendîmes les discours de MM. de Sacy, des *Débats;* de Parieu, du conseil d'État; Marmier et Patin, notre ai-

[1] Lettre à son frère.

mable recteur! Ces quatre discours me parurent très froids, secs, ennuyeux. Autour de la tombe, où nous nous pressions pour entendre, je me trouvais entre Jules Simon et Prévost-Paradol. Il y avait là M. Thiers, tenant un des cordons, M. G. Guizot, M. Laboulaye, M. Renan avec un gros cache-nez, Gladstone, Duruy, Jules Favre, Pelletan, etc. etc.

« Avant-hier, je suis allé à l'enterrement de M. Freslon, — ma lettre va être une lettre d'enterrement. — Je me suis rendu à la maison avec Lelong et Georges Pavie. J'ai trouvé là M. Bordillon, et puis tous les avocats en robe, Dufaure, Marie, Allou, Pelletan, Simon, Berryer, Picard, et une foule de grands hommes du temps, plus ou moins célèbres. Après la cérémonie à Saint-Roch, nous sommes montés en fiacre, et nous avons suivi le convoi jusqu'au cimetière Montmartre. Là, Allou et Dufaure ont fait deux magnifiques discours. J'ai vu pleurer M. Dufaure, l'ami de M. Freslon, M. Allou, M. Berryer, M. Jules Favre, tous ces hommes si différents d'opinions et qu'une même estime pour l'honnêteté célèbre d'un homme avait attirés autour de cette tombe. Oh! c'était bien plus touchant que ce que j'avais vu quelques jours avant au Père-Lachaise!

« ... Cette vie au milieu de tous ces hommes de talent ou d'érudition fait qu'on est enivré et saisi d'un amour du travail et d'un désir d'arriver qui sont inouïs. Dieu aidant, nous tâcherons de prendre une petite place, bien modeste, derrière eux... Je termine ma lettre, et je saisis mes codes.

« Ton ami et frère,

« FERDINAND LE CATHOLIQUE. »

« Travaillons, la foi y gagnera, car si la foi du peuple est magnifique, la foi du savant est plus magnifique encore. Je suis bien heureux, mon cher Henri, d'abord de savoir que de ton côté tout va bien, et aussi de te faire part d'un petit succès d'hier soir.

« Hier soir, j'ai pris la parole pour la seconde fois, à la conférence, et quoique, pour ma part, je n'aie pas trouvé ma plaidoirie meilleure que la première fois, j'ai eu beaucoup plus de succès. En descendant de la tribune, j'ai été félicité, applaudi, et j'ai gagné ma cause à l'unanimité, sauf deux voix. J'ai senti, de bien loin sans doute, tout ce que doit être l'enivrement de l'orateur. J'ai été très heureux de ce succès, car je défends deux opinions peu en faveur dans ce foyer de libéralisme et de morale indépendante : la cause du christianisme et la cause de la liberté tempérée par un pouvoir vigoureux. Tous les jeudis soir, je vais maintenant, grâce à M. Affichard qui m'a envoyé une lettre pour le P. Lescœur, de l'Oratoire, je vais à une conférence privée de théologie et de religion révélée en face de la raison. J'y ai beaucoup gagné. »

Après les vacances passées à Rousson, Hervé retourne encore à Paris, pour y terminer ses études de droit. Son premier examen de licence, au mois de décembre, est moins brillant que les précédents :

« J'ai été tout attristé, écrit-il, mais il me semble que ma prière à Saint-Sulpice a été exaucée, c'était peut-être pour m'avertir de ne pas être agrégé, et de ne pas m'enfler d'orgueil, vu les succès passés. »

« Samedi, 4 février 1868.

« Aujourd'hui je suis allé, pour la seconde fois de l'année, au Corps législatif, grâce à mon répondant, M. Segris; j'ai entendu Thiers, Pinard, Favre, Picard, Pelletan, Baroche. J'y ai constaté une majorité ardente et immense en faveur du gouvernement, une minorité ardente pour la cause de la liberté, mais s'y prenant mal pour y arriver. Elle est dure, hargneuse, dit des injures aux autres, trop entière en ses idées... Si j'étais député, je me mettrais vers le milieu, inclinant vers la gauche, conservant ainsi la liberté de dire ce que je pense sur chaque question. Je n'interromprais jamais, à moins d'être en cause ou de faire une protestation, et je tâcherais de choisir mes moments pour parler.

« Ai-je mis sur mon cahier que j'ai trouvé un billet de banque inattendu dans une vieille lettre de mon tuteur? Quelle trouvaille bénie! Je ne sais qu'en faire! »

On remarquera ce petit mot naïf de l'étudiant : « Je ne sais qu'en faire. » Il en dit long.

« Avril 1868.

« Mon cher Henri,

« Je viens de passer une belle journée, non pas au point de vue du droit, mais au point de vue du sentiment et du cœur. Je veux t'en faire part, car c'est une de mes plus douces joies. Mon lundi a été un lundi de sanctification; j'ai assisté à la première communion de nos petits Auvergnats. Ils étaient dix-sept. Ce matin, à sept heures, je me suis rendu chez

M. Keller; j'y ai trouvé les quelques personnes qui s'occupent de cette œuvre comme moi, et nous sommes allés dans une chapelle voisine des Franciscains, où nos enfants ont fait leur première communion. C'était pauvre, mais ça allait au cœur.

« Ensuite, nous sommes allés déjeuner avec du poulet froid, du pain de ménage et du café ! J'admirais la simplicité de ces hommes si riches, députés ou magistrats haut placés, qui mangeaient à côté de moi ce pain dur et ce poulet osseux.

« De onze heures à une heure de l'après-midi, j'ai joué à la baguette, jeu inconnu à Angers. Il y avait longtemps que je n'avais couru; cela m'a fait du bien. Cela m'a rappelé mon jeune âge ! A deux heures, Mgr Buquet, évêque de Parium, a donné la confirmation. J'ai entendu deux beaux discours, plus une longue histoire de saint Christophe, et finalement, après un moment de récréation, nous sommes allés dîner chez M. Keller, avec tous nos *ramonias* débarbouillés, frottés, brossés, habillés à neuf avec du velours solide et nonobstant dotés de mains noires à qui mieux mieux.

« M. Keller a une femme charmante et sept enfants. Nous étions trente à table, sous les arbres de son jardin, rue d'Assas. Jamais nos ramoneurs n'avaient vu pareille fête; l'un mangeait son rôti avec une cuiller, l'autre son vermicelle avec une fourchette, le tout en s'extasiant et en babillant. Après le dîner, nous nous rendîmes à une petite chapelle de la maison, et là, adieux aux enfants, allocution touchante, remercîments des parents et *Magnificat* superbe, chanté par une voix de stentor.

« Deux hommes et une femme, qui ne s'étaient pas

confessés depuis trente ans, touchés, émus de ce spectacle, sont venus se jeter aux pieds de l'abbé directeur, excellent homme s'il en fut, et ont retrouvé la foi presque subitement[1]. »

« Mai 1868.

« En ce moment, nous avons à Paris une masse de nouveaux journaux, tous ardents à détruire, pas un pour conserver; tous très violents, la plupart antichrétiens, très bien rédigés, et faisant beaucoup de mal à tout ce qu'ils touchent. *La Lanterne* a un succès prodigieux. Je ne sais si je me trompe, et si je m'effraye de rien, mais plus nous allons, plus j'ai peur. Il me semble qu'une révolution nouvelle est proche, au moins tous les opposants en sont convaincus; on cite déjà les futurs membres du gouvernement provisoire. Espérons que tout cela n'arrivera pas, que nous ne verrons pas des actions et réactions violentes, qui ne peuvent que faire du mal et nous mener, non à la liberté qu'on demande, mais au despotisme, à l'abrutissement, à l'anéantissement. Quelle voie faut-il suivre? Faut-il étudier purement le Code, la pratique des affaires, et devenir tout simplement un bon avocat? Faut-il aspirer plus haut, apprendre à écrire? Ne pas se renfermer dans l'étroite limite de sa profession? Oui, car le premier parti cache de la paresse déguisée; il faut vaincre les difficultés de style, il faut étudier l'histoire, la religion, la littérature, la politique, et se mettre en mesure d'être, un jour ou l'autre, utile à son pays.

. . « Je prends des leçons de musique, et comme tou-

[1] Lettre à son frère.

jours, la musique me plonge dans l'admiration, dans l'extase. Elle me charme en ces jours de vague tristesse où mon âme ambitieuse, qui voudrait s'élever trop haut, se voit attachée à la terre.

... « J'éprouve les émotions intérieures et discrètes de l'examen. C'est la lutte, c'est le combat, c'est l'élément où j'aime vivre... Si par malheur j'étais refusé, je me remettrais dès le lendemain au travail.

... « Seigneur, je veux rester chrétien et digne de ton ciel! Donne-moi la force et le courage; donne-moi l'énergie et la persévérance. Pas de mensonges ni d'équivoques. Conduis-moi par la main!... O mon Dieu, donnez-moi tout ce qui me manque, et combattez pour moi! Mais pourquoi m'effrayer? N'ai-je pas une gardienne, une puissante protectrice, ne suis-je pas l'enfant de la sainte Vierge? Par elle, et depuis longtemps déjà, tout est remis *quotidie in manu Domini. Cuncta mea custodiat, et audiat vocem meam!*

... « Ah! que je voudrais enfin m'asseoir quelque part et vivre en famille! O mon Dieu! ne vous détournez pas de l'orphelin que vous avez aidé jusqu'ici. J'ai plus besoin que jamais de vos secours, car je sens le découragement me saisir! Oh! quelle douleur de ne pouvoir confier cela à personne! Oh! Dieu, quelle amère chose que d'être orphelin! »

La solitude lui pesait de plus en plus. Il plaignait ceux qui en souffraient comme lui, et nous relevons dans ses lettres ce passage délicat et tendre :

« La solitude! Je la connais de longue date. J'en ai

vécu, mon cœur s'y est nourri d'une nourriture forte et grande. Que le bon Dieu qui m'a protégé vous protège et vous garde! J'envoie près de vous mon ange gardien. Va, mon bon ange, et conduis par la main celui qui souffre! »

Cette amère solitude, Hervé en souffrait surtout à Rousson, dans les longs mois de vacances.

« Vivre ainsi, à Rousson, ce n'est pas drôle. Quoique la vieille Eugénie soit une très bonne fille, quoique Cigare soit un excellent chien; cependant ni l'un ni l'autre ne sont une société suffisante. Je m'ennuie précisément d'être seul. J'ai chassé un peu, et j'ai été assez heureux. J'ai lu beaucoup et pas mal travaillé. Je ne parle pas de la musique; j'en fais toute la journée! J'ai aussi beaucoup pensé, beaucoup réfléchi à la vie. Mais il ne faut pas perdre la bonne habitude de rire, de chanter et de causer. Aussi j'essaie de me distraire, et j'y réussis assez souvent. J'aime le soir à quitter Rousson et à aller chez un fermier ou un bonhomme du village; je m'assieds sur une chaise ou sur un banc, et je m'entretiens avec ces pauvres gens; je mange leurs marrons, je bois leur vin, et nous parlons de tout, souvent de ma pauvre mère, dont ils ont gardé un souvenir impérissable.

« O ma mère, si tu étais là! Que de fois, devant cette cheminée si vaste, nous avons causé! Causé de mon avenir, de ma femme future! Quelle poésie et quelle douceur dans ce seul mot : Ma mère!

« O ma mère, que je voudrais sommeiller entre tes

bras ! C'est si doux le sein d'une mère ! Quel oreiller valut jamais celui-là ? C'est l'oreiller du bon Dieu. Ne fut-il pas l'oreiller de l'Homme-Dieu ?

« Mais je suis seul dans cette maison immense; Cigare ronfle entre mes jambes, la grande salle de Rousson est nue et vide, tout est silencieux dans la campagne. Nous sommes au 24 octobre. C'est le 24 octobre que ma pauvre mère m'a quitté pour rejoindre son ami qui l'attendait là-haut. C'était une sainte : elle est au ciel... Oh ! du haut du ciel envoie-moi un de tes baisers, ma mère, moi je vais prier et penser à toi. »

Dieu eut pitié de ces souffrances si chrétiennement supportées. Il n'allait pas tarder à récompenser cette jeunesse studieuse et pure et à exaucer le vœu le plus cher de Ferdinand Hervé en lui accordant la fiancée qu'il avait souhaitée. Déjà, à la fin de cette année scolaire 1868, au mois d'août, un pressentiment de bonheur se glisse sur son cahier rouge. Il apprend par une lettre d'Angers que la famille de celle qu'il aimait va passer les vacances au bord de la mer, non loin du petit village où il doit aller lui-même se reposer chez des amis, et cette nouvelle ouvre son cœur à l'espérance.

« O mon Dieu, s'écrie-t-il, serais-je déjà récompensé de ma persévérante affection? Mon Dieu, vous m'aiderez jusqu'au bout, et je vous en bénis du fond de mon cœur. »

Puis, s'appuyant sur le passé pour affermir son espoir dans l'avenir, il jette sur le début de sa vie ce coup d'œil et cette action de grâces :

« Heureux ! mille fois heureux celui qui trouve au début de sa vie ce qui doit la charmer !

« Ce qu'il y a de plus bizarre dans toute ma vie, c'est cette progression incessante, ce mouvement ascendant qui a fait que ma position s'est élevée sans cesse. Comment expliquer ce fait si on n'y veut pas voir l'intervention divine !

« En somme, mon existence et les transformations de mon caractère ont quelque chose de singulier. Au milieu d'un grand isolement, au travers d'écueils de toutes sortes, j'ai toujours réussi dans mes desseins. Le résultat me surprend moi-même quand j'y réfléchis. Il me semble que tout s'est fait sans moi, et que je n'ai qu'à louer Dieu qui bénit l'enfance chrétienne et qui protège les orphelins ! »

Dieu n'abandonne pas l'orphelin : Hervé le répète souvent, et cette vérité ressort de ce que nous avons déjà dit et de ce que nous dirons encore. Mais, sans doute, il avait mérité cette protection spéciale de la Providence, celui qui s'était confié si généreusement en elle, et qui avait travaillé avec ardeur, vertu et foi. Ferdinand s'étonne presque que tout lui ait réussi. Ces succès, Dieu les donne aux courageux, aux vaillants, aux désintéressés, à ceux qui ont l'ambition noble et le courage haut.

Une lettre curieuse montrera combien, dès cette époque, Hervé inspirait d'estime à des hommes séparés de lui, cependant, par le milieu et les idées. Voici quelle fut l'occasion de cette lettre.

Sous l'Empire, pour cause politique, M. Émile Accolas

fut mis en prison. Ferdinand, qui était, comme nous l'avons dit, un de ses élèves, alla voir, dans sa cellule, son répétiteur de droit. Ils causèrent, avec cette pointe d'entraînement que donnent les circonstances exceptionnelles, et le prisonnier politique, très touché de cette visite, écrivit à l'étudiant quelques jours après :

« Mon cher Hervé,

« Il n'arrive pas tous les jours de recevoir des effusions sympathiques et ardentes comme la vôtre.

« Je me suis aperçu depuis longtemps de votre amitié pour moi; elle remonte à nos premières relations. Tenez pour certain que je la paye de retour.

« Vous êtes un des rares jeunes gens, de plus en plus rares, qui, dans notre pauvre France déchue, conservez encore l'amour de la vérité et l'énergie de vouloir la conquérir.

« Ne vous méprenez pas sur mes paroles, car je n'entends heurter en vous aucune conviction. Conquérir la vérité, ce n'est pas seulement soumettre sa pensée à un examen incessant, la fortifier par la réflexion, l'agrandir et souvent même la transformer par l'étude; conquérir la vérité, c'est aussi en faire la règle de sa vie, et comme, dans le milieu social, toute vie est liée à celle des autres, c'est s'efforcer de faire prévaloir cette règle pour le salut de la société tout entière.

« Je ne crois pas, je vous l'avoue, mon cher Hervé, en ceux qui séparent la pensée et l'action, telle que je viens de vous la définir; jeunes ou vieux, ce sont les « sépulcres blanchis » de l'Évangile.

« Vous avez tout ce qu'il faut, mon ami, pour mener

une existence d'homme; menez-la donc courageusement, sans regarder autour de vous : ce que vous verriez pourrait bien ne pas vous y encourager. Vous avez, Hervé, le désir immodéré du vrai, et vous ne vous effrayez pas devant l'effort; en maintenant intacte cette flamme et cette force, vous serez au niveau de toute lutte.

« A vous de tout cœur et à bientôt.

« ÉMILE ACCOLAS. »

III

Portrait physique et moral de Ferdinand Hervé. — Fiançailles. — Lettres à sa fiancée. — Débuts au barreau d'Angers. — Mariage.

Ferdinand Hervé avait alors vingt et un ans. Il était de taille moyenne, mince, le visage assez plein, le teint vif, des yeux médiocrement grands, mais un regard droit, expressif, où l'émotion allumait vite comme une flamme; le front large, couronné de cheveux bruns, un peu ondés, qui blanchirent de très bonne heure. Il avait la bouche grande, mobile, qu'on observe chez la plupart des hommes doués pour la parole, une voix chaude, vibrante.

Au moral il était sérieux, mais nullement froid, et facilement enthousiaste, sans esprit de mots, mais plein de vie et de bonne humeur dans la conversation. Les idées générales, un style large et clair, lui plaisaient plus que tous les raffinements de forme ou de pensée. Ses préférences en toutes choses étaient pour la simplicité. Une bonté intelligente, quelque chose d'ouvert et d'épanoui, trait distinctif de son âme, éclairait son visage, et prévenait en sa faveur. On se confiait très vite à lui. On se laissait vite convaincre par sa parole toujours convaincue. On résistait peu, les jeunes gens surtout, à je ne sais quelle adresse naturelle qu'il avait pour amener à son avis. Parfois il est vrai, au début de la vie, il lui arriva de s'emporter dans la discussion. Mais l'âge le corrigea promptement, et surtout le bonheur.

Le bonheur! il y touchait en effet. Le 5 septembre 1868, il était fiancé à la jeune fille qu'il avait de si bonne heure choisie et aimée. Un long rêve s'accomplissait pour lui. Il se sentait comblé, car non seulement la vie lui apportait une affection nouvelle, mais elle lui rendait celles qu'il avait perdues. Il retrouvait, lui si profondément attaché au culte de la famille, un père, une mère, deux frères et une sœur. Et qu'on veuille bien croire que nous n'employons pas ces termes dans le sens banal et usé qu'ils ont la plupart du temps; c'est trop souvent une manière de s'exprimer qui ne correspond en aucune façon à la réalité. Ici au contraire, elle est d'une parfaite justesse. Ferdinand Hervé entra dès cette époque dans sa nouvelle famille, avec les sentiments d'un fils et d'un frère aîné. Il fut reçu aux mêmes titres. Il sut en remplir toutes les charges, comme en goûter toutes les joies. Et rarement l'entrée d'un fiancé, bientôt d'un époux, dans un milieu étranger, y apporta moins de trouble et y fit naître plus de joie.

« Oh! merci, écrit-il à la mère de sa fiancée. Ma première mère m'a donné vie et piété. Ma seconde mère m'aura donné la compagne de toute ma vie. Qu'elles soient bénies toutes deux : je les unis dans un même amour et dans un même respect. »

Dans ce bonheur comme dans les tristesses qu'il avait eues, la première pensée de Ferdinand fut pour Dieu.

« O mon Dieu, s'écrie-t-il, bénissez-nous et conduisez-moi dans mes moindres actions. Je voudrais tomber à genoux et prier partout. Je me trouve si joyeux, si plein de force et de vie, disposé à faire le bonheur de tout le monde. Ah! comme je voudrais vous inonder de joie tous! Je me sens au fond du cœur tant de gaietés, tant de tendresses et tant de vie! »

Et tout de suite, avec cette disposition que nous avons tous à vivre hors du présent, et qu'il avait, lui, à un degré particulier, il prépare, il analyse cet avenir prochain du mariage qui va s'ouvrir pour lui, il se demande ce qu'il sera le meilleur de faire, et les pensées graves, religieuses, lui viennent en abondance à l'esprit. Il cherche à mériter et à bien employer son bonheur quand d'autres n'eussent songé qu'à en jouir.

On s'étonne de rencontrer cette gravité, cette hauteur de pensées chez un homme de vingt et un ans. On s'étonnerait plus encore, à bon droit, si, à ces élans d'une foi vive ne se mêlaient pas les notes de belle humeur, tout ce rien charmant qui compte pour une si grande part dans nos joies. C'est si bon de faire son plan de vie et d'entrer par avance dans le ménage qui se prépare! Il règle tout; il prévoit les moindres détails qui seront de petites joies dans la grande.

Cette légèreté ailée de l'âme, le pouvoir d'être ému et joyeux pour les plus petites choses et à plus forte raison pour les grandes, est une récompense de l'honnêteté de la vie. Privilège enviable, car l'inégalité du bonheur ici-bas vient surtout de l'inégale façon dont nous savons le goûter. Une âme qui n'est point fanée n'en laissera rien perdre. Elle s'ouvre au moindre souffle. Elle a une faculté merveilleuse, étant souriante elle-même, d'apercevoir le moindre sourire autour d'elle. Les enfants la possèdent, et leurs journées sont pleines de la gaieté qui vient d'elle. Mais les hommes aussi peuvent la garder. Ils en jouissent même davantage, et c'est un trésor qui vaut bien l'effort qu'il a coûté. Il embellit tout, il console, il rend meilleur, et à quel âge le perd-t-on? Peut-être bien jamais, car cette jeunesse de cœur peut s'allier aux cheveux blancs.

Écoutons comme il prie sa fiancée d'être de moitié dans une aumône qu'il veut faire :

« Déjà l'an dernier je pensais à vous quand je visitais mes pauvres, et je leur demandais de prier pour mon bonheur à venir. Maintenant que nous ne faisons plus qu'un devant Dieu, quand je donne il me semble ne faire qu'une moitié d'offrande, et c'est à vous de la compléter. »

Il entend que la vie à venir soit laborieuse, mais doucement récréée par des réceptions d'amis.

« Nous recevrons une fois par semaine, le soir; on causera beaucoup et très gaiement. Mais le monde, nous le verrons assez peu ; juste ce qu'il faut pour ne pas être sauvage et pour y tenir sa place... La table sera simple, abondante pourtant, et il y aura de la poésie partout... Oui, je veux que ma vie soit pleine de poésie. Aimez-vous comme moi le grillon du foyer? J'ai fait un trou à Rousson, derrière la cheminée, pour qu'il se loge là... Aimez-vous le grand vent dans les arbres?... Aimez-vous ces bruits vagues et poétiques qui s'échappent de la campagne assoupie, sous un ardent soleil, au cœur de l'été, mélodies prolongées qui parlent de Dieu? »

Ces deux notes, la note religieuse et la note gaie et jeune, très jeune souvent sous des formes graves, se retrouvent sans cesse dans le journal intime d'Hervé et dans les lettres qu'il adressait à sa fiancée. Nous citerons quelques fragments de ces papiers intimes. Ils mettent mieux en lumière que toutes les analyses le caractère de cet homme de vingt-deux ans, qui s'était fait du mariage et de la vie un si rare idéal.

« ... Après bien des soucis et bien des épreuves, nous voici fiancés, définitivement unis; je serai votre époux, et vous êtes la compagne de toute ma vie.

« Je voudrais me recueillir un instant sur ce grand bienfait de Dieu et mesurer l'étendue de notre bonheur en même temps que l'étendue de nos devoirs.

« Nous ne sommes pas des fiancés comme on en voit souvent. Notre mariage ne sera pas une affaire d'argent. Mais la question que nous avons à nous poser n'est pas de savoir si nous nous aimons, c'est de savoir plutôt quels sont nos devoirs et comment nous devons chercher à les accomplir.

« Nous avons des devoirs envers Dieu. Nous en avons de grands tous les deux, car c'est lui qui nous a conduits l'un vers l'autre, devoir de reconnaissance qui se joint à tous les autres, et que nous ne devons oublier à aucun jour de notre vie.

« Nous avons des devoirs envers nous-mêmes. Et d'abord celui de rester dignes l'un de l'autre. Quelle réserve, quelle dignité nouvelle, quelle gravité douce et simple, quel travail intime et minutieux de perfectionnement nous impose notre position de fiancés et bientôt d'époux! l'un qui sera tout à l'heure chef d'une nouvelle famille, l'autre qui sera tout à l'heure une jeune femme, l'âme d'un foyer nouveau!

« Mais ce n'est pas tout. Regardons autour de nous, que de devoirs encore!

« Nous avons des devoirs vis-à-vis de notre famille; donnons de la tendresse, de la tendresse grave et vraie, partant du cœur. Montrons-nous reconnaissants du bonheur qu'on nous donne; pansons les blessures, écartons le plus petit nuage quand il poindra dans le lointain; restons des enfants dévoués, confiants et respectueux. Demandons à être conseillés, dirigés dans la vie par ceux qui ont l'expérience et le tact profond.

« La vie m'apparaît, voyez-vous, comme une chose grave et sainte. C'est une épreuve dans laquelle nous sommes soutenus par le bonheur que Dieu envoie à ceux qui accomplissent leurs devoirs. Pour que nous nous aimions toujours, il faut que nous nous aimions pour la beauté de nos âmes, et il faut que notre affection grandisse à mesure que nous deviendrons meilleurs. »

«... Il faut que je fasse votre bonheur. Votre mère vous a confiée à moi. Pour cela il faut que je vous dise bien tout ce qui est nécessaire pour mériter et garder le bonheur. Sans doute la voie est difficile, mais il y a une douceur divine qu'on peut apporter dans le chemin. C'est l'amour chrétien. Ne le laissons jamais s'éteindre. Quoi! ce serait pour vingt ans que vous m'aimeriez! pour vingt ans que nous serions unis devant Dieu!... Non, non! Soyez béni, Seigneur, car vous nous avez faits pour l'éternité! »

. . . .

«... Je veux, ma fiancée, vous offrir un cœur élevé et tendre, puissant et large. Je ne sais ce que Dieu nous réserve; j'ignore ses desseins sur nous, mais je veux être prêt à tout. Ma patrie, ma nouvelle famille, le nom que m'a légué mon père et que je vous donne, je veux tout honorer... Serons-nous heureux l'un près de l'autre, à remplir nos devoirs et à vivre en chrétiens! Ne doutez pas de ce bonheur, ce serait douter de la bonté de Dieu. Je serai catholique, catholique rigoureux pour moi, et doux pour les autres. »

. . . .

« Je ne suis ni bourru ni sauvage, ni renfermé en moi-même. Je suis au contraire d'une nature très expansive et très enjouée, d'une humeur qui ne varie guère et d'une gaieté douce qui admet même et chérit le bruyant éclat de rire. J'aime même beaucoup le fou rire. C'est la marque d'une âme en paix avec Dieu, d'une âme forte, qui a trouvé le bonheur... Nous causerons, si vous le voulez, des heures, des journées, des années entières : de tout et de rien, du passé, du riant avenir, de mes travaux, de notre intérieur, et sur une pointe d'aiguille nous commencerons d'interminables entretiens. Je dois vous dire que je suis un bavard inépuisable. »

. . . .

« Je ne sais point l'état de ma fortune. Mais soyez tranquille, bon an, mal an, nous vivrons, et les pauvres aussi, allez ! »

. . . .

« Grâce à Dieu, nous sommes jeunes tous deux ; grâce à lui nous remplissons toutes les conditions du bonheur ; nous grandirons, nous vieillirons ensemble. Nous ne serons pas riches, nous devrons travailler ; j'en suis heureux ! pas de voitures à deux chevaux, pas de domestiques en nombre, pas de vêtements luxueux, pas de fêtes magnifiques ni de maison montée sur un haut pied. Rien de tout cela. Nous devrons tout faire avec économie et simplicité. Aller au-devant du nécessaire, mais avoir horreur du luxe. Travailler et chercher tout notre bonheur, absolument tout, en nous-mêmes. Bravons le monde sans le choquer ; levons la tête, élevons nos cœurs, et prions. Soyons toujours des chrétiens larges, des catholiques déclarés, et soyons toute la vie prêts à nous sacrifier l'un à l'autre tout ce qui pourrait refroidir notre sainte affection, hormis Dieu et nos consciences. »

. . . .

« Nous vivrons le plus saintement possible, pensant toujours que Dieu nous regarde ; nous serons de vrais et profonds catholiques, et nous nous aimerons d'un si pur et si pieux amour que Dieu nous bénira. »

. . . .

« Oh ! les détails de la vie ! Que celui qui sait les comprendre, les élever, leur faire leur place, est heureux ! Conserver son calme, sa dignité, sa gaieté même, dans les détails ennuyeux, fastidieux, les rattacher par la pensée aux grands devoirs de la vie. Oh! c'est une vertu, voyez-vous, c'est pour moi la science du bonheur. Qui sait aimer dans les détails et non pas seulement d'une manière générale, qui sait se dévouer dans les détails, celui-là vraiment sait comprendre la vie. Le mot *vie* n'a qu'un synonyme, c'est le mot *sacrifice*.

« Me voici à Rousson pour quelques heures seulement. Salut, ô ma vieille demeure! Bientôt, j'espère, tu rayonneras de jeunesse, et d'éclat et de vie! »

. . . .

« J'ai eu ce matin une grande joie. J'ai revu ma bonne chapelle de N.-D. des Étudiants à Paris, et cette jeune armée catholique si ardente et si fière, mais si recueillie au pied de l'autel; je me suis inspiré et fortifié de leur grande piété envers la Vierge sainte. Ils étaient trois ou quatre cents. Le bon prêtre qui s'occupe de la chapelle a reconnu son ancien choriste, et m'a tendu la main avec enthousiasme. Il a même voulu que je chante séance tenante, et j'ai chanté, et en songeant à ce que j'étais en quittant cette petite chapelle au mois d'août dernier, et à tout ce que le bon Dieu m'a donné depuis, mon cœur débordait de bonheur, et je vous prie de croire qu'on entendait ma forte voix quand les trois cents jeunes chrétiens entonnèrent : « *Magnificat anima mea Dominum!* » Quelles larmes délicieuses j'ai senti couler de mes yeux ! larmes de reconnaissance et d'amour, larmes de joie et de sainte ivresse! »

. . . .

« Quel bonheur de cendrillonner tous les deux, de travailler l'un près de l'autre, de prier en même temps,... de vieillir, de blanchir, de nous rider, de nous ratatiner et de radoter l'un près de l'autre ! Quel bonheur ! Dire qu'un jour nous radoterons à nos fils que nous nous aimions quand nous étions jeunes ! Étant donné votre âge et le mien, combien d'années faisons-nous ? 18 + 22 = 40 ans ! Mais c'est très respectable ! Je ne puis comprendre pourquoi on exige tant de sérieux d'un homme et d'une femme mariés. On devrait, au contraire, être plus joyeux que jamais ! »

. . . .

« Tant de choses me semblent vaines en ce monde. Pourquoi vit-on ? On s'élève, puis, à vingt-deux ou vingt-cinq ans, on se marie. On travaille ; pourquoi ? pour amasser quelques gros sous qui ne vous servent point ou peu, et que vos enfants trouvent insuffisants. Et puis après ? Ah ! il y a l'éternité !... Mais que la vie, abstraction faite de l'éternité, est peu de chose ! Et comme, en dehors de tout ce qui est saint et relève de Dieu, comme tout est vain ! — Mais si l'on contemple l'œuvre divine, la vie d'épreuves menant à l'éternité où les âmes unies sont toujours heureuses dans le sein de Dieu, comme tout s'illumine et paraît grand ! »

. . . .

« Oui, le chef de famille exerce un sacerdoce ; c'est lui qui doit guider sa femme et ses enfants, leur expliquer ce qui leur est obscur, leur montrer le sens des commandements divins, les éclairer et leur donner l'exemple. C'est entre ses mains que tout est déposé, jusqu'au bonheur. Tel est le plan divin. Mais où puiser, à moins que ce ne soit dans les simples lumières d'un cœur chrétien, la force, la sagesse et la raison nécessaires ? Mon Dieu, éclairez ma jeunesse, et, si la maturité précoce causée par le malheur ne me suffit point, suppléez à ce qui me manque, et rendez-moi digne de conduire et de diriger dans vos voies celle que vous m'avez confiée. Donnez-moi de n'être pas au-dessous de mes devoirs, et, comme les patriarches, de marcher toujours les yeux fixés sur vous. Illuminez mon âme au début de la vie, et que votre flambeau divin ne s'éteigne jamais. Que malgré notre jeunesse nous marchions toujours dans le plan que vous avez tracé, nous rappelant que vous n'abandonnez point ceux qui ont foi en vous. — Ah! lorsque nous serons réunis dans le foyer que nous fonderons, nous dirigeant d'après la voix de notre conscience, de notre amour du bien, et du sentiment de notre dignité chrétienne, ne nous déchargeant sur personne au monde d'aucune responsabilité, et fermant notre cœur à tout ce qui, du dehors, pourrait jeter quelque trouble en nous, alors que nous serons heureux et forts! »

Ferdinand revint de Rousson à Angers au mois de novembre 1868, et prêta serment devant la Cour, en qualité d'avocat stagiaire. Il avait beaucoup hésité entre Paris et Angers, ce qui prouve que la première impression causée par la grande ville s'était complètement dissipée. Ce fut la perspective de son mariage qui le retint en province.

Il commença donc à plaider, selon l'ordre établi par la tradition, des causes de justice de paix, des affaires où le client, muni de l'assistance judiciaire, le plus souvent insolvable, n'en est pas moins reçu avec reconnaissance dans le cabinet du débutant. Il s'étonne d'être si bien accueilli et du mal qu'on se donne pour lui, ce premier client de hasard, comme si ce n'était pas l'avenir qu'on aperçoit en lui, et qui le transforme en une sorte de personnage providentiel. Jamais il ne saura ni toutes les recherches ni tous les rêves qu'il a fait faire. Hervé travaillait en même temps dans une étude d'avoué pour se rompre, suivant la formule consacrée, à la pratique des affaires.

Son début aux assises fut de nature à l'encourager. Il est d'usage, et c'est un excellent usage, très humain et très délicat, que le président, du haut du siège, dans l'appareil professionnel, encourage les débutants et leur prédise un bel avenir. Dans la circonstance, il y eut quelque chose de plus. Après les aimables éloges de M. Éliacin Lachèse, qui présidait cette session, les jurés félicitèrent le jeune avocat; ses confrères, et notamment M. Segris, qui allait être appelé au ministère de la justice, et auquel son grand talent de parole avait fait une place enviée au barreau d'Angers, ajoutèrent leurs compliments à ceux du président et des jurés. C'était un petit succès. Pourtant Hervé ne se sentit que médiocrement satisfait, non pas des autres, mais de lui-même. Il avait rêvé un acquittement, il n'avait obtenu que des circonstances atténuantes :

« Je ne suis pas content, écrit-il, je n'ai eu qu'un succès de parole. »

Il travaillait encore, en vue du doctorat en droit qu'il avait résolu de conquérir, et, dans ce travail, dans ce mélange de vie active au palais et recueillie à la maison, une année passa, presque entière; une année à la fois terne et heureuse, qui amena enfin le jour de son mariage.

Il épousait, le 9 août 1869, Mlle Marie-Claire-Élisabeth Bazin. La famille où il allait entrer était honorablement connue à Angers. M. Alfred Bazin, que sa santé avait contraint de renoncer au barreau où un bel avenir lui semblait promis, joignait à la distinction de l'esprit une affabilité rare, qui lui avait conquis de nombreuses et vives sympathies. Il descendait de race vendéenne. Son arrière-grand-père, huissier près le grenier à sel de Vihiers, sous Louis XV, avait eu pour fils Nicolas Bazin, intendant chez les Colbert de Maulévrier, où il avait rencontré Stofflet. Quand celui-ci prit les armes en 1793, pour son Dieu et pour son Roi, Nicolas Bazin le suivit. Il fit, en qualité de capitaine de l'armée vendéenne, toutes les campagnes de 1793 à 1800, et, la guerre terminée, acheta le greffe de Segré[1]. Avec le sang du soldat de la Vendée, ses convictions s'étaient transmises, et la famille avait gardé les traditions religieuses et politiques de l'aïeul.

Du côté maternel, la famille était d'origine poitevine et parisienne. M. Barthélemy Meauzé avait, en effet, épousé, à Paris, Mlle Clarisse Chéron, fille de François Chéron, conseiller secret de Louis XVI au 10 août, et journaliste royaliste sous la Révolution, puis commissaire du roi Louis XVIII près le Théâtre Français[2]. Après avoir longtemps dirigé une importante maison de commerce à Angers, M. Barthélemy Meauzé, retiré des affaires, remplissait, depuis de longues années déjà,

[1] Son nom figure dans la liste des officiers, publiée par M. Alexis des Nouhes. V. *Généraux et Chefs de la Vendée militaire et de la Chouannerie*. In-folio, Paris, Retaux-Bray, 1887.

[2] Voir *Mémoires et récits de François Chéron*, publiés par F. Hervé-Bazin. In-12, Paris, librairie de la Société bibliographique.

sous l'administration de M. Montrieux, les fonctions de premier adjoint au maire d'Angers.

Ce fut lui qui présida au mariage civil de sa petite-fille, le 7 août 1869.

Mais Ferdinand Hervé avait désiré que le mariage religieux eût lieu à la campagne :

« Je rêve d'un mariage à la campagne, écrivait-il, parmi les fleurs et dans un rayon de soleil. »

Et cela fut ainsi. Deux jours plus tard, la petite église de Saint-Barthélemy était en fête, toute décorée, toute remplie par la foule. M. l'abbé Priou, curé de Saint-Laud, un des prêtres les plus éminents du diocèse par la vertu et par l'éclat du savoir, parent de Ferdinand Hervé, bénit les jeunes époux, et prononça un discours où il lui fut facile de louer sans dépasser la mesure du goût, ni celle de la vérité.

Puis, la cérémonie religieuse terminée, ce furent, dans les jardins de la Buffeterie, — une petite habitation où séjournait depuis longtemps chaque été la famille de la fiancée, — le long défilé des amis, le repas sous une tente ornée de feuillage et de gerbes, un feu d'artifice au milieu des prairies, pour lequel toute la population des environs était accourue. Rien ne manqua à la joie de ce jour.

Dieu y tint la première place. Hervé, comme on l'a vu, n'était pas de ceux qui le mettent à la seconde, et nous trouvons dans son journal l'écho de sa reconnaissance :

« Quel rêve, ô mon Dieu ! Comme vous savez récompenser ceux qui vous aiment, Seigneur, et comme, en

définitive, les épreuves de la terre sont peu de chose!
Honte à ceux qui accusent votre sagesse ou qui doutent
de votre bonté! Le bonheur que vous me donnez, je
vous l'offre à mon tour, Seigneur : je n'ai que lui, et
pour en rester digne, je le remets entre vos mains. Oui,
je vous remets le cœur de ma fiancée dont vous m'avez
permis de disposer; je vous le remets avec le mien;
comblez-les de vos grâces et de vos bénédictions, et que
cette humble offrande de vos enfants vous soit agréable,
ô mon Dieu! »

IV

Rôle d'Hervé-Bazin dans sa nouvelle famille. — L'Histoire de l'Église. — Retraites à Solesmes. — Premières œuvres : Conférences de Saint-Vincent-de-Paul; Cercle catholique; Patronage Saint-Serge. — Séjour à Paris. — Fondation de l'Université d'Angers. — Hervé-Bazin est nommé professeur. — Fête d'inauguration à la cathédrale d'Angers.

Ferdinand Hervé était si bien entré dans sa nouvelle famille, qu'il en prit le nom à dater du jour de son mariage, et l'ajouta au sien. Ferdinand Hervé devint Hervé-Bazin.

A sa place, beaucoup se fussent contentés de jouir honnêtement de la vie. Mais lui comprenait autrement le devoir. Il n'aurait pas cru l'avoir entièrement rempli s'il s'était borné à surveiller ses intérêts, à se défendre le mieux possible contre les ennuis, et à ne pas refuser les petits services qui sont faciles à rendre. Cette sorte de morale égoïste ne fut jamais la sienne. Il pensait, avec raison, que si les premières obligations de notre état concernent tout naturellement les premiers objets de nos affections, femme, enfants, parents, elles s'étendent au delà, et qu'un homme simplement inoffensif et heureux n'est pas l'idéal que doive se proposer un chrétien. Il voulut mériter son bonheur, estimant qu'il n'est aucune meilleure façon de le garder; il voulut aussi en remercier l'auteur, et pour cela se dévouer, se donner, partout où il croirait pouvoir faire un peu de bien. Il en chercha les occasions.

Hervé-Bazin se remit à ses études de droit. Il n'aimait pas le droit pour lui-même, ou du moins, il n'aimait dans le droit que les principes généraux; mais l'analyse et la conciliation des textes, les systèmes innombrables auxquels ils donnent lieu, l'application pratique aux espèces de la jurisprudence, le laissaient dans une indifférence assez voisine du détachement complet. L'avocat, bien qu'il continuât de plaider, et qu'il entreprît de prolonger au delà de la licence ses études théoriques, sentait par moments chanceler en lui sa vocation. L'idée qu'il arriverait bien lentement à prendre une place dans un barreau très riche en hommes de talent et d'expérience comme l'était celui d'Angers, ne le décourageait pas encore, mais lui rendait plus acceptable la perspective d'une autre carrière. Sans cesser d'agir, notamment dans le domaine des œuvres dont nous parlerons tout à l'heure, il reste l'homme de beaucoup de projets. Sa nature ardente les multiplie. Le moment où il aura conquis le titre de docteur, il s'en réjouit par avance, comme d'une heure d'épanouissement où mille travaux trouveront place.

« Vingt-cinq ans! écrit-il le 11 juin 1872. J'ai vingt-cinq ans depuis quelques heures, et je ne suis qu'étudiant, et je vais encore passer un examen. Il me pèse, ce doctorat, depuis que je suis père de famille, et membre d'une foule d'œuvres. Au surplus, tout s'en ressent. On ne me voit presque plus au palais. J'apprends par cœur, et pour la centième fois, les deux mille articles de notre Code. O besogne ingrate! Mais patience! Dans quelques jours, tout sera accompli, et l'an prochain je veux complètement modifier ma vie. Je mettrai à exécution les mille et un projets qui ont germé dans ma tête. Je publierai ma thèse, comme ouvrage distinct; mon travail sur Concarneau; je concourrai peut-être pour le prix de l'Académie des Sciences morales et politiques; je commencerai d'autres ouvrages. J'essayerai plusieurs genres, qu'en coûte-t-il? Peut-être écrirai-je un peu de musique. Je mettrai à exécution mon grand projet de revoir mon histoire entière, et de lire au moins de longs extraits de *tous* les auteurs principaux ayant un nom. Peut-être ferai-je un cours ou des conférences publiques sur l'histoire ou sur le droit. Je noterai, j'écrirai sans cesse. Je recevrai chez moi tous les samedis soir : j'inviterai là tous ceux qui pourront m'instruire. J'apprendrai l'allemand, je reverrai l'italien, je m'abonnerai à plusieurs revues et journaux têtes de ligne, que j'aurai alors le temps de lire. Enfin, de toute façon, je m'instruirai et préparerai le sol sur lequel un jour, si Dieu le permet, je combattrai pour le bien.

« Quel programme séduisant! Dieu m'a donné tant de points d'appui! Surtout pas de défaillances! Pas de peur du ridicule, pas de tremblement devant les adversaires! Travaillons, servons Dieu, et marchons dans le long chemin de la vie. *Excelsior!* Toujours les yeux en haut!

« ... Je voudrais me lancer dans la lutte religieuse et

politique. Que sera l'hiver qui vient? Nous ménage-t-il des déceptions? Nos projets tomberont-ils? seront-ils anéantis? Il en arrivera ce que Dieu voudra, pourvu que nous le servions toujours. Mais justement parce que notre vie n'est pas nettement dessinée, il faut se tenir prêt. »

Se tenir prêt! Ce fut toujours pour lui la grande affaire; ce fut sa grande attention. Et n'est-ce pas, en effet, l'attitude du chrétien : se tenir prêt et attendre l'heure de Dieu? Lui-même l'écrivait plus tard :

« Soyez attentifs. De grandes choses se préparent. Je ne sais quand l'heure sonnera, j'ignore par qui vous serez appelés... mais ce que je sais, ce dont je suis certain, c'est que vous serez appelés... Et je ne puis voir passer un jeune homme sans me dire aussitôt : « Celui-« là verra de rudes combats. Puisse-t-il y prendre part « avec honneur! »

Et ailleurs :

« On voudrait toujours vieillir! Quant à moi, je brûle de savoir, d'être instruit à fond des principes philosophiques et politiques, et de connaître aussi à fond l'histoire des peuples. Je lis beaucoup, pas encore assez à mon gré. J'ai pris cette habitude dès mon enfance, et j'en remercie ma mère, qui n'est plus. »

Nous aimons tous nous entourer de projets, comme de fleurs qu'on sème à profusion et pour le plaisir de les regarder, sachant bien qu'on ne les cueillera jamais toutes. Et, de fait, combien ouvrons-nous de ces volumes que nous avons résolu d'étudier? Un sur vingt! Combien écrivons-nous de ces pages ou de ces livres dont la pensée, un instant, avait tenté notre esprit, et que nous avions aperçus déjà tout achevés, tout imprimés, avec une sorte de dégustation par avance de cette joie si vive des labeurs accomplis? Hervé-Bazin formait de nombreux projets, mais, à la différence de ceux qui ne vont pas au delà, il en réalisait beaucoup.

Il conquit d'abord le grade de docteur; non pas, il est vrai, aussi vite qu'il l'eût souhaité. Dans cette voie, qu'il suivait sans savoir assurément où elle le mènerait, mû plutôt par une sorte d'instinct, ou d'inspiration, si l'on veut, il rencontre des obstacles, des échecs même. Il surmonte les uns, et répare les autres : « Mes enfants, dira-t-il plus tard, rappelez-vous qu'on arrive à tout avec de la persévérance. Je n'ai guère que cette qualité-là. Mais elle m'a beaucoup servi. »

Parmi les circonstances qui l'empêchèrent de mener plus vite à terme l'œuvre entreprise, se trouva un surcroît d'occupations et une responsabilité nouvelle que lui apporta un double deuil de famille. En 1872, à quelques mois de distance, M. Alfred Bazin, et son père, M. Nicolas Bazin, moururent. Hervé, nommé subrogé-tuteur de ses beaux-frères et de leur jeune sœur, s'employa de son mieux à toutes les besognes fastidieuses d'un double règlement de succession. Il sut prendre un peu de la place que la mort avait laissée vacante, et devenir, sans cesser d'être frère, un second chef de famille.

« Me voilà devenu le confident, le négociateur, le grand trotteur de la famille, écrivait-il, c'est une manière de reconnaissance. »

Et, franchement, il payait bien sa dette. Il avait le zèle heureux, ce qui n'est pas donné à tout le monde. Il savait à merveille s'entremettre pour étouffer les moindres incidents qui auraient pu troubler l'harmonie de la famille, empêcher un malentendu de devenir une discussion, donner une bonne pensée sans avoir l'air de l'imposer, agir enfin par influence, là où l'autorité n'aurait pu réussir. Le succès qu'il obtint de cette façon fut d'autant plus remarquable que les cadres de la famille s'élargirent rapidement. A l'exemple de leur aîné, les deux beaux-frères et la belle-sœur d'Hervé-Bazin se marièrent de très bonne heure, et les trois nouveaux ménages se fixèrent successivement à Angers, autour du foyer plus ancien de l'avocat. C'était René Bazin, destiné à devenir plus tard le collègue d'Hervé à l'Université; son frère Ambroise, industriel et chef en même temps de la maison de commerce qu'avait laissée M. Alfred Bazin, enfin Lucie, mariée au docteur Ernest Bricard, qui venait de terminer ses études de médecine à la Faculté de Paris. Grands changements dans ce cercle à peine formé, et qui s'élargissait tout à coup! L'ancienne intimité aurait pu en souffrir. Mais ce fut tout le contraire. Le nombre des amis d'Hervé s'en trouva doublé : l'union se maintint, parfaite, pleine entre tous. Elle fut pour chacun un appui, une force et une cause incessante de joie. Jusqu'à son dernier jour, Hervé-Bazin la vit florissante. Et il aurait eu quelques droits de s'en montrer fier, car il avait beaucoup contribué à la former, beaucoup à la maintenir.

Il se contenta de s'en trouver très heureux, et de veiller discrètement sur cette fleur rare d'une grande famille unie. Les quatre jeunes ménages avaient formé la résolution de se recevoir les uns les autres, à tour de rôle, tous les dimanches. Et pendant onze ans, tant que la mort n'eut pas rompu le pacte, chaque dimanche eut son dîner et sa soirée, où l'on riait, où l'on faisait tantôt de la musique, tantôt une lecture, où l'on causait à cœur ouvert, où se retrempaient et s'affermissaient huit âmes bien fraternelles. Hervé-Bazin apportait à ces réunions un entrain soutenu, un esprit conciliant, et une petite expérience qui le faisait écouter. Il était tout désigné quand il y avait un conseil à prendre. On savait aussi qu'on le trouverait prêt à rendre un bon office, à consoler d'un ennui. Aux heures de découragement, il mettait au service des autres sa foi robuste, sa patience à écouter, — un art plein de charité, qu'il possédait. — sa parole chaude, qui relevait. Et ainsi, parmi ses frères, *primus inter pares,* il avait un rôle d'une importance plus grande, qu'il eut le tact de ne pas souligner, et le talent de remplir pour l'avantage de tous.

Un de ceux qui l'approchaient alors, dans cette période de jeunesse, écrivait de lui à peu près ce que nous disons là.

« Ferdinand a une activité surprenante, des idées vives, jeunes, nouvelles, une intelligence d'organisation très rare, et au milieu de tout cela, il reste bon et simple. Son caractère se développe et s'affermit. Il a parfois des élans de poésie et d'enthousiasme qui nous enchantent ! »

On comprendra mieux à présent pourquoi le doctorat marcha lentement.

L'autre projet qu'il réalisa fut d'étudier l'histoire de l'Église. Sa passion pour l'histoire en général l'y avait conduit. Mais à peine eut-il ouvert les premiers volumes de l'abbé Darras qu'il sentit son ancienne passion se doubler d'une autre. La grandeur de l'Église, qu'il n'avait jusque-là que soupçonnée, lui apparut. Il assista, étonné, puis ravi, à cet incomparable spectacle où se révèlent tour à tour les plus hauts problèmes que l'esprit humain ait agités, les luttes les plus ardentes et les plus graves qui aient partagé le monde, les dévouements les plus désintéressés et les plus magnifiques, par-dessus tout, l'incessante action bienfaisante du christianisme, l'éclosion de ces œuvres appropriées aux besoins de chaque siècle, l'admirable conception d'une société chrétienne toujours combattue, et, malgré les obstacles, s'emparant par degrés du monde et l'amenant à un état voisin de la perfection. La démonstration, l'évidence de vérité qui se dégage d'une telle histoire, le transportèrent tout aussitôt. Enthousiasmé, il donna tous ses loisirs à cette nouvelle étude. Il s'y plongeait le matin, y revenait sa journée achevée. Les volumes se succédaient sur sa table avec une incroyable rapidité. Il apprit là à beaucoup aimer l'Église et à la mieux défendre. Il garda, de ces recherches passionnées, un souvenir très vif et le désir d'en donner le goût autour de lui :

« Lisez l'histoire de l'Église, disait-il plus tard aux

jeunes gens, pénétrez-vous-en ; je puis vous assurer par expérience que vous en tirerez autant de joie que de profit. »

Un des livres qu'il composa vers la fin de sa vie, les *Grandes journées de la chrétienté,* n'est que l'aboutissement de ces études qu'il n'abandonna jamais. Et dans sa dernière œuvre, le *Jeune homme chrétien,* son testament littéraire et le plus intime de ses livres, il revient encore sur ce conseil si souvent exprimé par lui dans ses conversations avec les jeunes gens.

De temps à autre, vers la fin du carême, Hervé-Bazin allait faire une retraite à Solesmes, pour se retremper dans la méditation, au contact des grandes vertus bénédictines. Enfin il s'efforçait de ne pas rester en dehors des œuvres établies autour de lui.

A peine revenu à Angers, et dès avant son mariage, il s'était hâté de se faire inscrire parmi les membres de la Conférence de Saint-Vincent-de-Paul, à laquelle il resta fidèle toute sa vie dans les différentes paroisses où il habita. Il s'inscrivit de même parmi les membres d'un cercle catholique, fondé par Mgr Freppel pour les hommes du monde, et où il partagea avec son ami, M. André Joubert, et M. Henri Jouin, les fonctions de secrétaire. Le désir de propager les idées chrétiennes dans les milieux ouvriers, continuait à se développer en lui. Dès l'année 1873, il donnait des conférences sur l'éducation, au patronage de Saint-Serge, humble commencement d'une série de conférences, de discours, d'entretiens familiers qui furent un de ses meilleurs moyens d'apostolat, et une prédication du vrai qu'il ne devait plus interrompre.

Entouré et aimé de la sorte, au milieu d'occupations déjà nombreuses et utiles, Hervé-Bazin continuait d'être et de s'avouer heureux. De petites notes courtes, sur son journal, — une simple flamme de beau temps en haut du sémaphore, — indiquent la persistance de ce bonheur. Il s'y mêle toujours une pensée pieuse, un retour sur lui-même, une résolution. Il y a dans le bonheur, pour une âme délicate, un petit envers secret : la crainte d'être un égoïste, et celle d'être un ingrat. Hervé sentait bien cela :

« Nous sommes bien heureux, écrivait-il, et n'avons guère de chagrins, que de trouver les journées trop courtes. Le matin, nous allons à la messe de huit heures, avec le Manuel du chrétien. Par nous-mêmes, nous ne faisons peut-être pas beaucoup de bien. Mais le spectacle de notre bonheur repose les malheureux. Je ne vois qu'un moyen de répondre à cette bénédiction de Dieu : le travail. »

Il travaillait donc. Seulement, ses revenus restaient médiocres. Ce n'était pas assez pour troubler une paix aussi solidement établie que la sienne, mais Hervé-Bazin se demandait parfois : « Suis-je dans ma voie? Si le présent n'est pas alarmant, puis-je envisager l'avenir avec sécurité? Que pourrais-je faire pour augmenter le bien-être de cette jeune famille croissant autour de moi ? »

Il commençait à sentir le poids de ce fardeau, dont il ne cessa d'ailleurs de bénir Dieu toute sa vie : une nombreuse famille.

Cinq ans après son mariage, il avait trois enfants, trois filles. Les clients n'abondaient pas. Hervé-Bazin donnait quelques répétitions de droit, mais le gain n'était pas gros. Il écrivait gaiement :

« Le diable, pour troubler mon bonheur, ne sait plus où donner de la tête. Il essaye de me glisser d'amères pensées sur mon avenir et sur les deux mille francs que j'ai gagnés en toute mon année. Arrière, Satan ! »

Oui, sans doute, il repoussait, de toute la force de sa jeunesse et de sa foi, les pensées de tristesse, les pressentiments sombres auxquels sa nature impressionnable l'eût facilement disposé. Dès qu'il se sentait porté à s'alarmer, il se hâtait de songer aux grâces nombreuses qu'il avait reçues et de conclure : « Dieu, qui m'a tant protégé, ne m'abandonnera pas dans l'avenir. » Par ce moyen, il se redonnait de la vaillance et en redonnait aux autres, à ceux qui venaient lui confier des inquiétudes du même genre.

Donc, sans se préoccuper, sans perdre pour cela la paix, il cherchait un moyen de gagner davantage. Ne le trouvant pas à Angers, il crut qu'il le trouverait mieux à Paris. Plusieurs projets le tentaient, ou plutôt il se résignait d'avance à accepter plusieurs situations dont Paris devait lui offrir le choix. La première en ligne était celle d'avoué. Peut-être n'avait-il pas les qualités requises pour remplir une charge de cette nature. Il se le disait bien. Mais il partit quand même, avec femme et enfants, dans l'espoir vague de trouver une situation plus lucrative que la sienne.

« Nous partons pour Paris, écrit-il en mars 1875. C'est un voyage d'étude, d'examen, de recherche. Il sera long sans doute. Je veux savoir s'il est meilleur pour moi de traiter à Angers, ou d'acheter une charge à Paris. Mais pourrions-nous y vivre? N'aurions-nous pas de nostalgie? En un mot, ne sommes-nous pas déjà trop habitués à la province, à la *bourgade,* comme dit S..., pour rester à Paris? Ces questions-là ne se résolvent pas en un jour. »

A tous points de vue, ce voyage était une erreur. Hervé-Bazin ne trouva pas ce qu'il cherchait. L'eût-il trouvé, qu'il n'était pas fait pour la vie de Paris. Il en fut bientôt convaincu. Il jeta un regard de regret sur Angers qu'il avait quitté. Et, après trois mois de séjour et de recherches vaines, il eut le bon sens de revenir. Le cahier rouge en a l'air joyeux.

« Tout décidément, y écrit Hervé, revenons en province. Tous nos frères et sœurs y sont groupés autour de nous. Nous verrons doucement approcher la mort, serrés les uns contre les autres, et nous pourrons nous y préparer avec un calme inconnu ici. Quand on jette ainsi sur sa vie un regard d'étude, on voit qu'il n'y a qu'une chose enviable : l'union des âmes entre elles et avec Dieu. »

La leçon, du reste, ne fut pas perdue. Elle l'empêcha, dans la suite, de donner la moindre attention à ces vagues rêves d'un esprit inquiet, que nous prenons pour des idées. Elle l'attacha définitivement à sa province natale. Désormais il est déterminé à y vivre et à s'y trouver plus heureux qu'ailleurs.

Dieu, qui l'attendait à cette petite épreuve, ne tarda pas à lui montrer sa voie.

Mgr Freppel allait fonder à Angers la première Université catholique. Il en avait, depuis longtemps, arrêté le projet. Il avait préparé les esprits, dans son diocèse et dans les provinces de l'Ouest, à le seconder dans l'œuvre considérable qu'il voulait créer ou plutôt restaurer, car nul n'ignore le glorieux passé de l'ancienne Université d'Angers.

Parmi ceux qui ne ménagèrent point leur temps ni leurs peines au succès de cette entreprise, Hervé-Bazin fut un des plus actifs. Il avait fait partie des commissions nommées, avant 1875, pour préparer de loin les voies à cette grande œuvre. Plusieurs fois il s'en était entretenu avec Mgr Freppel, et celui-ci n'avait pu s'empêcher de remarquer l'enthousiasme et la sûreté de jugement tout ensemble avec lesquels Hervé-Bazin parlait de la fondation à venir, du bien qu'elle était appelée à produire, de l'honneur qui en rejaillirait sur l'Anjou et sur les diocèses qui prouveraient, par cette preuve éclatante, l'intelligence et la vigueur de leur foi. Aussi, dans l'été de 1875, quand fut arrivée l'heure de l'immédiate préparation, Mgr Freppel, ayant besoin autour de lui d'auxiliaires actifs et dévoués, pensa de suite au jeune avocat.

Hervé-Bazin était alors avec sa famille au bord de la mer, à Noirmoutiers. Mgr Freppel lui fit télégraphier : « L'Université va se fonder, venez ! » Il accourut, sans se douter le moins du monde qu'en travaillant à organiser la première des quatre Facultés angevines, il allait un peu travailler pour lui-même. La besogne était considérable : correspondance avec de nombreux ecclésiastiques des diocèses de l'Ouest et du Sud-Ouest, réponses à des demandes de renseignements qui venaient un peu de partout, circulaires à rédiger et à envoyer, installation des immeubles où, dans quelques mois, devaient s'ouvrir les premiers cours. Hervé-Bazin en prit sa bonne part. Fastidieux ou non, il faisait gaiement le travail qu'on lui confiait, et, nous le répétons, sans aucune arrière-pensée personnelle. M. l'abbé Grimault, dont il était devenu le collaborateur assidu, et qui peut-être en savait plus long sur l'avenir tout prochain qui se préparait, disait parfois en plaisantant :

« Et si, par hasard, on vous proposait une chaire à la Faculté de droit ?

— Mon Dieu, monsieur l'abbé, répondait modestement Hervé-Bazin, si l'on veut me nommer secrétaire de la Faculté de droit, je ne dis pas non ! Il me semble que je pourrais faire un bon secrétaire ! »

Il méritait, et il eut mieux. Mgr Freppel lui offrit la chaire de procédure civile, dans la Faculté de droit, la première fondée. Hervé-Bazin, surpris autant que joyeux d'un pareil honneur, renonça sans regret au barreau et accepta. Un télégramme fut immédiatement envoyé à Noirmoutiers. Il y fut accueilli avec des transports de joie.

Ferdinand était enfin dans sa véritable voie. Les obligations lui en apparurent tout de suite, et, comme nous l'avons vu faire déjà, il se préoccupa de se montrer reconnaissant envers Dieu.

« Dieu semble avoir exaucé tous les vœux de ma jeunesse et de mon ambition. Je suis professeur à la Faculté d'Angers, ce que j'avais longtemps rêvé. L'avenir se présente donc sous les couleurs les plus riantes. Il faut, à cette heure, que je me rende utile, que je soutienne les œuvres catholiques, et que je rende à Dieu, dans les trente années qui vont suivre, ce qu'il a daigné me donner pendant les trente années qui ont précédé. »

Trente années, c'était plus qu'il ne lui en fut laissé; mais pendant celles qui lui furent données, il sut du moins remplir cette promesse et se dépenser pour la cause catholique. La voie nouvelle où il entrait était d'ailleurs bien la sienne, celle de ses aptitudes, de son esprit méthodique, porté aux généralisations et aux vulgarisations des idées. L'enseignement dans une Faculté catholique donnait satisfaction à son goût pour la parole publique, et, en même temps, lui permettait, bien mieux que le barreau, de mettre à profit les connaissances historiques, les études sociales, religieuses, qui avaient, jusque-là, absorbé sa vie, surtout de déployer en pleine liberté cet apostolat dont nous avons vu qu'il avait, dès l'origine, éprouvé le très noble désir.

La déclaration d'ouverture de la Faculté libre de droit d'Angers fut faite par Mgr Freppel, M. Gavouyère, doyen de la Faculté de droit, M. Loriol de Barny et M. Léon Cosnier, administrateurs, le 1er octobre 1875.

Le 15 novembre, l'inauguration solennelle eut lieu en l'église cathédrale. Autour de plusieurs des évêques fondateurs, plus de quatre cents prêtres s'étaient groupés dans le chœur et dans le sanctuaire de l'antique église.

Le transept, l'immense nef, les galeries, étaient remplis d'une foule compacte, venue de tous les points du diocèse. Un peu avant dix heures, les professeurs de la nouvelle Faculté de droit en costume, précédés du Recteur, Mgr Sauvé, vinrent prendre place à droite de l'autel. Après l'évangile, Mgr Freppel monta en chaire, et prononça un discours dont tant d'autres pages éloquentes,

Cathédrale d'Angers.

tant de plaidoyers merveilleux de largeur et de logique, tant de panégyriques où le style et l'idée s'élèvent toujours à la hauteur du sujet, n'ont point effacé le souvenir. On se rappelle le texte qu'il développa : « Les chefs de famille de Juda et de Benjamin, les prêtres et les lévites se levèrent pour réédifier le temple du Seigneur, et toute la région d'alentour les aida de ses ressources. » Puis, ce début d'un si large souffle : « C'est ainsi que s'accomplit la restauration du temple de Jérusalem. Soixante-dix ans s'étaient écoulés depuis que la main de l'Assyrien avait passé sur ce grand édifice, ne laissant debout que des ruines. L'attente du peuple de Dieu fut longue; et l'on pouvait se demander s'il rentrerait jamais dans l'héritage de ses pères. Mais une espérance invincible vivait au fond des cœurs, etc. »

« L'auditoire était encore sous l'émotion de cette grande et lumineuse parole, écrivait un des journaux d'Angers[1], lorsque, pendant la seconde partie de la messe, le chœur a entonné le chant du *Credo*. Jamais peut-être les voûtes de la cathédrale n'avaient entendu rien de si magnifique que cette profession de foi chantée à l'unisson des voix et des cœurs par des milliers de chrétiens. S'il y avait, dans la foule, des curieux attirés par le seul désir de voir, nous serions bien surpris qu'ils n'eussent pas été gagnés aussi par une invincible émotion ; les âmes ne résistent guère aux mâles accents de la foi.

« La messe était dite. Alors a lieu l'imposante cérémonie de la profession de foi et de la prestation du serment par les professeurs de l'Université. Les quatre évêques siègent près de l'autel ; devant eux, à genoux, sont rangés les professeurs. Tous ensemble récitent la confession de foi du pape Pie IV, qui résume les décisions du concile de Trente ; puis tour à tour et nommément, chacun d'eux, la main sur l'Évangile, jure de ne rien enseigner qui soit contraire aux lois et doctrines de l'Église : Que Dieu, ajoute-t-il, me soit témoin et me vienne en aide !

« Mgr Freppel, expressément invité par son Éminence

[1] *L'Union de l'Ouest*, article de M. Jules André.

le cardinal, tenait le livre des Évangiles, et recevait le serment des professeurs.

« Le chant du *Te Deum* et la bénédiction pontificale, donnée par les évêques, ont terminé cette grande manifestation religieuse qui marquera certainement dans l'histoire. Un jour, quand notre Université angevine aura repris l'éclat qu'elle eut jadis en France et dans l'Europe chrétienne, ceux qui étaient présents ne se rappelleront pas sans une certaine joie mêlée de fierté qu'ils étaient à l'inauguration de cette œuvre, en qui l'Église et la Patrie ont placé tant de justes espérances. »

V

Le *Livre d'or de l'Université d'Angers*. — Œuvre des Cercles. — Banques populaires. — Hervé-Bazin est nommé professeur d'Économie politique. — Congrès de Chartres. — M. Charles Périn. — *Traité d'Économie politique*. — Mouvement royaliste. — Hervé-Bazin au Comité légitimiste d'Anjou. — Première conférence de Segré. — Son genre d'éloquence. — Lettre de M. l'abbé Douvain. — Toast aux *Associations professionnelles*, 1881. — Le poète.

Le premier soin d'Hervé-Bazin, quand il fut nommé professeur, fut de rédiger un cours aussi pratique et aussi clair que possible. Les notes, les cahiers qu'il a laissés, non moins que les souvenirs unanimes de ses élèves, témoignent qu'il y réussit. La procédure ne donne pas matière à de grands élans, mais elle permet de distinguer quand même le mérite d'un esprit, et en attendant qu'un nouvel enseignement lui permît de développer d'autres qualités, Hervé-Bazin mit dans celui-là l'ordre, la netteté, la clarté qu'il exige.

En même temps, vivement impressionné par cette renaissance de l'enseignement supérieur catholique en France, il voulut réunir, afin de les mieux conserver, les divers documents qui se rattachent à la fondation de l'Université libre d'Angers. Ce fut l'objet du *Livre d'or* qu'il édita à ses frais, et qui contient, dans un fascicule in-folio d'une belle impression, le bref de Pie IX, un historique rapide de la création de l'Université d'Angers, les lettres d'adhésion des évêques, le discours de Mgr Freppel à la cathédrale, la consécration de l'Université à la sainte Vierge, la liste des évêques fondateurs, des administrateurs, des professeurs de la Faculté de droit, enfin une lettre signée du secrétaire de la Congrégation des études à Rome, S. E. le cardinal Wladimir Czacki, félicitant Mgr Freppel d'avoir fait réciter aux professeurs de l'Université renaissante la profession de foi de Pie IV, comme une garantie de la parfaite orthodoxie de leur enseignement. Ce livre, dédié à Mgr Freppel, n'a jamais été mis dans le commerce.

« Ferdinand travaille au Livre d'or de la Faculté de droit, écrivait à cette époque un de ses amis. Il est heureux, actif, énergique. C'est plaisir de voir ses traits se dessiner, son attitude s'accentuer, ses idées s'affermir. C'est plaisir de l'entendre discuter avec calme, soutenir ses convictions avec une chaleur persuasive. Il a pris à la Faculté le rang estimé dont il était digne, et tous ses collègues l'aiment et le respectent. »

La nouvelle Faculté n'était pas alors installée dans le palais qui abrite aujourd'hui les quatre Facultés de l'Université d'Angers. On avait approprié à son usage l'hôtel de l'ancien cercle catholique. On entrait par la rue d'Alsace. Il y avait une ébauche d'internat, rue Saint-Aignan. Les élèves n'étaient pas encore bien nombreux : une quarantaine de toutes les années et de toutes les provenances, que la vieille ville universitaire, prise d'un vague souvenir de ses anciennes et bruyantes nations d'écoliers, regardait avec une sympathie légèrement inquiète. La curiosité publique était éveillée autour de ces jeunes gens. Leurs moindres actes, les premiers examens qu'ils subirent, la première retraite pascale où ils communièrent ensemble, étaient signalés et discutés dans la presse. Quant aux professeurs qu'Hervé-Bazin avait pour collègues, et qui furent, comme ils aiment à se le rappeler encore, *de la fondation,* c'étaient : M. Gavouyère, doyen, MM. Aubry, de Richecour[1], Henry, Buston, Perrin, du Rieu de Marsaguet, de la Bigne de Villeneuve.

Hervé-Bazin avait voué à chacun d'eux une amitié que rien n'altéra, et que les années ne firent qu'augmenter. C'était une joie pour lui de se retrouver, chaque fois que son cours l'appelait rue d'Alsace, et plus tard au palais de la place André-Leroy, dans cette réunion marquée dès le début d'un caractère de vraie fraternité. Les instants passés de la sorte, dans la salle où, le matin, chaque professeur revêt sa robe, lui étaient si chers, qu'il prit tout de suite l'habitude d'être un peu plus qu'exact au rendez-vous, et d'arriver plusieurs minutes avant l'heure, pour causer avec ceux de ses collègues qui venaient de terminer ou allaient commencer leurs cours?

Lorsque l'enseignement de la procédure civile lui fut devenu familier, et exigea de lui un travail moins absorbant, Hervé-Bazin sentit le besoin d'ajouter à ses occupations, et chercha le moyen de se rendre plus utile

---

[1] M. de Richecour est mort en 1890, depuis que ces lignes ont été écrites.

encore à la religion et à son pays. Comme il n'était jamais satisfait de lui-même, il se reprochait de ne pas servir efficacement la cause catholique.

« Nous sommes des lâches, répétait-il souvent, nous acceptons les grâces de Dieu, nous les lui demandons, nous sommes jaloux du titre de chrétiens, et nous ne faisons rien pour Dieu. »

Et sur son cahier rouge il écrit :

« La procédure me laisse de grands loisirs, de quel côté me diriger pour les travaux auxquels je voudrais me livrer ? Voilà ce que je prie Dieu de m'apprendre. J'ai 30 ans! quel gros chiffre bossu, 30 ans! Je croyais que le 11 juin ne se passerait pas sans émotion, je me préparais à écrire ce jour-là sur le cahier rouge. Pas du tout. Je ne m'en suis pas même aperçu. Il a fallu que ma femme me prévînt. Je voudrais me mettre à un bon travail, qui me permît de laisser à mes filles le souvenir de leur père. Je voudrais n'écrire au public que pour lui être utile, pour lui faire du bien. J'ai le dégoût de tout travail, hormis de celui qui sert à mes élèves et de celui qui peut servir l'Église. Que la vie est rapide et changeante ! Quand donc viendra l'éternel repos ! »

Pour répondre à ces aspirations de sa conscience, il commença par consacrer un peu de son temps à l'Œuvre des cercles catholiques d'ouvriers, à celle des banques populaires qui venait d'être créée à Angers par le R. P. Ludovic, et enfin à des études d'économie politique, vers lesquelles, depuis longtemps, il se sentait attiré.

Il ne se doutait pas qu'il dût si prochainement mettre ces dernières à profit.

Or il se trouva qu'en 1878, et pour la rentrée du mois de novembre, l'économie politique fut précisément introduite dans les programmes. Une nouvelle chaire fut donc créée, et pour en désigner le titulaire, les évêques fondateurs durent chercher un homme qui, par la nature de son talent et la culture de son esprit, répondît aux besoins de cet enseignement nouveau. Hervé-Bazin leur parut remplir ces conditions. Lorsque la proposition lui fut faite, il hésita quelque temps devant la difficulté de la tâche qu'il allait assumer. Il ne se dissimulait pas que c'était prendre une lourde responsabilité que d'enseigner, dans une Université catholique, une science aussi jeune encore, aussi peu fixée, et entourée par toute une école, fille du xviiie siècle, d'une foule d'erreurs dont il serait assurément difficile de la dégager.

Quand enfin il eut accepté, et qu'il se fut mis au travail avec une incroyable ardeur, la Providence lui ménagea la rencontre d'un homme qui devint, dans ces questions si délicates, un conseil et un guide éclairé : nous voulons dire M. Charles Périn, le célèbre professeur d'économie politique de l'Université de Louvain. M. Charles Périn était en possession d'une renommée qui datait déjà de loin. Ses *Lois de la Société chrétienne*, son grand ouvrage sur la *Richesse dans les sociétés chrétiennes*, et d'autres travaux encore le désignaient comme un des chefs du nouveau mouvement économique qu'allait produire la réforme des programmes dans l'enseignement supérieur. Hervé-Bazin le rencontra au Congrès des Œuvres ouvrières, tenu à Chartres.

A cette époque les congrès étaient presque une nouveauté. De toute part les catholiques, dont les libres initiatives avaient été jusqu'alors étouffées, y accouraient avec enthousiasme. Mais, si les bonnes volontés étaient nombreuses, les orateurs étaient rares, et rares aussi les hommes capables d'ouvrir la voie à toutes ces bonnes volontés.

Ce congrès de Chartres eut une véritable influence sur la vie du jeune professeur. Hervé-Bazin fut très frappé du dévouement pratique de plusieurs de ceux qu'il rencontra, et résolut de les imiter. Jusque-là il n'avait été qu'un homme aimant les œuvres catholiques, depuis ce fut de plus en plus un homme d'œuvres. A d'autres points de vue encore, cette réunion devait exercer une action sur son esprit. Laissons Hervé-Bazin nous raconter lui-même quelques-unes des impressions qu'il y ressentit.

« Je suis arrivé en même temps que le P. Ludovic, dans une petite maison contiguë au grand séminaire. Je n'ai, bien entendu, rien à vous conter, n'ayant encore rien vu, sinon la cour du grand séminaire, de petites figures d'abbés regardant curieusement tous ces intrus, s'offrant à porter nos malles, et fuyant derrière les arbres, comme des jeunes filles. On dit que nous serons cinq à six cents congressistes. C'est effrayant ! Je lirai mon rapport sur les banques populaires, demain, vers trois heures[1]. »

[1] Lettre du 9 septembre 1878.

« Mes chers amis, écrit-il à sa famille après la séance où il lut ce document, remerciez Dieu avec moi. J'ai eu un bien beau succès tout à l'heure. Tout le monde est venu me serrer la main, M. Périn, Mgr de Ségur lui-même, et de braves gens que je ne connais point, mais qui m'ont fait tant de compliments! M. de Chaulnes disait devant Mgr Pelletier, d'Orléans : « Voilà qui nous « fait de bons professeurs d'économie politique! » Pauvre petit rapport! Comme le bon Dieu sait récompenser les moindres choses qu'on fait pour lui! »

Et le lendemain :

« Il est cinq heures, et je ne suis pas sorti de la chambre des commissions; je ne sais pas si la ville est belle ou laide, je sais seulement qu'elle a une splendide cathédrale où mes rêves s'envolent en tournant autour des colonnes. Quel siècle! quelle société! quel peuple que celui qui a fait cela! Vous savez que Notre-Dame de Chartres est le premier autel de Marie en France. On la connaissait ou plutôt on l'honorait avant la venue du Christ. Les druides avaient eu une tradition quelconque d'une Vierge qui devait enfanter, et lui avaient fait une statue de pierre, « la Vierge noire » qu'on a retrouvée. »

« 11 septembre.

« ... Mon rapport agite tout le Congrès. Le publiera-t-on? Ne le publiera-t-on pas? L'œuvre paraît, à des timides, trop militante : on veut mon rapport en brochure, mais pas dans les journaux. D'autres veulent la publication intégrale, et, de là, du tumulte, des votes, des éloges répétés qui me laissent très froid. On fera ce qu'on voudra. Dieu nous mène. En ce moment, la question est soumise à Mgr de Ségur, chargé de la trancher. »

« 12 septembre.

« Les timides l'ont emporté : mon rapport ne sera pas publié, et on ne parlera en aucune façon de notre œuvre dans les journaux, par prudence.

« Mgr de Ségur a continué, hier et ce matin, ses charmants sermons. Il a tiré de la tige et de la fleur du lis de délicieux symboles. La tige s'élève droite, c'est le signe de la droiture de nos intentions. Il ne faut pas être charitable comme les pharisiens, par amour-propre de magistrat, à cause de la robe, mais en toute vérité, par amour de Dieu et de nos ouvriers. Telle était la droiture de la sainte Vierge. — La tige est longue : c'est le signe de la persévérance dans nos bonnes résolutions. — Avez-vous remarqué, quand vous arrachez des lis dans le jardin de votre curé ou dans les champs, ces petites feuilles serrées qui s'élèvent le long de la tige et finissent par se confondre avec elle en la fortifiant? Ce sont, ajoute Mgr de Ségur, les invocations fréquentes, les prières que nous devons adresser à Dieu pour assurer notre fidélité. Est-ce charmant! Et si vous aviez entendu les développements!... — Le pied de la tige est entouré de feuilles plus larges qui retombent vers la terre avec grâce et comme avec pudeur. C'est le signe de la pureté de notre langage. Un chrétien doit parler avec grâce et surveiller ses paroles pour montrer qu'elles portent une belle fleur. Enfin cette tige si belle du lis, en automne, elle se durcit, et devient si forte qu'on peut même la brûler. Telle est l'énergie du chrétien. Il sera fort comme la tige du lis quand viendra l'automne des persécutions; on pourra le jeter au feu d'où il entrera dans la vie...

« Ce matin, c'est de la fleur même qu'il s'agit, et c'est bien plus beau encore. Voyez cette belle, cette admirable fleur au parfum si doux. Elle a une corolle formée de trois pétales blancs extérieurs et de trois plus petits, qui les enveloppent au-dessous. Qu'est-ce que cela nous apprend? Qu'il faut être blanc et pur, non seulement aux yeux de Dieu, à l'intérieur, mais aussi à l'extérieur, aux yeux des hommes. Six étamines, dorées et parfumées, entourent le pistil : six vertus, que Dieu demande aux chrétiens : « J'ai eu faim et vous m'avez donné à « manger, etc. » Le beau pistil qui domine la fleur, c'est Jésus-Christ lui-même. Il y a sur les étamines, autour de lui, de petits grains de poussière dorée qui sont les serviteurs de Jésus-Christ, destinés à flotter au gré des vents et à faire naître d'autres lis dans des contrées lointaines. Ainsi devons-nous être, et semer et répandre l'Évangile au milieu de nos pauvres. *Considerate lilia agri quomodo crescant.* Je redis si mal tout cela que je vais vous étonner sans doute; mais ce qui, dans le Congrès, m'a le plus ravi, ce sont les allocutions de Mgr de Ségur.

« Une grande nouvelle m'arrive : l'an prochain, le Congrès se tiendra à Angers. »

Hervé-Bazin, pendant ces quelques jours passés à Chartres, eut plusieurs entretiens avec M. Charles Périn, et s'éprit pour lui d'une respectueuse amitié. En l'écoutant, il comprit mieux encore toute l'importance de la tâche qu'il avait assumée; il se fortifia dans les convictions que ses études lui avaient données sur divers points délicats de l'économie politique, et cette sympathie précieuse, ce concours, pourrions-nous dire, d'un savant catholique fut pour Hervé-Bazin, avec la ferme résolution de se donner davantage aux Œuvres et de se mêler plus intimement aux efforts tentés pour la réorganisation chrétienne du monde ouvrier, le résultat du congrès de Chartres.

Cette rencontre avec l'éminent professeur de Louvain fut d'autant plus précieuse pour Hervé-Bazin, qu'il préparait en ce moment la publication de son *Cours d'économie politique*[1] :

« Pour moi, lui avait dit M. Charles Périn, je suis tout entier au droit des gens. C'est à vous maintenant, mon cher ami, à tenir le drapeau de la vraie et saine doctrine, suivant le christianisme. »

L'entreprise était difficile, le terrain, en plusieurs endroits, encore mal dégagé d'erreurs. Hervé-Bazin, bien qu'il eût travaillé avec ardeur et qu'il eût puisé aux meilleures sources, ne voyait pas approcher sans crainte l'heure de la publication. Il voulut prendre le conseil d'un de ses collègues, auquel le liait une ancienne amitié, et dont la forte érudition lui inspirait la plus grande confiance, Mgr de Kernaëret. Il eut avec lui de nombreuses conversations, et ce fut seulement après cette dernière revision que le Traité parut.

[1] *Traité élémentaire d'Economie politique*, par Hervé-Bazin. 1 vol., V. Lecoffre, 1880.

L'ouvrage reçut un accueil flatteur. M. Périn, auquel il était dédié, félicita vivement l'auteur.

« Je me sens très honoré, lui écrivait-il, de voir mon nom en tête d'un livre d'un si grand mérite, et l'honneur qui m'est fait s'accroît encore de la haute estime dont l'auteur est entouré. Votre *Traité élémentaire* me sera d'un grand secours pour mes enseignements. Je le vois déjà dans les mains d'un grand nombre de mes élèves. »

M. Le Play, un des maîtres dont Hervé-Bazin avait suivi la doctrine, n'était pas moins élogieux.

« J'admire le zèle chaleureux que vous témoignez pour les misères qui correspondent aux erreurs contemporaines, et je me réjouis du concours précieux que vous donnez aux unions de la paix sociale[1]. »

Puis ce furent, sans parler de nombreux témoignages venus de la France, le P. Marquigny, M. Van der Laat, l'abbé Winterer, le courageux et savant député de Mulhouse, qui adressèrent à Hervé-Bazin leurs plus vives félicitations. M. le comte de Chambord lui fit écrire « que l'auteur avait une large part dans l'intérêt qu'il portait à l'admirable Université d'Angers ».

Au bout de quelques mois, l'ouvrage était traduit en espagnol et en italien. Il avait répandu le nom du jeune publiciste, et lui avait créé une correspondance considérable avec nombre d'hommes distingués dans le domaine des lettres et des sciences.

Parmi les amitiés que lui valut, comme une de ses meilleures récompenses, la publication du *Traité élémentaire,* Hervé-Bazin aimait à compter au premier

---

[1] Lettre de M. Le Play à Hervé-Bazin.

rang celle de M. Claudio Jannet, esprit fin et ferme à la fois, d'une érudition considérable, déjà en possession d'une juste réputation d'écrivain et de savant.

Un second volume suivit rapidement le Traité d'économie politique. Ce fut le résumé de ce livre, qu'Hervé-Bazin composa sur le conseil d'un de ses amis, et à l'usage des jeunes gens de la classe de philosophie[1]. En même temps, nous le voyons donner une étude assez étendue sur les *Trois écoles en économie politique,* à la *Revue trimestrielle,* qu'avait fondée M. le sénateur Fresneau.

Il s'occupe aussi de la *Revue d'Anjou,* excellente revue locale, et de l'*Union économique,* qu'il avait fondée avec le R. P. Ludovic, pour répandre l'idée des banques populaires. C'étaient déjà beaucoup d'entreprises. A ce propos il écrit à sa femme :

« Je me donne autant de mal pour diriger toutes ces petites revues que s'il s'agissait du *Correspondant* ou du *Contemporain.* Je ne vous parle pas de mes affaires personnelles, elles vont comme le bon Dieu le permet. Pensez un peu qu'au milieu de ce tracas j'ai pu suivre la plus grande partie du cours de paléographie. C'est un petit tour de force dont je suis fier. J'ajoute que j'ai assez bien lu, et que le professeur m'a adressé des éloges. Aujourd'hui, j'ai vu Rochebouët et déjeuné avec lui chez René. Puis il a fallu courir aux examens, et de là chez Mgr de Kernaëret pour nos « entreprises chrétiennes et royalistes », de sorte que je n'ai pas eu une minute de répit. Mais dans ce tourbillon de la vie, j'ai un repos et une espérance. Mon

---

[1] *Notions d'Economie politique,* par F. Hervé-Bazin. Paris, Victor Lecoffre, 1881.

âme s'envole au-dessus de ces petites choses, et s'unit à la vôtre pour bénir Dieu et le prier de nous sauver. »

Ces travaux théoriques n'empêchaient pas Hervé-Bazin de poursuivre autour de lui la réalisation pratique de ses idées sociales.

De retour à Angers, il s'occupa activement des banques populaires et d'un système de protection des travailleurs chrétiens, qu'essayait d'organiser le R. P. Ludovic. Un certain nombre d'hommes dévoués réunissaient leurs efforts aux siens. On s'assemblait, chaque semaine, dans une des salles de la banque populaire, d'assez médiocre apparence, et qui ne ressemblait en rien aux immeubles des grandes compagnies financières. On s'y entretenait des souffrances de la petite industrie et du petit commerce, de plus en plus atteints par la concurrence de maisons colossales et par plusieurs autres causes tout aussi graves.

Les réunions n'étaient ni bien nombreuses ni bien redoutables. Elles éveillèrent cependant les soupçons de la police : l'administration crut y voir un complot légitimiste. Elle fit surveiller Hervé-Bazin, le P. Ludovic et quelques autres hommes de bien. Deux fois Hervé-Bazin reçut la visite d'un commissaire de quartier, délégué pour lui demander quelques explications. Il s'en amusa, et l'agent, un peu confus, et plus clairvoyant que ses chefs, finit par lui dire :

« Écoutez, monsieur Hervé-Bazin, si l'on doit vous arrêter, je vous préviendrai. »

Un autre jour, les habitués de ces petites conférences charitables ne purent pénétrer dans les cloîtres Saint-

Martin, cernés par la police, qu'en donnant leur nom et leur adresse. Inutile d'ajouter que tout ce beau zèle n'aboutit point, et que la police ne parvint pas à mettre la main sur une conspiration qui n'avait jamais existé.

C'est à cette époque qu'Hervé-Bazin commença sa vie politique.

Le comte de Chambord était alors le représentant de la race royale mêlée depuis tant de siècles aux destinées de la France, et la séduction personnelle de l'homme ajoutait aux convictions raisonnées d'Hervé-Bazin cette pointe d'entraînement et d'enthousiasme sans laquelle les meilleures causes ne suscitent guère de dévouement. Le comte de Chambord lui apparaissait comme la plus noble, la plus chevaleresque personnification de la monarchie. L'étude de ses lettres avait conduit Hervé-Bazin à la conviction qu'aucun prince n'était mieux fait pour son temps, et pour la reconstruction progressive d'une société chrétienne. Il considérait comme un devoir de Français et de chrétien tout ensemble de travailler à la restauration de la monarchie, et la passion qu'il y mit jusqu'au bout, malgré les revers, les tristesses, les obstacles accumulés, montre que son dévouement s'inspirait à des sources autrement hautes que l'ambition humaine.

Vers cette même époque il commença à faire des conférences politiques sur l'invitation de ses amis. Il accepta cette mission parce qu'il y voyait un moyen de servir son pays et l'Église. Ce fut une vraie campagne de conférences. Il en fit de toutes sortes : il en fit dans de belles salles et sous des tentes dressées à la hâte; dans les villes, dans de simples bourgs, quelquefois en pleins champs. Il parla même, et ce fut une des plus pittoresques, dans les grandes caves de tuf de la vallée de la Loire. Les occasions ne manquaient pas de remplir cet apostolat, à cette époque d'une physionomie originale, inconnue jusque-là, disparue depuis, où un véritable mouvement de jeunesse, ranimant le vieux parti monarchique, multipliait les réunions publiques ou privées, les banquets, les brochures, les journaux destinés à la propagande populaire.

Ceux qui ont connu Hervé-Bazin à cette époque, se rappellent son merveilleux entrain. Dans cette voie où Dieu l'entraînait, aucun échec, aucun recul n'était venu calmer ou intimider son énergie. Il avait pour les causes qu'il soutenait, comme en face de la vie, cette belle audace des gens heureux qui ne doutent pas de leur étoile. Et quelqu'un de sa famille pouvait dire de lui : « Ferdinand est vraiment dévoré du désir de faire le bien et de travailler. Il croit que sa vie sera courte, comme celle de son père, et il veut qu'elle soit bien remplie. Son esprit vit dans des pensées si élevées que ses propres affaires l'intéressent à peine, et qu'il lui faut, pour s'en occuper, un effort de raison, et même de vertu. »

Presque partout le talent et plus encore l'ardeur de conviction d'Hervé-Bazin firent une impression durable. Sa parole, très chaude, très simple, claire et procédant par larges périodes, l'habitude qu'il avait de ne pas s'embarrasser de citations et d'appareil scientifique, celle d'appeler les choses par leurs noms, sans périphrases, et de croire à son auditoire, nous voulons dire de le croire capable d'entendre des vérités crues à l'ancienne manière française, convenaient mieux que toute autre aux masses populaires. Ce sont les masses, en effet, qu'il aimait, elles qu'il visait et tâchait de conquérir ou mieux de reconquérir à leur double foi du passé.

Il eut bientôt acquis de la sorte une réputation à laquelle il n'avait point songé. Et pourtant quelqu'un la lui avait prédite. Un prêtre qu'il avait connu à Paris, vers sa vingtième année, l'abbé Douvain, curé de Courbevoie, lui avait écrit un jour :

« Vous prenez le vrai chemin du succès, mon ami; le monde appartient à ceux qui affirment, surtout quand ils sont convaincus. Vous mordez dans les idées, et vous les poursuivez avec entrain. Vous serez par là un jour en pleine possession de la vie, et j'ai l'espoir de vous voir de plus en plus compromis pour la cause de la vérité. »

Ces luttes répétées où s'affirmaient ensemble le talent et le caractère d'Hervé-Bazin lui valaient de nombreuses sympathies dans le monde royaliste. Il en jouissait comme d'une des meilleures récompenses, mais il était modeste, et tenait avant tout à rester dans le rang.

Ainsi, comme il prononçait un toast aux *Associations professionnelles,* à Paris, au mois de mai 1881, M. de Mun, qui l'écoutait, se pencha vers son voisin, et murmura :

« C'est superbe, voilà un orateur de premier ordre. »

Le toast fini, plusieurs personnes vinrent prier Hervé-Bazin de faire des conférences dans quelques villes importantes.

« Moi, répondit-il, je ne suis qu'un soldat ; c'est M. de Mun qui est mon capitaine, adressez-vous à lui. »

Et les avis qui lui furent donnés il les prit comme des ordres.

Ce qu'on remarquera surtout, c'est l'entrain, c'est l'allure enthousiaste, enlevante de la parole d'Hervé-Bazin. Il avait ce même entrain dans l'action.

Pour dire toute notre pensée, bien qu'elle puisse paraître étrange à plusieurs même de ceux qui l'ont un peu connu, Hervé-Bazin était un poète dans le sens le plus élevé du mot. Il ne faut pas confondre, et c'est un travers trop commun que de le faire, la poésie avec la versification. Et la preuve en est bien évidente aujourd'hui, où tant de ceux qui riment n'ont pas même le sens de l'idéal, et ne cisèlent que des mots, pour ne rien sertir au milieu, pas une idée, pas un sentiment digne de ce nom. Que le caprice du jour y soit conforme ou contraire, qu'une armée de tout jeunes gens s'acharne à écrire des lignes égales et sans souffle sur des thèmes ridiculement mesquins, et nous les présentent ensuite comme l'expression de la poésie contemporaine; qu'ils y mêlent le deuil ridicule de leurs doutes, dont un peu d'étude les aurait vite délivrés; qu'ils s'éternisent à poser gravement sur la destinée humaine, sur l'âme, sur Dieu, sur le monde, des questions depuis longtemps résolues; la poésie n'en continuera pas moins de se trouver où ils ne la cherchent pas : dans les aspirations de l'esprit, créé pour l'infini, à sortir des limites étroites de la vie. La poésie ainsi entendue, dans le sens le plus général, comme une ascension naturelle de l'âme vers un idéal de beauté, de bonté, de justice, Hervé-Bazin la goûtait et savait l'exprimer. Un souffle de poésie chrétienne anime la plupart de ses lettres, les meilleurs de ses discours, et en particulier ce touchant opuscule, le *Jeune homme chrétien,* qui fut comme le résumé de ses plus chères pensées, son dernier appel aux jeunes gens pour les porter vers Dieu.

Car ce poète n'était pas un dilettante de la parole, mais avant tout un homme d'action. Un discours, un livre n'était pour lui qu'un moyen de transformer ses auditeurs en disciples et de les amener à mettre en œuvre une idée qui lui semblait utile. Les simples spéculations, l'art pour l'art, ne l'ont jamais séduit. Il aimait le beau, comme un poète, mais pour le traduire lui-même et le faire traduire aux autres en belles actions. Son enthousiasme visait toujours à susciter un dévouement.

Entendue de la sorte, on peut dire que la poésie, sans qu'il le crût lui-même assurément, a tenu une grande place dans la vie et les œuvres d'Hervé-Bazin. Elle a été pour beaucoup dans le succès de sa parole ; elle a eu sa part dans sa puissance d'apostolat ; elle a inspiré, non pas seule, mais soutenant et réchauffant la raison ou la foi, beaucoup de ses actes. Et si les poètes sont sujets à quelque illusion, si quelquefois il a été au-devant d'un échec qu'un froid calcul aurait par avance montré à d'autres, les déconvenues qu'elle a pu lui attirer deux ou trois fois dans une vie réjouie par elle, venues de cette cause si rare d'un excès de confiance dans les hommes, dans une idée grande, sont de celles qu'on peut avouer et qu'on ne regrette pas. Mais il lui doit, nous le répétons, en partie l'énergie et la fécondité de son action. Il lui doit ces intuitions rapides qui lui firent apercevoir ou adopter, un des premiers, certains plans de réforme qui supposent une vue, ou plutôt une imagination très nette de l'avenir. Prenons pour exemple ce projet de décentralisation et de retour aux anciennes provinces qui demeure, à notre avis, un des titres d'honneur d'Hervé-Bazin. Un peu plus tard nous donnerons les détails de cette réforme, immédiatement réduite par lui en formule et en articles ; ce que nous voulons retenir, c'est seulement l'idée dont elle s'inspirait, afin de bien montrer comment, d'une vue très haute de la politique ou de l'histoire, son esprit tirait toujours une conséquence pratique.

Il apercevait dans l'avenir une France revenue à Dieu, c'est-à-dire à sa tradition comme à sa gloire d'autrefois. Il la voyait, de cette vue de poète et de raison tout ensemble dont nous venons de parler. Des signes de toutes sortes lui montraient cet avenir dans une réalité splendide. Certes il n'ignorait pas l'étendue du mal révolutionnaire, l'autorité détruite ou profondément atteinte dans les esprits, non moins que la moralité. Mais un grand élan d'espérance l'emportait au delà. Il croyait que la destinée de la France était de sortir rajeunie de l'épreuve.

« Car, — c'est ainsi ou à peu près qu'il s'exprimait, — pas une nation n'est saine à l'heure qu'il est ; toutes sont attaquées dans leurs éléments vitaux. Il faut désespérer de l'Europe, presque du monde, ou ne pas désespérer de la France. Si malade qu'elle soit, il n'est pas un peuple qui puisse encore se dire au-dessus d'elle par la foi, par la générosité, par l'initiative du bien, par un ensemble d'énergies chrétiennes qui sont d'incomparables éléments de résurrection. Aucune nation ne paraît l'avoir remplacée dans le rôle providentiel qui a fait dire qu'elle était une sorte d'alliée de Dieu par ses œuvres. Ce n'est point l'Autriche, qui en est à son XVIII° siècle, ni l'Allemagne protestante, ni l'Italie, débilitée par sa révolte contre le pape. Serait-ce l'Angleterre? On l'affirmait un jour devant un des grands évêques de la France contemporaine.

« — L'Angleterre, dit-il, ce sera toujours la reine de la politique marchande. Elle peut se convertir et faire de grandes choses, mais elle n'est point comme la France, un peuple de missionnaires et de soldats. Même corrompue, la France reste chevaleresque, et c'est ce qui la sauvera. La France, un défaut de logique inexplicable et rassurant l'empêche d'aller jusqu'au bout de ses égarements. Il semble qu'elle ne puisse devenir ni schismatique, ni athée. Un instinct profond, comme celui de la conservation, la ramène vers l'Église, après qu'elle s'en est le plus violemment séparée, comme on l'a déjà vu plusieurs fois dans son histoire. Il en sera de même après la période d'épreuves que nous traversons, et les signes abondent, qui permettent de prédire cette reconstitution du pays. Une floraison d'œuvres appropriées aux besoins du temps s'est épanouie sur son sol, plus serrée, plus variée qu'en aucune autre contrée, œuvres d'enseignement, œuvres ouvrières, œuvres de charité, œuvres pour la jeunesse et pour les vieillards, œuvres de préservation ou de réparation. La France est à la tête de toutes les contrées du monde sur les listes de souscriptions, qu'il s'agisse de réparer les ruines d'un tremblement de terre ou d'une inondation, de soutenir l'Église à Rome ou de répandre l'Évangile par la *Propagation de la foi;* ses monastères, au milieu de la persécution, sont plus remplis que jamais; la discipline y est plus exacte, la ferveur plus grande qu'à d'autres époques plus heureuses de l'histoire. Ses missionnaires, ses religieuses, sont répandus aux extrémités du monde. Un mouvement qui ne s'était point vu depuis des temps reculés, emporte les masses populaires vers les sanctuaires de la Salette, de Lourdes, de Pontmain, de Paray-le-Monial. Enfin, jusque parmi les laïques, certaines œuvres naissent, toutes surnaturelles, qui sont l'acte de foi le plus méritoire, le plus étonnant peut-être de notre époque. »

« Le R. P. Alet nous a raconté qu'il reçut un jour, à Paris, la visite d'un vieux prêtre de province, son ami. « Nous sommes sauvés, s'écriait celui-ci, nous « sommes sauvés! — Et pourquoi? — Eh! ne voyez- « vous pas? Des congrès eucharistiques en France, « des congrès eucharistiques organisés par des laïques! « des hommes du monde qui reviennent à la com- « munion fréquente! Oui, je vous le dis, nous sommes « sauvés! »

« Et pourquoi pas? Toutes ces choses comptent dans la balance de Dieu. Ceux qui, sur la terre, ont le plus d'autorité pour les juger ne désespèrent point de la France. Les vieux papes des siècles du moyen âge avaient exalté la mission de la France :

« — De même qu'autrefois la tribu de Juda, dit l'un d'eux, reçut d'en haut une bénédiction toute spéciale parmi les autres fils du patriarche Jacob, de même le royaume de France est au-dessus de tous les autres peuples, couronné par la main de Dieu lui-même, de prérogatives et de grâces extraordinaires. »

« Le pape d'aujourd'hui, quoique les temps aient changé

et malgré tant d'apparences contraires, ne parle pas autrement :

« — Non, disait Léon XIII à Mgr de Nîmes, en mars 1887, un tel peuple ne saurait diminuer ni périr. L'Église de France garde une impérissable vitalité. Si l'heure présente est encore l'heure des ténèbres, il faut regarder au delà de cet horizon chargé de nuages. La fille aînée de l'Église garde son rang dans mon cœur; ce rang, elle ne l'a pas perdu aux yeux de ceux qui ne jugent pas un siècle sur une heure, ni un peuple sur les accidents et les variations de la politique. »

Eh bien! c'est cette vision d'espérance qui soulevait Hervé-Bazin. C'est par elle qu'il fut poète, de cette poésie la plus grande, la plus noble de toutes, la plus féconde aussi, puisqu'elle porte les hommes à l'action et au sacrifice d'eux-mêmes.

VI

Retraite d'Athis. — Fondation du *Petit Angevin*. — Un feuilleton. — *Mémoires et récits de François Chéron*. — La *Monarchie selon le programme du Roi*. — Correspondance régionale dans l'*Union*. — Lettre à M. de Monvallier.

Déjà, comme on l'a vu, des liens nombreux attachaient Hervé-Bazin à l'œuvre des cercles catholiques d'ouvriers. Il en était membre; il comptait parmi ses fondateurs et ses chefs de nombreux amis. A mesure que son esprit se mûrissait davantage, au contact des hommes et dans l'étude à la fois théorique et pratique de la question sociale, il comprenait mieux la valeur et la portée de cette œuvre, les services qu'elle a rendus, et ceux plus considérables encore qu'elle est appelée à rendre. A l'époque où il avait commencé à s'intéresser au sort des ouvriers, il avait été attiré vers elle, sans se rendre un compte exact de la souplesse de mouvement et de la variété d'action à laquelle une pareille organisation pouvait se prêter. Ce qui l'avait frappé, c'était un essai de moralisation de la classe ouvrière, un groupement d'hommes de la classe élevée résolus à ne pas demeurer dans l'isolement et l'égoïsme de la fortune; à ne pas laisser s'en aller vers les pires doctrines révolutionnaires ce torrent de travailleurs aigris, abandonnés, exploités souvent, sans essayer d'en arrêter quelques-uns. Puis, des horizons bien autres s'étaient ouverts devant lui. Au lieu d'une simple œuvre de préservation, il avait aperçu tout un monde d'idées nouvelles ou renouvelées, plus de justice et plus d'harmonie entre patrons et ouvriers, un effort enfin très généreux et qui pouvait être très efficace, malgré des tâtonnements nécessaires, pour une restauration chrétienne de la France. Il se sentait donc poussé de plus en plus à donner son actif concours à cette œuvre, et une des circonstances qui l'y décida tout à fait fut une retraite à Athis, organisée spécialement pour les membres de l'œuvre.

Laissons-le parler lui-même de ses impressions avec cet entier abandon d'une âme ouverte à toutes les émotions et à toutes les délicatesses religieuses, et qui les retraçait pour les siens et pour lui-même.

« 9 mai 1881.

« ... Je suis aux portes du ciel. J'ai l'âme ravie, et n'ai plus qu'un désir qui se réalisera dans une heure : voir le P. Hubin dans sa cellule et me confesser. Après cela, je crois que je serai tout à fait en paradis ! Figurez-vous un parc couvert d'arbres, d'aubépines en fleurs, avec de longues allées qui montent et descendent, et des rossignols qui chantent, et un joli petit vent que j'entends murmurer sous ma porte. Placez en pensée dans ce jardin des saints, de vrais saints, pas en plâtre, qui marchent, qui disent en groupes le chapelet, qui s'agenouillent devant les statues de la sainte Vierge, et deux religieux, le P. Hubin et le P. Clair, le premier surtout, qui dirige la retraite et qui va nous parler de l'esprit de l'œuvre et de la manière de bien remplir notre mission.

« En arrivant ici, j'ai été saisi par le bon Salmonière qui m'a conduit dans sa chambre. C'est une petite chambre n⁰ 26, au deuxième étage, bien modeste, avec du carreau et deux petits lits en fer, l'un pour Salmonière et l'autre pour moi. Jean de Moussac voulait m'avoir avec lui, mais Salmonière l'a devancé. Il y a là MM. de Parceval, de Bourbon, de Villermont, de la Bouillerie, de Belizal, Krafft, Cavrois, Ch. de Maistre, etc.... C'est charmant.

« Ici on s'anéantit. Les pensées frivoles s'enfuient. On plane au-dessus du sol, et on voudrait se rapprocher de Dieu, qu'on voit mieux. Je vais méditer sur ma vie passée, et surtout sur ma vie à venir. Je voudrais qu'il ne me restât que l'envie de faire le bien. Je n'aspire qu'à une chose : connaître mon devoir. Il me semble que je le ferai. »

« 10 mai.

« ... Je suis aussi heureux qu'hier, et même plus, car j'ai l'absolution. Je viens de causer avec le P. Hubin, qui m'a fait grand plaisir. Je pense le revoir ce soir ou demain, mais il n'y a rien de sûr, car tout le monde court après lui. On s'inscrit d'avance, et sa liste est longue.

« Ma vie est tellement enchevêtrée que je n'y vois plus clair. Où est la grand'route? Où sont les petits chemins? Est-ce le professeur? Est-ce l'écrivain? Est-ce l'homme politique qui doit régner en moi? J'espère que

Dieu m'éclairera, et me fera connaître mon devoir. A demain. Voici la cloche qui sonne.

« ... J'ai communié ce matin, suppliant Dieu de me donner l'énergie chrétienne et la grâce de chasser toute affection et toute passion qui ne seraient pas, comme dit le P. Hubin après saint Ignace, *bene ordinatas*. Ce bon Père nous a donné ce matin une instruction sur les devoirs de notre vie sociale, vraiment extraordinaire de clarté et de précision. — Faire la prière du soir en commun avec ses enfants et autant que possible avec ses serviteurs; traiter ceux-ci avec justice et attention; ne pas dépasser ses revenus, calculer son budget, s'occuper de sa fortune, doucement et sagement; suivre une ligne et ne pas se perdre dans les caprices; méditer souvent; réfléchir longtemps avant de se résoudre et ensuite ne pas changer de résolution; vivre conformément à son rang, ni avec faste, ni avec ladrerie, etc. — Tout cela était dit avec une simplicité rare et un cœur parfait. Nous continuerons ce soir. Je n'ai pas besoin de vous dire à quel point ces instructions me sont précieuses. Je vois beaucoup de choses que je ne voyais pas clairement, et je tâche de prendre de bonnes résolutions. Je ne suis en vérité ni bon époux, ni bon maître, ni bon professeur, ni bon serviteur de l'Église et du roi. Je n'ai que des aspirations stériles, et je pourrais ajouter, cela va sans dire, que je ne suis pas un pieux chrétien.

« Il faut que je le devienne.

« Alors Dieu nous bénira, écartera les épreuves, nous éclairera, et peut-être même nous donnera un fils pour récompense. La vie est de plus en plus charmante ici.

Le lever est à six heures et demie. On va à la messe, puis on déjeune. Il y a quatre instructions par jour, le chapelet à une heure et des *temps libres* pendant lesquels on fait ce qu'on veut, sans causer. Deux heures de récréation dans toute la journée. Le dîner est à sept heures; on se couche à neuf heures; mais avant, on va dans les grandes allées du parc, sous bois, avec des lanternes vénitiennes, chanter les litanies devant la sainte Vierge. Nous revenons processionnellement; la lune est très belle et nous éclaire à travers les taillis; les rossignols chantent, et nous rentrons ainsi! Quel rêve réalisé! Prier avec les de Mun, les la Villemarquié, les de Maistre et tant d'autres! Remercions Dieu, et prions-le de bénir nos saintes résolutions afin qu'elles ne s'en aillent pas en fumée. »

Cette retraite l'avait rendu si heureux, qu'il éprouvait le besoin de remercier ceux qui l'y avaient entraîné.

« Mon cher ami[1], je veux vous écrire sitôt rentré pour vous remercier une fois de plus de m'avoir attiré à l'œuvre des cercles et surtout à Athis. Cette retraite me paraît un rêve. Chauffez, chauffez la conférence de X.. On nous mangera si nous n'agissons pas, mais si nous agissons, on nous craindra, et la crainte est le commencement de la sagesse.

« Merci de vos bonnes paroles pour Montfaucon. Tout pour le roi, tout pour Dieu, mon ami. Après cela, nous pourrons tranquillement mourir. Pas tout de suite, j'espère.

[1] Lettre à M. Henry de la Salmonière. Juin 1881.

« Bonne fête, cher ami. Que l'année 1881 voie notre amitié se fortifier encore. Je bénis le jour où je vous ai connu, et je vous embrasse comme mon frère in X° et rege. »

Hervé-Bazin acceptait, pour le service des causes qu'il servait, non seulement les travaux où le talent peut se produire, mais les besognes humbles et rebutantes, où l'esprit s'use et où le temps se dépense sans aucun profit personnel. Ainsi, de retour à Angers, il s'occupe de la fondation d'un journal à un sou, le *Petit Angevin*. La politique du comité légitimiste se trouvait alors représentée à Angers par un journal quotidien, l'*Étoile*. Mais l'*Étoile* coûtait quinze centimes. Par son prix et par le caractère de sa rédaction, naturellement un peu grave, elle ne pouvait pénétrer dans les milieux ouvriers, c'est-à-dire dans ceux-là même qui avaient toujours été l'objectif d'Hervé-Bazin.

« C'est le peuple, le peuple honnête qui sauvera ce pays-ci, disait-il, lorsqu'on l'aura fait revenir de ses erreurs : il y a en lui plus de générosité, plus de raison droite, plus de sang que partout ailleurs. La royauté, dans ses meilleures heures, s'est appuyée sur le peuple, et c'est à lui encore qu'elle doit s'adresser aujourd'hui. »

Voilà pourquoi il obtint du comité royaliste l'autorisation de fonder le *Petit Angevin*. C'était encore une tâche de plus, ingrate et absorbante; ceux-là le savent, qui se sont occupés de journalisme. Il prit sur lui la majeure partie de la rédaction, et s'efforça d'y mettre le plus de vie et de mouvement possible. Bientôt même, afin de faire réussir mieux encore l'entreprise, l'idée lui vint de publier en feuilleton quelques traits de mœurs ou d'histoire angevins. Il chercha autour de lui à qui confier ce travail, assez peu conforme à ses goûts, et, n'ayant pas trouvé, il s'en chargea lui-même. Un roman-feuilleton, du moment que cela pouvait aider à la diffusion de l'idée qu'il servait, n'était-ce pas un service encore? Il écrivit donc : *Rouget le Braconnier de l'Anjou,* une histoire pleine de gendarmes et d'affûts, celle d'un braconnier légendaire, et dont la vie, très accidentée, s'acheva, croyons-nous, aux travaux forcés. Hervé-Bazin raconte lui-même comment il fut amené à écrire *Rouget :*

« J'usais dans cette lutte pour la vie du *Petit Angevin* tout mon temps et toutes mes forces. J'allais chaque jour au bureau du journal, je faisais presque entièrement les correspondances, j'étais devenu, par le fait, le principal administrateur et le seul rédacteur du *Petit Angevin*. Il m'est arrivé, vers le 20 février, de rédiger quatre articles de fond à la suite l'un de l'autre. Le succès ne couronnait pas tant d'efforts. Nous ne tirions plus qu'à six cents, c'était l'agonie. Tout à coup parut *Rouget*... A quoi tient la fortune! Ce que n'avaient pu faire ni la politique modérée, ni la politique violente, ni les quatre colonnes, ni le service télégraphique spécial, ni l'appel au clergé, ni mes quatre à cinq cents lettres aux royalistes d'Anjou, ni mes comptes rendus du conseil municipal, etc., etc., un mauvais feuilleton le faisait du jour au lendemain.

« Maintenant, nous sommes toujours très occupés, mais joyeux. Le succès se maintient. Après *Rouget,* je chercherai autre chose. Mais me voici devenu, pour les besoins de la cause, romancier de bas étage!

« Écrire *Rouget* après avoir écrit la *Monarchie*, quelle chute, mon Dieu!... mais qu'importe! C'est pour le triomphe de la cause que nous servons, c'est pour le roi, c'est pour la France, c'est aussi pour l'Église.

« Je ne demande à Dieu d'autre récompence que de me conserver la gaieté, la simplicité, l'humilité vraie, la santé et tout le bonheur de mon foyer. »

Dans le même temps, Hervé-Bazin publiait une œuvre plus sérieuse : *les Mémoires et Récits de François Chéron,* où il raconte la vie d'un des grands-pères de sa femme, que nous avons déjà eu l'occasion de nommer. François Chéron était né en 1764, du mariage de Marin Chéron, planteur en chef des forêts du roi, avec Mlle de Fradde. Il était le second fils d'une famille de quatorze enfants, et frère de Louis-Claude Chéron, qui fut auteur dramatique et député à l'Assemblée législative. Comme nous l'avons vu, il avait servi la cause royale avec un rare courage, comme conseiller secret de Louis XVI au 10 août, et comme journaliste sous la Restauration. François Chéron avait donc traversé l'ancien régime, la révolution, l'empire et la restauration. C'est du rapprochement des phases si dissemblables d'une même vie qu'Hervé-Bazin voulut tirer un enseignement, en s'aidant de nombreuses notes manuscrites et d'articles imprimés laissés par M. Chéron.

« ... Ce qui m'a frappé par-dessus tout, écrit-il dans la préface, et ce qui attirera sans doute aussi l'attention du lecteur, c'est le parallèle qu'on peut établir, grâce aux récits de Chéron, entre l'état de la société française, avant et après la Révolution... C'est là qu'est la conclusion de ce livre, et c'est la principale raison qui m'a déterminé à le publier.

« ... Si les *Mémoires et Récits* pouvaient dissiper un seul des préjugés entassés par les révolutionnaires contre la monarchie chrétienne et française, et contre son auguste représentant, je serais assez payé de ma peine : ce serait un pas de fait vers le salut. »

A peu de temps de là encore, au début de 1882, Hervé-Bazin mettait la dernière main à une brochure politique dont il attendait le plus grand bien. Il avait réfléchi non seulement aux raisons historiques qui lui semblaient étroitement unir le salut de la France à une restauration monarchique, mais encore au caractère de cette restauration, à l'organisation d'une monarchie où l'élément traditionnel devait nécessairement s'approprier à des temps et à des besoins nouveaux. Il avait recherché, dans les lettres du comte de Chambord, avec un soin patient, tous les indices qui pouvaient laisser deviner ce que serait le règne politique du prince, et quand il les eut groupés, quand il crut avoir mis en lumière la pensée royale, il fit paraître la *Monarchie selon le programme du roi*[1].

« Elle aura passé par beaucoup de mains, écrivait-il en parlant de sa brochure, et à la veille de la publica-

---

[1] Retaux-Bray, éditeur, 82, rue Bonaparte.

tion. Le roi l'a vue d'abord, puis M. de la Bouillerie, M. de Foresta, M. de Luppé, que sais-je? sans compter nos amis d'Angers. Les uns ont retranché, les autres ajouté : je laisse faire, n'ayant d'autre désir que de faire quelque bien. »

Enfin il acceptait, en cette même année 1882, d'organiser et de diriger une correspondance régionale de l'ouest pour le journal l'*Union,* organe accrédité du comte de Chambord. Des correspondants de l'Anjou, du Poitou, du Maine, de la Bretagne, en tout sept départements, devaient lui transmettre, à intervalles réguliers, des notes qu'il assemblait et expédiait à Paris. C'était toujours le service du roi, et comme une légère indication de cette reconstitution provinciale, dont Hervé-Bazin devait plus tard développer brillamment la thèse. Lorsqu'on lui demandait un travail, au nom de ces causes qui lui étaient chères, il ne savait pas refuser. Il accepta donc, et trouva de suite d'excellents collaborateurs, la plupart ses intimes amis. Pour quelques autres, il dut s'adresser à des hommes avec lesquels il n'était point encore en relations, et, croyant que, de leur côté, ces étrangers ne le connaissaient pas, il usait à leur égard des formes réservées de la politesse mondaine. Mais en cela il se trompait. Son nom était déjà répandu et sympathique à beaucoup de gens, en sorte qu'il s'attirait des réponses comme celle-ci :

6 mars 1882.

« Je mets mon dévouement au service de la bonne cause. Sous votre direction, l'action du soldat sera confiante et bien conduite. Il sera fier, d'ailleurs, de marcher sous les ordres d'un officier éprouvé comme vous. L'assemblée générale des cercles, en 1881, vous a élevé dans mon souvenir un piédestal d'honneur et de sympathique affection. »

Cette correspondance régionale de l'*Union* se continua jusqu'à la disparition du journal, à la mort du comte de Chambord.

Elle venait s'ajouter, ainsi que les autres publications d'Hervé-Bazin, aux travaux du professorat, — surchargés d'un cours temporaire de droit international privé, — aux conférences et aux banquets dans lesquels il portait la parole, aux nombreuses réunions d'œuvres, à celles du comité légitimiste, à toutes les obligations de la vie de famille et de la vie sociale. Lui-même, il a dressé cette trop longue liste de ses occupations :

« Un train de vie effrayant, dans lequel il faut que le bon Dieu soutienne lui-même mes forces. Prions Dieu qu'il nous bénisse, et qu'il maintienne nos courages. Que sa grâce nous accompagne, que le Saint-Esprit nous éclaire et dirige nos efforts en vue du bien pour son Église et pour la France. Mes affaires ? Quand on dit mes affaires, on entend mes occupations. Voici les miennes pour le moment :

« 1° Cours d'économie politique;

« 2° Cours de droit international privé;

« 3° Rédaction du journal *le Petit Angevin*;

« 4° Un coup d'œil à la direction de la *Revue de l'Anjou*;

« 5º Direction de l'*Union économique*[1];

« 6º Présidence de la Banque populaire;

« 7º Conseil municipal d'Angers;

« 8º Correspondance régionale de l'*Union*;

« 9º Séances hebdomadaires du comité royaliste et conférences politiques;

« 10º Ma correspondance et mes affaires personnelles.

« J'ai fait jusqu'à présent dix conférences politiques, au nombre d'hommes que voici :

« Segré...... 800 auditeurs   Segré... 2150 auditeurs
« Angers.... 600   —   Beaufort 1200   —
« Cholet..... 1200   —   Bolbec.. 800   —
« Montfaucon 2200   —   Le Mans 1000   —
« Candé..... 2300   —   Caen... 1000   — »

C'était trop de travaux à la fois. Hervé-Bazin y suffisait à force d'activité, mais il s'y usait. Il ne croyait pas néanmoins dépasser les limites de ses forces ; on le trouvait prêt à accepter, comme toujours, de nouvelles tâches. Il signe bien une de ses lettres : « Votre vieil ami de trente-cinq ans, que les soucis politiques font blanchir de plus en plus, » mais il se sent trop jeune encore, et il voit devant lui trop d'œuvres utiles à faire, et trop d'hommes qui ne les font pas, pour se décharger d'aucune de celles qu'il a entreprises. Ses amis lui disaient quelquefois :

« Mon cher Hervé, vous vous tuerez avec un pareil métier, on exploite votre bonne volonté, tout le monde se sert de vous, et vous acceptez toujours. Ménagez-vous! »

---

[1] L'*Union économique* paraissait depuis le 1ᵉʳ mars 1880, par livraisons hebdomadaires.

Et un autre, résumant son avis d'un mot charmant :
« Mon cher, lui disait-il, vous vous tuez d'honnêteté ! »

Mais Hervé-Bazin ne se laissait pas arrêter. Il allait, il allait toujours, sans se préoccuper du nombre sans cesse croissant de ses occupations, suivant cette forte et belle pensée que nous trouvons formulée sur le cahier rouge :

« Dieu donne des ailes à ceux qui n'arriveraient pas assez vite en marchant. »

Ces conseils pouvaient le toucher comme une preuve d'amitié, mais il ne les suivait pas. Comme il le dit lui-même, une ardeur qu'il n'avait jamais connue, même à vingt ans, l'entraînait. Dieu le faisait de plus en plus son ouvrier, et les ouvriers de Dieu ne se reposent pas sur la terre.

Voici la belle lettre qu'il écrivait à ce sujet à M. Paul de Monvallier, et dans laquelle son âme ardente se dévoile si bien !

« ... Comme le temps vole ! Qu'il y a déjà de jours écoulés depuis notre délicieux séjour à Drouilles ! C'est comme en rêve que je revois les vieilles tours, les montagnes de Blond, et les pauvres femmes qui pleuraient dans le cimetière ! Vous souvenez-vous de cette belle journée de chasse, et du soleil qui dorait les coteaux ? Il faut nous rendre cette justice, mon ami, que nous n'avons rien tué, parce que nous n'avions pas le cœur à la destruction, mais comme il faisait bon vivre sous les grandes châtaigneraies ! Oh ! ces jours-là sont rares, et l'homme est ainsi fait, qu'il jouit plus de son bonheur et de ses joies, quand il ne les tient plus.

« Maintenant que je replonge jusqu'au cou dans la politique, les comités, les fondations de journaux, les travaux de cabinet ; maintenant que les rues sont boueuses et que le brouillard d'hiver nous envahit ; maintenant que les vacances sont finies, je regrette les vacances et je voudrais encore être à Drouilles. Les moindres détails de mon voyage me reviennent à l'esprit. Ah! que l'amitié est douce au cœur et que le ciel sera beau !

« Je vous entends ; vous dites : — Hervé se dépasse ! ces gens-là le tueront. — Il y a du vrai dans ce que vous dites, mon ami. Mais j'ai de telles passions au cœur, passion de salut pour mon pays, passion de monarchie restaurée, passion de grandeur morale pour la France, et passion de paix et de liberté pour l'Église, que je ne m'appartiens plus. Je cours devant moi, poussé par je ne sais quelle ardeur que je ne m'étais jamais connue, même à vingt ans. J'écris ou je parle sans cesse... Après cela, que la Providence nous aide! Que chacun travaille, que chacun prie, et peut-être verrons-nous encore des jours meilleurs. En tous cas, à soixante ans, regardant en arrière, si la décadence est revenue, et si tout espoir est perdu, je m'en irai là-haut en disant à mes enfants et petits-enfants : « Je vous plains, mais ce n'est pas ma « faute. »

« Et vous, racontez-moi votre vie et vos pensées, comme je vous dis les miennes, un peu à la volée, c'est vrai, entre deux chapitres ou deux cours, mais de tout cœur, comme un frère[1]. »

[1] Lettre à M. Paul de Monvallier, novembre 1881.

VII

Vie de famille. — Hervé-Bazin au Patys. — Lettres à ses enfants.

La récompense terrestre de cette grande bonne volonté envers Dieu, c'était la joie du foyer.

Dès le début, Hervé-Bazin avait résolu de faire de cette mutuelle affection qui l'unissait à sa femme un moyen de sanctification pour l'un et pour l'autre. Quelques mois à peine après son mariage, nous trouvons ces pensées sur le cahier rouge :

« Nous avons causé sérieusement hier soir, nous avons fait notre examen de conscience et la revue de notre vie. Nous avons résolu de mettre de plus en plus dans notre bonheur le Dieu qui nous l'a donné. Il faut que nous soyons pieux, très pieux. Pour cela, ne négligeons aucune pratique extérieure. Allons à l'église, récitons les prières de tous les chrétiens. Peu à peu l'esprit s'attache à ce que disent les lèvres, et le cœur va vers Dieu. L'Église ne demande pas aux fidèles des pensées abstraites; elle leur dit simplement de répéter les paroles composées pour tous et de tenir leur âme pure devant le Seigneur. Alors, quand il plaît à Dieu, la grâce entre dans l'homme, et le transporte d'amour. Mais ces élans ne sont ni obligés, ni plus parfaits que les simples prières d'un cœur fidèle. Prions donc, prions souvent et avec simplicité. N'ayons pas peur de nous aimer moins en agissant ainsi ; tout ce que nous détournerons pour Dieu, il nous le rendra, et, loin de nous aimer moins, nous nous aimerons mieux. Et puis, quelle force au jour de l'épreuve ! Oh ! soyons pieux, tant que nous le pourrons, soyons-le à l'excès ; aimons Dieu d'un amour sans bornes, et plus nous l'aimerons, plus nous serons heureux. »

Plusieurs années plus tard, exprimant sous une autre forme la même pensée, il écrivait :

« A nous deux, l'un soutenant l'autre, nous ferons le voyage terrestre, comme il faut le faire, et nous atteindrons le but.

« Il n'y a pas de fin à l'amour de deux époux chrétiens ; ils s'aiment en Dieu au paradis et il dépend d'eux de n'être jamais séparés. »

Et enfin, au terme de sa vie, malade déjà et reprenant la même idée, il l'exprime avec une nuance plus haute et plus belle encore.

« ... Il n'y a place dans ma vie que pour une continuelle action de grâces !

« Chaque jour nous aimons davantage l'idée du ciel ; nous parlons de nous y réunir pour jamais. »

C'est là l'une des grandes forces et la récompense de ce bon chrétien. L'action de grâces est constante chez lui. Elle prend toutes les formes; elle saisit toutes les occasions. Hervé-Bazin ne se lasse pas de dire à Dieu, auquel il parle familièrement dans ce journal intime, combien il est heureux. Il le remercie de cet amour si fidèle et si fort, qui embellit sa vie, il le remercie de la famille nombreuse que Dieu lui a confiée. Au rebours de l'opinion trop commune qui ne voit dans une grande famille qu'une grande charge, il y voit, lui, un grand honneur et une grande joie. Il estime, et il prouve par son exemple, qu'on n'est point heureux pour avoir fui les responsabilités, mais qu'au contraire le bonheur humain s'accroît dans la proportion même des devoirs qu'on accepte et qu'on remplit.

« Mon Dieu que la vie est difficile, écrit-il, mais qu'il est beau et bon de la franchir comme nous le faisons, appuyés chrétiennement l'un sur l'autre, et marchant, la main dans la main, les regards en haut! De cette façon, on peut chanceler, mais jamais on ne tombe. Élevons de notre mieux nos enfants, leur inspirant surtout l'amour de Dieu; voici que déjà les trois aînées commencent à voleter toutes seules autour de nous. Le fils attendu est venu, et il est charmant. Il ne reste plus qu'à en faire un homme. Tâchons de rester forts, vaillants, gais et laborieux jusqu'au bout. »

Et encore :

« Soyez heureuse par les bénédictions que la Providence fait pleuvoir sur notre maison, écrit-il à sa femme. Quel honneur d'avoir sept enfants autour de nous; quelle grâce de les avoir tous gardés! quelle joie si un second fils entrait chez nous! Tâchons de n'abandonner jamais la voie du ciel, sous la protection du Saint-Esprit que j'invoque sans cesse et dont nous avons si grand besoin. Qu'est tout le reste, députation, travaux, auprès de cela?... Soyons donc heureux, joyeux, reconnaissants; travaillons et vivons chrétiennement. »

Le second fils attendu naquit plus tard, et Hervé-Bazin laissa après lui huit enfants.

Or, on peut dire en toute vérité que chacun d'eux a été désiré, que chacun a été reçu avec un remerciement et un acte de foi. Dans les familles de nos vieilles provinces, qui vivent encore de traditions, les berceaux se transmettent d'une génération à l'autre. Le premier-né dort et grandit dans le même nid où a dormi la mère, et les autres font de même. Il en était ainsi chez Hervé-Bazin. Autour du berceau qui portait ses enfants, d'autres tendresses que celle de sa femme et la sienne avaient déjà veillé. Toute une légion de petits anges avait passé par là. Hervé-Bazin aimait à voir ce berceau paré de fleurs fraîches dans les jours qui précédaient la naissance de l'enfant; et quand le nouveau-venu y reposait enfin, quand les premiers moments d'inquiétude et de trouble étaient passés, il avait une touchante coutume : il ouvrait son journal intime, et, sur la page blanche, il écrivait une lettre que l'enfant lirait plus tard, quand il aurait grandi. Chacun a eu la sienne. Ce sont des pages charmantes, sur lesquelles la mort a passé, et qui sont devenues comme un testament du père à l'adresse de chacun de ceux qui les avaient inspirées.

Quand l'aînée de ses filles naquit, cette jolie tradition commença.

« Ma chère petite Thérèse, écrit-il, ta vue me comble de joie : *gaudio exultans quia nata est mihi infantula!*

« Mais, chère *infantula*, pourquoi donc as-tu été si modeste que tu as voulu me ressembler!...

« Veux-tu savoir, *filia mea*, ce qui s'est passé hier : tu es venue en ce monde à dix heures moins un quart, le 25 juin de l'an du Concile 1870, sous le ministère Ollivier, ce qui t'est bien égal, et un samedi, ce qui doit t'être précieux. Ton heureuse naissance a été notifiée à la mairie de la ville par ton père et tes deux arrière-grands-pères, de soixante-dix-neuf et de quatre-vingts ans! Quatre fois mon âge et bien des fois le tien, pauvre *infantula!* A quatre heures, tu as eu le bonheur d'être ondoyée par M. l'abbé Bodaire, curé de Saint-Maurice, et à partir de ce moment, tu es et resteras chrétienne.

« Écoute maintenant, Marie-Thérèse, avec plus d'attention : tu n'as qu'un jour, et tu ne sais rien ; eh bien ! moi, ton jeune père, je vais faire une promesse pour toi à Celui qui t'a donné la vie.

« Mon Dieu, je vous dois tout, et vous nous avez comblés, Marie et moi, de vos grâces les plus précieuses : je vous promets d'élever chrétiennement et dignement la petite fille que vous nous donnez, et de tout faire pour qu'elle vive et meure dans la foi de ses parents.

« Tu entends bien, Marie-Thérèse, je compte sur toi

pour tenir ma promesse, car tous nos efforts ne serviraient à rien si tu ne nous aidais pas.

« Rappelle-toi donc toute ta vie qu'il faut être avant tout une fidèle et ferme catholique : laisse aller, dire et faire le monde ; tout est là, ma chère enfant. Rappelle-toi que tu as Marie pour patronne, et que tu es née un samedi, le jour qui lui est consacré ! Que ta naissance soit donc bénie ! Nous prierons pour toi jusqu'à ce que tu puisses toi-même lever tes petites mains vers Dieu.

« Adieu, ma petite fille. Dans six ou sept ans, tu liras ma lettre, et tu me diras : « Père, j'ai tenu et je tiendrai « toujours votre promesse du 25 juin ! »

Deux ans après, une seconde fille naît, et sur le cahier rouge, en date du 1er juin 1872, le jeune père écrit sa seconde lettre :

A MA FILLE GABRIELLE

« Quand elle aura l'âge de raison.

« Tu viens de naître il y a quelques heures..., et ta naissance n'est saluée que par la résignation. Pauvre enfant! on pensait, on espérait que tu serais un garçon. Dieu ne l'a pas voulu : que sa volonté soit faite ! n'y pensons plus, et parlons de toi.

« ... Sois la bienvenue. Hâte-toi de dissiper par un doux sourire les arrière-pensées de notre déception. Viens nous prouver que tu seras notre bonheur, notre joie, notre espoir, notre consolation, une part de notre vie. Il faut qu'après t'avoir connue, si nous nous rappelons notre petit ennui de ce matin, nous puissions dire : Étions-nous fous!

« D'ailleurs, ma chère petite fillette, si tu veux savoir le vrai mot de la vie, et son résumé, quoique jeune encore, ton père peut bien te le dire : La vie est une épreuve facile pour une chrétienne dressée comme tu le seras, dès le berceau : *travaille sans cesse*, et *prie nuit et jour*. Avec cela, tu seras non seulement sûre de ton salut éternel, mais tu seras heureuse ici-bas. Tu trouveras plus tard un guide sage et ferme, tu seras une bonne mère, une compagne fidèle et aimée, et peu à peu, peu à peu, les jours, les mois, les années s'écouleront...

« Puissions-nous vivre assez, ta mère et moi, pour voir ensemble notre troisième génération, et réunir tous les ans, autour de notre table patriarcale, une véritable foule d'enfants craignant Dieu et attendant sa justice. »

Trois filles succèdent aux deux premières. La petite déception se prolonge, mais accueillie, comme on l'a vu tout à l'heure, avec une soumission prompte et tout de suite joyeuse. Quand Marie-Anne naît, la quatrième, le 13 mai 1877, il écrit :

« Encore une autre petite fille, Marie-Anne ! C'est la fille de la sainte Vierge de Lourdes, à laquelle elle est vouée. Qu'elle soit bénie, et vive en chrétienne ! Elle est née ce matin, pendant la grand'messe : il faisait un beau soleil, j'ai entendu une tourterelle chanter dans le bosquet, et plusieurs roses sont écloses dans le jardin. »

Hervé-Bazin désirait un fils, non seulement pour des

raisons d'amour-propre paternel, pour assurer la continuation de son nom; mais surtout pour en faire un homme, un chrétien fervent, un défenseur de l'Église. Il lui semblait qu'il passerait à cet enfant son âme à lui, qui était pleine du zèle de Dieu, et il souhaitait voir enfin ce petit Jacques qui, longtemps avant d'être au monde, tenait déjà tant de place dans la sollicitude et dans les projets de ses parents. Chaque jour, tous deux le demandaient dans leurs prières. Dieu le faisait attendre, sans doute pour que la joie fût un jour plus vive.

« Pauvre petite cinquième, lisons-nous dans le cahier rouge, le jour de la naissance de sa fille Yvonne, le 15 mai 1879, elle est pourtant bien jolie! C'est à sept heures et demie du soir qu'elle a fait son entrée dans le monde. La nouvelle en fut colportée avec compassion. Pour nous, nous sommes heureux d'avoir un enfant de plus, et nous adorons la sainte bonté de Dieu. Ah! chère paix, chère paix du bon Dieu, que j'ai tant rêvée, tant désirée, ne quitte pas le logis! N'aie pas peur de mes cinq filles; ne sont-elles pas mignonnes et douces? »

Nous n'avons pas besoin de dire que la paix dont Hervé-Bazin parlait s'accommodait fort bien de cette nouvelle naissance, et continua d'habiter là où commençaient à grandir, à épeler ou à vivre, Thérèse, Gabrielle, Catherine, Marie-Anne et Yvonne.

Enfin, le 22 juillet 1882, ce fils qu'Hervé-Bazin avait tant désiré lui est accordé, sixième enfant, accueilli avec des transports de joie.

« 22 juillet 1882.

« Dieu a exaucé tous nos vœux ! Qu'il soit à jamais béni ! Jacques-Ferdinand-Pierre-Marie dort dans son berceau. Nous l'avons voué au bleu et au blanc pour un an. Voilà donc le successeur de mon saint grand-père, *Jacques;* voilà le continuateur de la famille qui menaçait de s'éteindre. Que Dieu accorde à ce cher petit toutes les vertus chrétiennes avec sa sainte grâce, et à nous, l'énergie nécessaire pour le bien élever... C'est le samedi 22, à midi précis, que le docteur Dezanneau m'a remis mon fils. L'inquiétude où nous étions tous m'empêcha de jouir, pendant quelques minutes, aussi pleinement que j'aurais dû le faire, de la joie immense qui nous était donnée. Mais, après un quart d'heure, tout danger ayant disparu, nous dîmes ensemble le *Te Deum*. Aussitôt arrivèrent beaux-frères et amis, et nous dansâmes, oui, nous dansâmes une ronde dans le grand porche. Puis, tout courant, j'allai faire la déclaration civile, et demander la dispense pour l'ondoiement. Partout, on m'arrêtait pour me féliciter. Le curé de Saint-Joseph vint à cinq heures baptiser notre fils et en faire un enfant de la sainte Église. Que de dépêches et de lettres j'envoyai et je reçus dès ce jour et le lendemain ! Dieu veuille maintenant nous garder ce qu'en un jour de grâce il nous a donné, et que Jacques devienne un bon chrétien, un honnête homme et un vaillant Français. »

Le lendemain même de la naissance de Jacques, et tout ému encore, il partait pour faire une conférence à Nantes.

« J'étais seul dans mon wagon, dit-il, la joie débordait

de mon cœur. M. Mollat, directeur de l'*Espérance du Peuple,* m'attendait à la gare avec sa femme et ses fils. Ma conférence eut lieu à quatre heures. Il y avait environ quinze à dix-huit cents personnes. La séance était présidée par un vicaire général de Mgr Le Cocq, qui me présenta à l'auditoire en termes beaucoup trop laudatifs. Le soir, je dînai chez M. Mollat, à la hâte, et pris l'express pour revenir voir ma femme et... mon fils!

« Est-ce possible, mon Dieu? mon fils! un fils à moi! »

On voit à ces détails que nous avons voulu donner, malgré leur intimité naïve, quel puissant et tendre sentiment de la famille animait Hervé-Bazin.

Ceux qui ont eu le bonheur de vivre au milieu de nombreux enfants, savent la joie qui se dégage d'eux, et monte au ciel comme un parfum dont on est enveloppé. C'est bien un parfum, en effet, qui se donne et qui s'ignore. Chacun de ces petits êtres, qu'aucun souci de la vie n'atteint, est un foyer de pureté, de fraîcheur, d'immense quiétude, de tout ce qui manque plus ou moins dans la vie des hommes; et ce qu'enlèvent aux parents les travaux, les chagrins, les fatigues, c'est eux qui le redonnent. Ils comblent sans cesse le vide sans cesse creusé par les déceptions du jour. Ils refont et restaurent nos âmes, comme l'aube, avec ses rosées, mystérieusement restaure les plantes. Même, il s'échappe d'eux des lumières étranges. Ils n'ont point que des sourires, ils ont des mots profonds sur tant de choses que nous cherchons, et qu'ils semblent voir. Leur âme, qui ne réfléchit point, découvre, à cause de sa simplicité même, des hauteurs que nous n'atteignons qu'avec effort.

Pour peu qu'on leur ait indiqué cette voie, il est merveilleux comme le monde surnaturel s'ouvre devant eux, et comme ces frêles créatures, pleines d'une grâce qui repose, ont parfois des mots, des élans, des questions qui étonnent, et élèvent la pensée de ceux qui vivent près d'eux.

Hervé-Bazin comprenait, et aimait tout cela dans l'enfant. Chacun des siens lui plaisait le mieux quand il le voyait, et un jour que leur mère demandait :

« Lequel faut-il emmener se promener avec nous? »

Il eut ce mot charmant :

« Ne choisissez donc pas; quand je pars sans eux, j'en regrette d'abord un, puis deux, puis je les regrette tous; autant les emmener tout de suite. »

Son amour pour ses enfants s'élevait toujours au-dessus des joies naturelles qui pouvaient lui venir de leurs qualités. Il les aimait, comme il faut faire, un peu pour eux, un peu pour lui, beaucoup pour Dieu. Quand l'un d'eux faisait quelque chose de bien, il en jouissait modestement :

« Surtout, disait-il, il ne faut pas avoir d'orgueil de nos enfants. Rappelons-nous bien qu'ils sont à Dieu. »

Quand il se promenait, ou jouait avec ses enfants, il s'amusait comme eux et autant qu'eux. Il causait volontiers de choses à leur portée, et qui les intéressaient. Il les questionnait sur leurs études, et ne manquait pas de leur apprendre de la sorte, et sans fatigue, une foule de petites ou de grandes choses. Nous disons de grandes choses, parce qu'une des préoccupations d'Hervé-Bazin était de tourner l'esprit de ses enfants, toutes les fois que l'occasion s'en présentait, vers la piété et l'amour de

Dieu. Non point qu'il leur fît des sermons. Il savait fort bien que les enfants n'écoutent pas longtemps, et que rien de solennel ne réussit avec eux. Mais il aimait à raconter un beau trait de courage pris dans l'histoire de l'Église ou l'histoire de France, à rappeler l'origine d'une institution, à vanter la vie chrétienne de nos pères, pour laquelle il eut toujours une vénération mêlée de regrets. Tout lui était occasion de jeter une idée noble dans ces âmes jeunes. Sollicité un jour par une de ses filles d'écrire une phrase sur un album, il y mit cette pensée :

« Le grand secret de la vie est de chercher son devoir dans toutes les difficultés. Si l'on se trompe, on est de bonne foi, et Dieu ne retire pas sa bénédiction. »

Il s'efforçait de passionner l'esprit de ses enfants pour les idées qui le séduisaient lui-même, pour l'Église, pour la France, pour ses héros préférés.

« Oh! disait-il souvent, l'indifférence! mon Dieu, préservez-en mes enfants! Je ne connais pas de mal plus profond, plus insaisissable, plus inguérissable! »

Il surveillait lui-même de très près les études de ses filles, et, de temps à autre, il leur faisait passer des examens d'histoire, ou de mathématiques, ou de français, et c'était une occasion de récompenses et un moyen d'émulation puissant pour des enfants qui étaient élevées dans la famille. Et la leçon finie, vers cinq heures du soir, parents et enfants récitaient le chapelet tous ensemble.

Cette vie intime, au milieu des siens, était toute pleine d'affection, de paix, de gaieté. Hervé-Bazin en jouissait vivement toujours, mais nulle part autant qu'à la campagne, où il trouvait plus de loisirs pour lui et plus de liberté pour ses enfants. Depuis son mariage, il passait chaque année la majeure partie de ses vacances au Patys, une propriété venue d'héritage dans la famille de sa femme, et située près de Segré. La maison ne relève d'aucune architecture connue; mais elle a, sur des habitations plus somptueuses ou d'un art plus parfait, l'immense avantage d'être longue, pleine de ressources, qu'on dirait indéfinies tant elle peut contenir de lits, petits ou grands. Autour de la maison, de grandes prairies conduisent à une rivière, ou plutôt à un ruisseau encombré de nénuphars. De l'autre côté, d'autres prés remontent en pente douce, et c'est partout alentour, dans la campagne peuplée de chênes, un calme profond, une nature vigoureuse et d'une rusticité devenue rare aujourd'hui. La population de ce coin du Craonnais ressemble au sol profond et résistant qu'elle laboure. Elle tient bon, devant les attaques multiples qui entament, à côté d'elle, des pays moins croyants. Elle a gardé, avec la foi traditionnelle, non seulement les principes moraux, mais jusqu'aux délicatesses et au sens intime des pratiques chrétiennes. Elle demeure attachée aux cérémonies religieuses ; elle en comprend, elle en goûte la poésie; elle est restée respectueuse de l'autorité sociale, dont elle n'a vu autour d'elle, il faut le dire, que des représentants honorables. Quelque chose subsiste chez elle de cette rudesse et de cette impétuosité de conviction qui faisaient se lever les gars de Marans, parmi les premiers Chouans, au temps de la Révolution, et qui suscitaient parmi eux des hommes aux figures légendaires, comme le chef Hodet, surnommé l'*Extermine*[1].

---

[1] René Hodet était né à Marans en 1775. A l'âge de treize ans, il embrassa

Le Patys.

Ce milieu vigoureux et sain, Hervé-Bazin y trouvait trop d'harmonie avec sa propre nature pour ne pas l'aimer. Il s'y attacha de plus en plus, dans la mesure même où il y sentait la considération grandir autour de lui, si bien qu'au bout d'assez longues années de possession indivise avec deux de ses beaux-frères, la maison, toute complaisante qu'elle fût, commençant à devenir étroite pour des familles dont chacune comptait de nombreux enfants, il y eut un partage, et Hervé-Bazin devint l'unique propriétaire du Patys. Pour en arriver là, il dut se résigner à céder le domaine où son enfance s'était écoulée, mais la Providence sut alléger, presque effacer le sacrifice. Hervé-Bazin avait toujours gardé pour son frère la plus vive, la plus confiante amitié. M. Henri Hervé s'était marié à Tours, et depuis plusieurs années déjà occupait une charge d'avoué dans cette ville, mais chaque été il revenait en Anjou. Tous deux avaient pour la terre de Rousson le même attachement. Ce fut bientôt fait de s'entendre. Le foyer que l'un devait quitter, l'autre le prit, et le frère plus jeune, à la grande joie de l'aîné, conserva la maison paternelle.

Hervé-Bazin menait au Patys une vie active et repo-

---

la profession de couvreur, qui était celle de son père. Il entra dans les rangs de l'armée vendéenne pendant l'été de l'année 1793, et suivit les Vendéens dans leurs diverses expéditions. On le retrouve au printemps de l'année 1795 à la tête d'une bande de Chouans recrutée à Marans et aux environs. Son commandement s'étendait sur les paroisses de Marans, de la Chapelle-sur-Oudon, de Vern, de Sainte-Gemmes-d'Andigné et de Chazé-sur-Argos. Il était sans pitié pour les *bleus*, d'où son surnom de l'Exterminateur ou l'*Extermine*. Maire de Marans en l'an XI, il reprit les armes dans les rangs des Chouans en 1815.

Marans a donné le jour également à un autre Chouan célèbre, Mathurin Ménard, dit *Sans-Peur*.

(Note communiquée par M. André Joûbert.)

sée à la fois, moins disputée qu'à la ville, moins coupée, mais plus largement vouée aux spéculations de l'esprit. C'est là qu'il a composé la majeure partie des livres qu'il a laissés. Quelques amis savent seuls tout ce qu'il y remuait de projets, toutes les pensées qu'il y mûrissait, pour ses conférences à venir ou pour les œuvres angevines dont il s'occupait. Il chassait bien un peu, mais sans grande passion. La promenade avec un ami ou avec ses enfants, ou le simple charme de la solitude lui plaisaient davantage. Il avait de la nature un sentiment vif auquel il s'abandonnait volontiers. Il aimait d'une prédilection marquée le bruit du vent dans les branches; tout petit, il se blottissait pour l'entendre aux creux des vieilles souches; plus tard, les jours de tempête, il s'enveloppait d'un manteau et allait l'écouter, couché sous les grands arbres. Il revenait toujours de là plein de pensées. Peut-être ces gémissements du vent, liés dans ses souvenirs à la solitude de sa jeunesse, lui parlaient-ils du passé. Mais son âme n'était point portée à traduire ses impressions autrement que par un trait d'admiration rapide, succédant aux longs silences charmés d'une heure de rêverie.

Quelquefois cependant nous retrouvons sur le cahier rouge les impressions d'une de ces journées douces et occupées.

« 10 mai.

« Nous sommes revenus d'Angers par une forte chaleur, admirant les pommiers en fleurs. Le printemps nous paraissait si beau! Il nous semblait que c'était la première fois que nous jouissions des fleurs de pommiers, des fleurs de genêt, des fleurs d'aubépine. Arrivée ici. Quelle joie! Tous les chéris sont devant la maison, roses comme des campagnards et tendant les bras à la voiture. Quelle joie, quelle joie immense de posséder tous ces beaux et bons enfants! Notre curé dînait avec nous. Il arriva avec le père Beaumont, qui l'avait conduit jusqu'au Patys, et que je fis causer sur la « chanterie », c'est-à-dire sur son office de chantre au lutrin. Le père Beaumont a vu la vieille route de Marans traversant à gué la rivière. En ce temps-là, l'évêque en tournée pastorale était traîné de Marans à Vern par huit bœufs, les plus beaux de la paroisse, et trois chevaux de trait. A-t-il vu de choses, ce père Beaumont! Par exemple, il ne se rappelle pas que les peupliers du Patys aient jamais été moins gros qu'ils ne le sont aujourd'hui. Cela nous flatte. »

« 18 mai.

« Il fait un temps splendide, le Patys est délicieux. Sur ma fenêtre, la vigne-vierge pousse des tiges droites et vigoureuses, où s'ouvrent de loin en loin de petits bouquets de feuilles. Les marronniers sont en fleurs; leurs belles grappes blanches, au cœur rose, se tiennent fermes sur un fond de verdure puissant. C'est jour de lessive. C'est plaisir de voir le linge blanc sécher au soleil. J'ai pris goût à la vie large et féconde que Dieu nous a faite. Après déjeuner, nous nous sommes promenés, écoutant chanter les oiseaux, regardant pousser les feuilles, pendant que retentissait dans le jardin la bêche d'Alexandre, et que la vieille Jeanne courait après Jacques et Françoise, qui lui échappaient sans cesse comme de vrais lutins. Thérèse dessinait le grand poirier; les autres étaient en classe avec Mlle Ziégler. Sous les saules du bord de l'eau, on entendait le battoir des laveuses... Le soir, après un nouveau temps de travail, le dîner, les bosselles tendues, une promenade à la brune, nous nous réunissons tous à la chapelle pour chanter des cantiques à la sainte Vierge à l'occasion du mois de Marie. »

Et dans une lettre de la même époque :

« Nous vivons ici dans une paix profonde. Tous les soirs nous nous constituons en aréopage, et nous lisons quelques pages manuscrites. Tantôt c'est René, tantôt c'est moi qui sommes sur la sellette, et qui lisons nos travaux. Le jour, nous pêchons dans la petite rivière, et nous écrivons. Nous nous trouvons très heureux et fort occupés. C'est un bonheur si simple et si naturel que j'espère que la Providence ne nous l'ôtera pas. »

Quelquefois la main de la mère inscrivait sur le même cahier quelques pages toutes semblables :

« 4 juin 1887.

« Marie-Anne fera demain sa première communion. Elle a suivi la retraite chez les sœurs : tous les matins elle partait à sept heures, conduite par ses sœurs ou par Mlle Ziégler, emportant son petit panier, et elle ne rentrait qu'à six heures du soir. Elle nous paraît dans les meilleures dispositions. Son visage calme, joyeux, resplendit de la paix intérieure. Hier soir, comme nous nous promenions tous dans le potager, je l'ai vue s'éloigner dans une petite allée, ouvrir son livre de cantiques qu'elle avait apporté, et puis nous avons entendu s'élever sa voix d'enfant qui doit tant plaire au bon Dieu. C'était charmant de la voir si recueillie, marchant la tête baissée, en chantant. Yvonne la regarde, et c'est d'un bon exemple. En rentrant, après la prière à la chapelle, son père l'a prise sur ses genoux, et lui a fait une pieuse exhortation. Il lui a recommandé de prier pour la santé de son père et de sa mère, et surtout de demander qu'ils n'offensent jamais le bon Dieu. Il lui a recommandé de prier pour nos parents et grands-parents défunts, qu'il n'oublie jamais, et enfin pour une grâce particulière que papa et maman désirent obtenir, — cette grâce, c'est la naissance du petit Michel. — Jacques, du fond de son lit, dressait la tête et écoutait avec ses beaux yeux intelligents ; et moi, je ne savais ce dont je devais le plus bénir Dieu, ou du père, ou des enfants. »

On se quittait le moins possible dans cette famille unie ; mais le moins possible, c'était encore souvent pour Hervé-Bazin, contraint de partir, comme on l'a vu, pour une conférence, pour une réunion d'œuvres, ou, quand il s'installait à la campagne avant la fin de l'année scolaire, pour ses cours d'économie politique. Ses enfants disaient : « Oh ! que c'est triste quand papa n'est pas là ! » Pour lui, il écrivait tous les jours à sa femme, si occupé ou si fatigué qu'il fût. Parfois, mais plus rarement, une ou deux des filles aînées quittaient le Patys pendant les vacances, pour suivre en voyage ou aux bains de mer quelqu'un de leurs oncles. Hervé-

Bazin leur adressait alors des lettres comme celles que nous allons citer, écrites selon l'humeur du jour, simplement, les unes relatant avec une gaieté qui jaillit de source les événements de la journée au Patys, les autres empreintes d'une spiritualité qui nous paraît particulièrement touchante sous la plume d'un homme du monde écrivant à ses filles. Mais toujours le style est sans recherche. Il n'y avait rien d'affecté, ni dans cette gaieté, ni dans ces élans de piété : tout venait du cœur.

« A THÉRÈSE, A SAINT-LUNAIRE

« Ma chère enfant,

« J'ai été très heureux de recevoir ta petite lettre, qui m'a montré, — ce dont je ne doutais point, — que mes filles pensaient toujours à leur père. Je voudrais bien aller vous voir, comme vous m'en priez, avec votre chère maman, qui a tant besoin de forces et de repos, mais le moyen, quand on est si loin d'être millionnaire! Je sais bien que vous nous ouvrez vos petites bourses, mes chéries, ce qui nous a beaucoup touchés, mais vos bourses sont un peu les nôtres, et c'est comme si maman m'empruntait cinq francs : pour me les rendre, il faudrait qu'elle m'en demandât cinq autres. Enfin, ma chérie, s'il y a un moyen quelconque d'aller passer quelques jours à Saint-Lunaire, nous le saisirons certainement, non seulement pour vous voir et humer un peu l'air de la mer, mais aussi pour remercier sur place votre bonne grand'mère, à laquelle vous devez ces belles vacances.

« Votre mère part en ce moment pour la grand'-

messe de dix heures. Moi, je suis allé hier à Angers avec Salmonière pour régler le programme de l'Assemblée régionale des cercles. Les trois discours prononcés sur la tombe de M. Victor Pavie seront publiés ce soir dans *l'Anjou*. Mon éditeur, l'excellent M. Lecoffre, imprime en ce moment les *Grandes journées de la Chrétienté*. Quant à l'inondation de la Loire, que je veux mettre, comme tu le sais, en feuilleton, elle débordera sur *l'Ouvrier*, dans un an à peu près, et puis elle fera la joie des abonnés de *l'Anjou*. Mais il faut que je travaille à mon rapport sur la *Décentralisation*, que je dois lire à Lille, et je te laisse. Quel pauvre père tu as! Il décentralise par-ci, il professe par-là, il loue ceux qui meurent, il harangue ceux qui vivent, et cela ne l'empêche pas du tout, mais pas du tout, d'aimer sa chère Thérèse et de l'embrasser bien fort, ainsi que sa bonne Gabrielle.

« A propos, Gabrielle, ne m'écris pas; car je te répondrai, et cela m'empêcherait de décentraliser.

« Au revoir, mes petites amies.

« *P. S.* Je te charge d'une petite commission : M. le curé de Saint-Lunaire a dit, paraît-il, qu'il me connaissait de réputation...; moi aussi, je le connais de réputation : bon, excellent, charitable comme tous nos prêtres de France. Tu le verras avant de partir, et tu lui diras que ton père lui demande une petite prière auprès de l'autel, afin de toujours faire son devoir de chrétien et de Français, et de mériter toute sa vie d'être en bonne renommée auprès du curé de Saint-Lunaire. »

. . . .

« 27 octobre 1887.

« Ma chère petite Yvonne,

« Ton père est en retraite actuellement à l'Université catholique, et il t'écrit ces quelques lignes pour te montrer qu'il pense à toi, et qu'il t'aime bien. Sois une bonne élève, fais-toi aimer de tes maîtresses et de tes compagnes. Deviens vite une petite fille sage et chrétienne, pour que tu reviennes à la maison suivre les grands cours d'histoire de l'Église que je fais à tes sœurs, et que je recommencerai un jour pour toi, Jacques et Françoise, qui formerez ma seconde classe. Remarque aussi combien les religieuses sont bonnes et dévouées. Quand elles punissent ou quand elles grondent, c'est à contre-cœur. Elles font la classe par amour de Dieu, au nom de Jésus qui aimait les enfants, et elles n'ont de chagrin que lorsque leurs élèves se conduisent mal.

« Mais je m'arrête, parce que ma main n'est pas encore bien solide. Va dire à la Mère supérieure que je la remercie beaucoup du livre qu'elle a bien voulu me prêter, et dont je me servirai avec grand fruit pour la gloire de Dieu.

« Sois une bonne enfant, une amie de Dieu, rappelle-toi cette demande de ton père, et aime-le bien. »

. . . .

« Ma chère Thérèse,

« A mon tour de t'écrire et de te montrer que nous ne t'oublions pas. Il y a un grand vide à ta place, je t'assure, mais j'espère que tu reviendras bientôt, et alors en la place de ce vilain trou noir il y aura une gaie, grave et douce enfant que j'aime de tout mon cœur, quoique je ne le lui dise pas souvent.

« Je suis heureux de savoir que tu vois de belles choses à Royat, que les monts d'Auvergne te séduisent, que tu trouves de belles fleurs au milieu des rochers et que tu fais ce que tu peux pour remercier ton oncle et ta tante de leur extrême bonté envers toi. Et ce qui a particulièrement réjoui mon cœur, c'est que toutes les deux, Catherine et toi, vous nous avez écrit que le bon Dieu étant partout, vous vous trouviez toujours avec nous à l'église, dans le recueillement si pieux, si doux et si pénétrant de l'autel. Continuez, mes bien-aimés enfants, continuez de vivre ainsi de la vie chrétienne.

« Ici, rien de nouveau. Gabrielle recopie les dernières pages de mon manuscrit. Ce soir nous allons souhaiter la fête de votre chère mère, allumer les lanternes, faire partir quelques fusées, et boire les cerises du grand bocal traditionnel, à la santé de celle que le bon Dieu nous a donnée, à vous et à moi. La vraie fête sera au fond des cœurs. C'est de là que s'élèveront vers le ciel nos prières reconnaissantes. »

. . . .

A une autre de ses filles :

« Ma chère enfant,

« Je suis très satisfait de tes lettres. Elles respirent le désir de bien faire et surtout de te rapprocher de plus en plus du bon Dieu. Ah! tu as raison, tout est là, et le reste n'est rien. A quoi sert à tel ou tel de nos amis d'être un savant, de tout connaître, de ne jamais faire une faute d'orthographe, s'il n'est pas humblement tout en Dieu? Sa vie sera stérile, il ne laissera aucune bonne œuvre derrière lui, il vivra dans la tristesse et dans la solitude, et sera malheureux même ici-bas, tant il est vrai qu'il n'y a qu'une chose désirable : l'amour de Dieu avec l'humilité.

« Tu as donc bien raison de commencer le grand combat dans lequel ton père et ta mère t'aideront de tout leur pouvoir. Mais pour bien combattre il faut bien connaître l'ennemi ou plutôt la forme que prend, pour les jeunes filles comme toi, le vieil ennemi du genre humain. Cette forme, c'est l'amour du monde, et la victoire sera le détachement. Il est très difficile de se détacher ainsi peu à peu de toutes les vanités humaines, du désir de plaire, du désir d'être louée, du désir de briller, du désir de passer devant les autres, du désir d'assister aux fêtes mondaines, du désir de jouir, du désir d'être riche, du désir du luxe, du bien-être, du *farniente,* etc., de tous ces désirs mauvais ou frivoles par lesquels nous tient le diable pour nous éloigner de Dieu. Tu es digne de commencer ce beau combat de tous les jours, ma fille chérie, ton âme s'est déjà élevée par la belle vertu de pureté absolue, grâce que Dieu semble t'avoir faite, et elle s'élèvera encore par la lutte !

« Ne réfléchis point à ton avenir, ni à ce qui t'arrivera par la suite de ce combat, ne cherche pas à sonder les plans de Dieu ; peu importe, en effet. Femme, mère, religieuse, ou fille vivant dans le monde, on peut faire partout son salut, et partout vivre dignement, noblement, en faisant le bien. Laissons de côté les sots discours des mondains qui jugent tout à rebours; attends le signal de la Providence, et travaille vaillamment à ta perfection.

« Surtout, ne te décourage pas, car Notre-Seigneur a dit : « Mon joug est doux. »

« Que je suis heureux d'avoir des filles qui cherchent à bien faire! Aimez-vous bien les unes les autres, car, entre sœurs, l'union la plus intime doit régner, pour la gloire de Dieu.

« Ne manque pas non plus de t'instruire, pour être en mesure plus tard de servir l'Église par toi-même, par ton mari, ou par ceux auprès desquels tu seras placée. A cet effet il faut d'ici vendredi repasser les siècles d'histoire que nous avons vus ensemble et aussi les notions d'arithmétique. Une bonne chrétienne doit être instruite, ne serait-ce que pour mieux célébrer l'*opus divinum*, c'est-à-dire l'œuvre de Dieu, comme les bénédictines.

« Au revoir, chérie. Ton père t'embrasse et t'aime. »

. . . .

« A CATHERINE, A SAINT-LUNAIRE.

« Août 1888.

« Ma chère petite Catherine,

« C'est papa, oui, c'est papa lui-même, qui arrive avec sa grosse vilaine écriture pour te dire bonjour et te remercier des jolies lettres, — lettres d'une bonne fille, — que tu nous envoies. Tous les jours nous les lisons ensemble, à la fin du repas, et nous rions comme si tu étais encore au milieu de nous. C'est que tes lettres ne sont point apprêtées, et nous racontent très bien tout ce qui se passe à Saint-Lunaire; nous croyons y être, et nous vivons avec vous de votre vie. Je te fais mes compliments. C'est ainsi qu'il faut écrire et penser. Je suis content de ma fille Lunairienne... Ici, la paix règne en maitresse. Nous faisons quelques visites aux alentours. On t'a raconté la pêche miraculeuse de jeudi dernier, et la capture d'une belle carpe. Nos blés sont rentrés : on les battra jeudi ; ils sont fort beaux et valent cher : c'est un double profit que le bon Dieu envoie aux bons chrétiens de la paroisse de Marans.

« Ce qui est plus sérieux, c'est que j'ai terminé hier l'introduction à mon livre sur les *Grands Ordres de femmes*. Ta mère la trouvant bonne, je ne puis que souscrire à son appréciation, et je vais la donner à Gabrielle pour me la recopier. Le livre partira chez Lecoffre dans une quinzaine, et l'on se mettra tout de suite au *Jeune homme chrétien*. Après les filles, les fils.

« Tous ces menus faits du Patys te montrent à peu près ce que doit être la vie chrétienne dans le monde. Qu'on soit au couvent, qu'on soit dans le monde, on peut faire son salut, et jouir de la paix que Dieu accorde toujours à ceux qui la cherchent là où elle est.

« Tu vois de beaux spectacles à Saint-Lunaire. On dit que c'est le plus beau point de vue du monde après Constantinople, Naples et Venise. Je n'en sais rien, n'ayant vu que le dernier; mais ce que je sais, c'est que le bon Dieu a jeté ainsi plusieurs grands horizons écrasants pour l'homme, admirables à toutes les heures du jour, à l'aurore, au crépuscule et en plein midi, pour nous faire voir en quelque sorte sa Providence et nous forcer à incliner notre foi. Dans les brumes du matin, dans les brouillards ensoleillés du soir, ou dans les crépitements du midi, ne croit-on pas voir et parfois entendre les petits anges de Dieu qui vont et viennent, descendent et remontent?

« Profite de ces bons jours, ma chérie. Sois pleine de calme et de paix ; ne te trouble de rien, pense à Dieu pour avoir le repos de l'esprit, et aime-nous bien. »

Hervé-Bazin parle ici du repos de l'esprit. Il en savait la douceur, mais il savait aussi à quel prix on l'acquiert. Comme il avait l'âme naturellement tendre, il avait souffert autrefois, quand il était jeune, d'une trop grande susceptibilité. Rien n'est plus facile à ceux que nous aimons beaucoup que de nous blesser, souvent sans le vouloir; il suffit d'un mot, et plus nous les aimons, plus la blessure est douloureuse. Mais il combattit vaillamment cette disposition de son cœur. Un jour, avant son mariage, croyant avoir à se plaindre d'un de ceux qu'il aimait, il écrit :

« Fais ce que dois, advienne que pourra. Si je dois souffrir au fond de mon cœur, j'en vaudrai plus aux yeux de Dieu, et la noble nature que j'ai choisie et qui m'aime me comprendra. D'ailleurs si j'étais sans défauts, si je n'étais pas susceptible, si j'avais l'abnégation de moi-même et le désir *unique* de rendre les autres heureux, sans penser à moi, je ne souffrirais pas! Cette souffrance est donc méritée et salutaire. Quand j'aurai cessé de souffrir, c'est que je serai meilleur. »

On verra par la suite qu'il acquit ce degré de perfection auquel il aspirait, et un jour, s'examinant lui-même avec la conscience qu'il apporte ici à l'aveu de sa faiblesse, il pourra écrire à l'un des siens :

« Mes joies ne sont plus rien, pas plus que mes ennuis. Ce qui me concerne seul m'est complètement indifférent. Je n'ai plus de joie que les vôtres, plus de tristesses que celles que vous pouvez endurer. Vous rendre heureux est ma seule pensée. Je travaillerais tout un jour pour vous faire plaisir une seconde. Le *moi* est anéanti désormais. Moi, c'est vous. Oui, si l'on m'arrachait un œil, ma première et unique pensée serait celle-ci : « C'est dom-
« mage, ils vont être bien désolés. »

VIII

Rapport sur la décentralisation. — La *Trilogie historique*. — Conférence de Chartres. — Conférence de Paris.

Nous avons fait allusion aux idées d'Hervé-Bazin sur la décentralisation. Le travail qu'il rédigea sur ce sujet est peut-être son œuvre la plus originale.

Le retour de la royauté française, qui avait failli devenir une réalité en 1873, apparaissait alors, de nouveau, comme un événement possible et même probable. Les royalistes, du moins l'état-major, s'étaient préparés à cette éventualité.

On comprend avec quelle ardeur et avec quelle joie des hommes, qui dépensaient leur énergie et leur talent au service de la cause royale, durent les mettre en commun, dans cette occasion où le succès de leurs efforts semblait devoir être si considérable et si prochain. Hervé-Bazin étudia le projet de décentralisation plus vaillamment encore qu'il n'avait fait aucun point de législation. Son rapport fut lu, discuté, corrigé, puis approuvé, en séance d'abord, chez M. Lucien Brun, et par le roi ensuite.

« Vous devez vous souvenir, nous écrivait dernièrement M. Alex. Celier, avec quelle simplicité Hervé-Bazin accucillait les observations sur ses travaux. Je n'ai jamais vu chez personne un égal détachement ni un moindre souci d'amour-propre d'auteur. Le vrai et le bien avant tout : pour lui, c'était strictement sa loi. Il écoutait avec patience, modestie, les avis souvent les moins autorisés, provoquait les critiques, au besoin modifiait ses idées avec une bonne grâce dont je n'ai connu aucun autre exemple. Un des meilleurs souvenirs de ma vie restera la collaboration modeste qu'il m'a été donné de fournir à Hervé-Bazin, dans ces petites réunions chez M. Lucien Brun. Au premier rang de ces chers souvenirs, demeure celui de l'abstraction de toute personnalité dont notre ami si regretté a plus d'une fois donné la preuve. A mon avis, c'est l'un des côtés par où il est possible de mieux juger la grande beauté morale de son caractère. »

Ce rapport ne devait être divulgué que plus tard, au congrès de Lille, — octobre 1886, — à un moment où la réalisation des idées sociales personnifiées dans M. le comte de Chambord était renvoyée à un avenir lointain. Mais nous devons, dès à présent, en parler.

Tout d'abord, qu'on ne se récrie point sur l'impossibilité de la division de la France par provinces, avec des assemblées provinciales, et une organisation du suffrage universel, non plus des individus, mais des intérêts. Nous voulons bien que l'application de ces idées soit aujourd'hui extrêmement difficile, mais ce qui n'est pas immédiatement réalisable n'est pas pour cela une utopie. Presque toujours les réformes nécessaires demeurent en suspension dans l'atmosphère d'un pays, à l'état d'idées qualifiées de chimériques. Y eût-il chez ceux qui prennent de telles initiatives une part de chimères, qu'ils n'en rendraient pas moins un très réel service. Et l'on verra que l'étude d'Hervé-Bazin, accueillie au début avec étonnement par plusieurs, s'est trouvée dans la suite recueillir des approbations bien inattendues, et on peut dire bien probantes, en faveur de la justesse générale de la thèse.

« Sans remonter à plus d'un siècle, disait-il, quelle vie, quelle énergie, quelle exubérance de sève nationale ne voit-on pas dans tous les pays d'États ou d'Élections, au moment où Louis XVI rétablissait les Assemblées provinciales ! Quel éclat de l'éloquence et quel amour des libertés locales parmi les membres du Tiers-État ! Dans le mouvement national de 1789 qu'on peut discuter, mais non contester, que donnait la province ? Presque tout. Que donnait Paris ? Presque rien...

« Quand on étudie avec soin l'histoire de ces quelques années qui nous montrent une France si vibrante, si libre, si fière, si riche d'hommes, et qu'on fait un retour sur le temps actuel, on peut mesurer tout le mal que nous ont fait ceux qui ont détruit notre ancienne monarchie.

« Et pourtant, Messieurs, cette époque, qui nous paraît si brillante, n'est qu'un reflet affaibli de l'éclat dont jouissaient autrefois, jusqu'à la Réforme, les provinces et les communes françaises, alors que tous les intérêts et tous les besoins des habitants étaient discutés en pleine liberté, par les habitants eux-mêmes ou leurs délégués. Rien n'est plus beau, dans l'histoire de notre pays, que l'établissement des chartes municipales acquises, proclamées, défendues sous les auspices de l'Église; rien n'est plus digne d'intérêt que les tenues de ces États du Languedoc, de la Bretagne, de la Bourgogne, de la Flandre et de l'Artois, qui répandaient une vie si intense dans toutes les parties du royaume et qui étaient tellement populaires dans les provinces que c'était, pour les familles, le plus grand honneur auquel elles pussent prétendre que d'y occuper un siège. Dans ces assemblées célèbres chacun des trois ordres donnait ce qu'il avait en propre, l'un la majesté qui s'attache aux représentants de l'Église, l'autre la grandeur et les traditions d'une aristocratie qui n'avait jamais marchandé son sang pour la patrie, l'autre enfin, le travail fécond et l'étude sagace des besoins locaux, et tous à la fois, en dépit de quelques démêlés qui ne rompaient jamais l'unité nationale ni la paix, cherchaient la justice et le bien commun de tous les citoyens.

« C'était l'époque de la liberté politique, l'âge d'or du génie provincial. »

Puis, après avoir montré la destruction de cette vie provinciale, il se défend, en voulant la ressusciter, de faire une œuvre nouvelle, extraordinaire et irréalisable. Il rappelle les plans de Fénelon, de Dupont de Nemours, de Turgot, de Mirabeau, de Necker; ceux, dans notre siècle, de MM. de Villèle, Le Play, Léonce de Lavergne, de Luçay; l'ébauche de reconstitution provinciale adoptée par l'Assemblée nationale en 1871, dans une loi qui permet à plusieurs conseils généraux de se réunir en conférences, au moyen de délégations, et de s'entendre sur des travaux ou des institutions d'utilité commune. Il rappelle encore l'attachement persistant et instinctif des populations aux anciennes divisions de la France, divisions naturelles autant que la division par départements est artificielle, et dont le langage commun, ce témoin irrécusable, garde encore le souvenir. Enfin, après avoir analysé les idées larges et libérales émises sur ce point par M. le comte de Chambord, il propose la création de vingt-quatre assemblées provinciales, correspondant aux vingt-quatre nouvelles provinces : Provence, Dauphiné, Savoie, Lyonnais, Franche-Comté, Lorraine, Champagne, Picardie, Flandre et Artois, Normandie, Bretagne, Maine et Anjou, Poitou et Charente, Haute et Basse-Guyenne, Gascogne, Languedoc, Haut-Languedoc, Auvergne, Limousin, Berry, Bourgogne, Orléanais, Touraine, Ile-de-France. Paris, non compris dans cette division, devait recevoir une organisation à part. Le projet s'occupait ensuite de la composition des assemblées provinciales et de leurs attributions.

Elles devaient comprendre des membres de droit et des membres élus. Parmi ces derniers se trouvaient des délégués des tribunaux de commerce, des chambres de commerce, des universités, d'assemblées de propriétaires fonciers, de fermiers et de métayers, des corporations ouvrières représentant le travail industriel. Les deux idées sont donc ici réunies et fondues : celle de la décentralisation et celle de la représentation des intérêts. Quant aux attributions, Hervé-Bazin s'occupe avec détail d'une des plus importantes, celle concernant la répartition des contributions directes entre les départements formant la province, puis il indique que beaucoup d'autres intérêts et initiatives seraient laissés aux assemblées provinciales en matière d'administration, d'enseignement, de travaux publics et de législation. Une carte de la France, d'après ces divisions proposées, terminait cet exposé, lucidement et solidement fait. Nous aurons l'occasion de dire, quand le moment en sera venu, l'accueil qui fut fait à ce projet lorsqu'il fut lu au congrès de Lille; mais il est dès à présent curieux d'observer le chemin parcouru par cette idée, reprise avec une certaine audace par un groupe d'hommes de talent. L'œuvre des cercles catholiques d'ouvriers, frappée de la nécessité d'une décentralisation pour arriver à une restauration efficace de l'ordre social chrétien, adopta cette pensée du retour aux provinces et la répandit dans le pays. Mgr Freppel, dans ce chef-d'œuvre qui a pour titre : *la Révolution*, a soutenu cette opinion et l'a exposée avec sa hauteur de vue habituelle. Il n'est pas jusqu'aux hommes imbus de l'esprit révolutionnaire qui n'aient entrevu les bienfaits qui résulteraient pour le pays de la renaissance provinciale :

« Cette tendance à faire revivre les noms des provinces, dit l'un d'eux, ce n'est pas une simple fantaisie d'antiquaire. On commence à penser, même parmi les libéraux, que la division du territoire en départements a trop émietté la France, et que pour faire sérieusement de la décentralisation, il serait bon de constituer des unités plus fortes. Les provinces abolies par la Constituante, dans un temps où l'on ne voulait rien laisser subsister du passé, avaient si bien leur raison d'être qu'on a été obligé de les refaire, quoique d'une manière capricieuse. Les académies sont des provinces universitaires; les ressorts de cours d'appel, des provinces judiciaires ; les corps d'armées, des provinces militaires. Chacune de nos grandes administrations a dû découper le sol national à sa façon ; il n'y aurait qu'à faire coïncider ces limites multiples pour voir renaître des provinces qui auraient une vie propre, une existence plus active, et même une certaine force pour résister à la domination de Paris. Nous avons tout sacrifié à l'unité, ne laissant rien subsister de solide et de vivace en dehors de l'État puissant ; il y a maintenant du fédéralisme dans l'air. Est-ce un mal[1] ? »

On pourrait signaler encore de nombreux indices de cette tendance populaire vers la décentralisation, par exemple, le besoin d'association qui déborde partout notre législation positive. Tout récemment, pour ne citer qu'un fait, une société, nullement hostile à l'état de choses actuel, réunissait à Lyon de nombreux capitaux, dans le but d'obtenir une sorte de franchise pour les Facultés de l'État de cette ville et d'arriver à la fondation d'une Université lyonnaise. De même à Montpellier et ailleurs. Voilà donc l'Université, ce corps éminemment centralisé, qui secoue elle-même l'étroite organisation de l'empereur et demande l'autonomie provinciale comme une condition majeure de développement et de durée.

Nous ne savons sous quelle forme, ni dans quelle mesure, ni à quelle époque ces idées prévaudront. Il nous paraît certain qu'elles auront leur heure, et si cette heure vient, on pourra rappeler alors qu'Hervé-Bazin fut, sinon

---

[1] Raoul Frary. *Nouvelle Revue* du 1er juillet 1889.

l'inventeur, du moins l'un des premiers et des plus énergiques vulgarisateurs, à notre époque, de l'idée de décentralisation.

Et parmi tant de travaux, les projets allaient toujours leur train. Il écrivait à son ami le marquis de Moussac :

« Nous avons aujourd'hui un gros sujet sur la planche : la *Trilogie* historique. Permettez-moi de revenir sur ce que je vous ai déjà dit. Il s'agit de faire trois petits livres ayant pour sujets :

« 1º La noblesse de 1789 et la noblesse d'aujourd'hui;

« 2º La bourgeoisie de 1789 et la bourgeoisie d'aujourd'hui;

« 3º Le peuple de 1789 et le peuple d'aujourd'hui.

« Vous avez, je crois, une bonne idée en proposant de subdiviser le peuple comme il l'est naturellement, en paysans et ouvriers, la situation des paysans en 1789 n'étant pas, il s'en faut, identique à celle des ouvriers. Rappelons-nous bien surtout qu'il ne s'agit pas de faire des livres pesants, profonds, démonstratifs... et pas lus. Il en existe; le monde de l'Institut les connaît. Nous n'avons pas la prétention de prouver par $a + b$ qu'il y avait tels ou tels abus dans le régime social du xviiiº siècle, et que ces abus ont amené la Révolution. Nous visons la *masse du public* (pardonnez-moi cette expression) et, pour tout dire en un mot, nous voulons que nos jolis petits livres soient à leur place dans tous les salons, entrent dans les plus modestes bibliothèques, et qu'un instituteur bien pensant puisse les distribuer en prix.

« Pour atteindre ce résultat, — qui serait très profond sans en avoir l'air, — nous étudierons la noblesse, la bourgeoisie et le peuple sous plusieurs aspects. Par exemple, si c'est moi qui fais la noblesse, je l'examinerai : 1º dans la politique, à la Constituante et aux assemblées provinciales; 2º dans ses rapports avec la religion et le clergé ; 3º dans ses foyers, à la province, en contact avec la bourgeoisie et les paysans..., etc. Quand j'aurai ainsi rapidement étudié noblesse de cour, noblesse parlementaire, noblesse du clergé, noblesse de province, il me sera facile d'en tracer un portrait exact et d'en déterminer le caractère chevaleresque et fidèle; mais, hélas ! imbu de philosophisme et rempli d'illusions. Ne vous effrayez pas. Nous trouverons partout, dans les archives départementales et dans les papiers de famille, des anecdotes inédites, des traits saisissants, des faits historiques qui donneront de la couleur et de l'intérêt à notre travail. Puis, plus rapidement encore, après avoir tracé le tableau de la noblesse d'autrefois, je dessinerais la silhouette de la noblesse d'aujourd'hui : 1º dans la politique : fidèle, entièrement ralliée au roi, n'ayant plus aucun goût pour les fameuses constitutions qui, d'après Turgot, manquaient à la France de Louis XVI; 2º à la guerre, en 1870 et 1871; que de beaux traits nous pourrons dévoiler ! 3º dans ses rapports avec l'Église : Ancône, Castelfidardo, les œuvres catholiques où la noblesse joue un si grand rôle de nos jours ; 4º dans ses foyers, où elle est rentrée depuis longtemps, exerçant tout autour d'elle, dans nos campagnes, une si bienfaisante influence. Que vous dirai-je de plus? Je me répéterais inutilement. Est-ce à dire que nous ne signalerons aucune ombre au tableau ? à Dieu ne plaise ! Très aimablement nous dirons à la noblesse qu'elle ne travaille pas assez, qu'elle n'a pas encore compris tout son rôle social, qu'il lui reste beaucoup à faire pour aspirer au gouvernement social. A la bourgeoisie, qu'elle a encore trop d'envie, trop de passion pour le pouvoir, trop de goût pour le régime parlementaire; qu'elle est trop égoïste; qu'elle veut tout faire par elle-même et qu'elle sera mangée par le peuple si elle ne se met à le convertir. Nous ferons ainsi des sermons; pourquoi pas si nous y mettons un peu de sel?

« Je me réjouis de faire ce petit travail avec vous, d'une vraie joie d'enfant. C'est pour moi le soleil après le brouillard, et les vraies vacances après le dur travail. »

Les dernières conférences politiques d'Hervé-Bazin remplissent le début de l'année 1883. C'était souvent au milieu de grandes difficultés qu'il fallait mener à bien ces discours royalistes. Presque partout il y avait des susceptibilités à ménager, des timidités à soutenir, des situations délicates à sauvegarder. Mais, avec la grâce de Dieu qu'il appelait à son secours, Hervé-Bazin tirait bon parti de toutes les positions. On l'envoyait souvent dans les villes où la mission du conférencier était particulièrement délicate.

« Vous êtes le plus généreux des amis et le plus vaillant des hommes, lui écrivait un jour le comte de Mun. Merci pour votre bonne lettre et pour tout ce qu'elle m'apporte. Vous n'avez dans nos rangs que des amis dévoués, parmi lesquels je réclame seulement d'être le premier et le plus chaleureux. Faites-nous un vrai grand discours, sans crainte d'être trop long. Cette conférence est une nouveauté que d'aucuns regardent comme une folie. Moi, je crois qu'on sera surpris du succès. Merci encore et à vous de tout mon cœur.

« A. DE MUN. »

Un journal de Chartres, rendant compte d'une conférence d'Hervé-Bazin, disait :

« M. Hervé-Bazin a parlé pendant plus d'une heure, mais personne n'a trouvé le temps long. Il réalise, pour ainsi dire, le type du conférencier. Il a la voix, il a le geste, il a la facilité de parole nécessaire pour se faire écouter. Dès les premières phrases il a conquis son auditoire, qui reconnaît en lui un maître. Pas une défaillance. Pas même une hésitation. L'expression arrive sur ses lèvres avec une abondance remarquable; tous les mots portent, parce qu'ils ne sont pas choisis pour arrondir une période sonore, mais parce qu'ils ont une signification et concourent à rendre une pensée. »

Le 30 avril, c'était une conférence faite sous la présidence du comte Albert de Mun, à Paris, dans la salle de la Société de géographie. On avait demandé à Hervé-Bazin de prendre comme sujet : *Le mouvement corporatif en France.*

« Messieurs, avait dit au début M. de Mun, je n'ai pas besoin de présenter M. Hervé-Bazin à la réunion; il a la bonne fortune d'être connu à la fois des hommes d'étude et des hommes d'action, et son nom, si souvent salué avec des témoignages d'ardente sympathie par ceux qui entourent la chaire où il enseigne avec éclat les lois de l'économie politique chrétienne, a soulevé les acclamations de l'enthousiasme sur tous les champs de bataille où se livre pour le droit, pour la justice, pour la liberté des consciences et l'indépendance des âmes, le combat de la parole publique. »

Nous pourrons voir une fois de plus ici combien peu les éloges qu'il recevait détournaient Hervé-Bazin de l'appréciation modeste, trop sévère même de ses œuvres.

« J'augurai d'abord très mal de cette conférence, écrit-il dans son journal intime, j'en étais désespéré. Cette note économique, sociale, ne m'allait pas. C'était long, diffus, ennuyeux. Enfin, à force d'élaguer, d'alléger, de recoudre, je parvins à trouver la note demandée, et je la donnai, le 30 avril, à la Société de géographie. Cette conférence a été imprimée. Elle a produit plus d'effet qu'elle n'en méritait, car elle n'est que le résumé de tout ce qui a été publié dans l'*Association catholique* depuis deux ans. Mais la clarté plaît souvent plus aux hommes que la science pure. »

Hervé-Bazin est ici injuste pour lui-même. Cette conférence dont il parle avec un pareil détachement fut, au contraire, très intéressante, au dire des auditeurs, et l'une de ses meilleures. Il dut y préciser, comme il l'indique lui-même, ses idées sur le rétablissement d'un régime corporatif, question difficile, question même où il était de toute nécessité, pour l'orateur, d'apporter, malgré les travaux antérieurs, sa part considérable d'observation et de doctrines personnelles, sur un point, notamment, l'un des plus discutés, celui de la liberté de la corporation, Hervé-Bazin fut amené à s'expliquer, et il le fit avec sa netteté habituelle.

« Quel sera, s'écrie-t-il, le rôle de l'État dans cette organisation nouvelle ? Lui demanderons-nous de créer lui-même, d'autorité, d'office, les associations ouvrières ? Non, Messieurs. Ces associations se formeront librement entre ouvriers et patrons. Lui demanderons-nous d'intervenir dans la production ? de réglementer la fabrication ? de déterminer la longueur et la largeur des tissus ? En aucune façon. Ce que nous demanderons à l'État, c'est de reconnaître et de protéger les nouvelles corporations ouvrières, c'est-à-dire de leur donner la vie civile, de leur conférer le droit de s'administrer et d'acquérir, de sanctionner leurs règlements corporatifs, et de leur faire une place au sein de la nation. »

Ce discours, où Hervé-Bazin avait également tenu à donner une adhésion publique à l'œuvre des cercles catholiques, fut publié *in extenso* dans la revue de l'œuvre[1]. Il est suivi de la requête des marchands et artisans de Paris, « Mémoire présenté à Louis XVIII, le 16 septembre 1817, par les marchands et artisans de la ville de Paris, sur la nécessité de rétablir les communautés des arts et métiers, » document très curieux qu'Hervé-Bazin avait eu la bonne fortune de retrouver à la bibliothèque de la ville d'Angers.

Huit jours après, le 5 mai, nouvelle conférence à

---

[1] *Association catholique,* nos des 15 juin et 15 août 1883.

Orléans. Peu de temps après, autre discours tout populaire, à Châteaubriant, devant deux mille auditeurs.

Ce qu'Hervé-Bazin admirait le plus, dans ces réunions, c'était le rôle des organisateurs. Il ne se lassait pas de répéter que la part de l'orateur est plus brillante, mais d'une bien moindre valeur, et que tout l'honneur, presque tout le bien doivent être attribués à ceux qui préparent laborieusement ces belles manifestations :

« Ce sont eux que Dieu payera, » disait-il.

Il ne manquait jamais de les féliciter, de les remercier, de leur demander conseil. Un échange intime d'idées et de sentiments s'établissait vite entre eux et lui, et de nombreuses, de solides amitiés sont nées de ces rencontres et de ces épanchements que la Providence elle-même semblait avoir préparés. Quand il retournait pour la seconde ou pour la troisième fois dans les villes où il avait déjà parlé, dans les foyers où il avait été accueilli, c'était avec une joie profonde, et nous pouvons dire, certains de n'être pas démentis, que cette joie était partagée.

Cette longue et courageuse campagne allait se trouver bientôt arrêtée, ou plutôt profondément modifiée par un événement qu'on devine déjà : la mort du comte de Chambord.

Mais nous devons revenir pour un instant en arrière, et suivre Hervé-Bazin dans ce voyage si longtemps rêvé, et entrepris au mois d'avril 1883, pour aller visiter à Goritz le noble prince déjà gravement malade, et qu'il allait rencontrer pour la première et la dernière fois.

IX

Voyage à Goritz. — Mort du roi. — Fondation de l'*Anjou*. — Tiers ordre de Saint-François. — Naissance de Françoise. — Prière.

Ce fut précisément dans les derniers mois de la vie du comte de Chambord qu'Hervé-Bazin réalisa le projet longtemps rêvé d'un voyage à Goritz. Jusque-là différents obstacles l'avaient arrêté. C'était un chagrin pour lui de lire le récit des audiences accordées chaque année à tant d'hommes de toutes les conditions qui se rendaient auprès du prince exilé. Il lui semblait qu'en connaissant mieux l'homme il aimerait encore mieux la cause. Il put enfin trouver l'occasion favorable, et partir au mois d'avril 1883. Voici, recueillies dans les fragments de ses lettres, les impressions qu'il rapporta de ce voyage.

« Avril 1883, samedi saint.

« Maintenant nous voici à Venise, le soleil est revenu. C'est un spectacle admirable, on se dirait en Orient. Je suis ébloui par toutes ces beautés, je ne sais plus où j'en suis. Mes compagnons de voyage sont charmants, comme toujours. Je rêve du cher petit Jacques, dont je revois le bon sourire, je rêve du Patys. L'émotion commence à me gagner en pensant qu'après-demain je serai en présence du roi.

« Je me porte assez bien. Cependant je sens la fatigue monter. Nous avons fait hier un excellent voyage en chemin de fer avec un Lithuanien, le comte Mohl, qui nous a beaucoup parlé de la Pologne et de la Russie. ... Mes chers petits enfants, je suis en Autriche. Je vois des montagnes à gauche, vers le Tyrol, et à droite une plaine qui conduit à l'Adriatique. Trieste est à quelques lieues... Je prie miss Rason (alors l'institutrice de ses enfants) de prendre une de mes grandes cartes et de vous faire tracer par Thérèse la ligne que j'ai suivie.

« ... Nous sommes à Goritz, — pas de chambres dans les grands hôtels, — nous sommes descendus dans une bonne et confortable auberge autrichienne, où il y a, comme partout, le grand portrait de Franz-Joseph Ier. Nous avons soupé à l'allemande, et nous nous sommes ensuite couchés dans d'immenses chambres, plus grandes que le salon du Patys, avec doubles fenêtres contre le froid, car il pleut et il fait froid. Il y a de la neige partout sur les montagnes et même en plaine. Ce matin, pendant que nous déjeunions, arrive le jeune de la Bouillerie, qui nous a conduits à la messe, laquelle est ici obligatoire le lundi de Pâques.

« Mardi 27, une heure du soir.

« Je l'ai vu! J'ai vu le petit-fils de saint Louis et de Louis XIV! Le roi! le roi de France! le dernier lien qui rattache notre génération à ce glorieux passé, notre Henri de France, notre Henri V! Je l'ai vu! et il a été si bon, si doux, et presque si affectueux pour nous !

« A dix heures et demie ce matin, j'arrivais d'un pieux pèlerinage au tombeau de Charles X, lorsque Mgr de Kernaëret me dit : « Mais d'où venez-vous ? « Dépêchez-vous, le roi nous attend! » Vous voyez le tableau d'ici. Votre père toujours en retard, mais cependant toujours à l'heure, habillé en cinq minutes et sautant dans le fiacre où étaient déjà nos amis. A dix heures et demie précises nous arrivions à la villa. M. de Foresta nous introduit. Le roi était sur une chaise longue, recouverte d'une couverture grise, dans un petit salon froid et mal meublé. Mais la tête sortait, une belle tête, fortement taillée, droite et ferme, avec de grands yeux très vifs, un nez vigoureux, la barbe entière et grisonnante, et sur le tout un large front, dégarni à droite et à gauche. Cette tête s'illumine du moindre sourire : tout rit à la fois, la bouche et les yeux, avec une expression de bonté et de franchise que je n'ai rencontrée que chez lui.

« Ma première pensée fut celle-ci :

« Oh! quelle belle figure!

« Et ma seconde :

« Mais qu'il est âgé!

« On m'a dit quelques jours après que je m'étais trompé, que la souffrance avait vieilli le roi à mes yeux; le roi est vigoureux, vaillant, robuste, mais il a soixante-deux ans, et il a beaucoup, beaucoup souffert par l'exil, par la trahison, par la solitude : tout cela peut bien expliquer pourquoi ses traits sont creusés et son front ridé.

« Il nous a reçus avec une bonté parfaite, non comme des visiteurs ordinaires, mais comme des amis.

« Nous sommes restés trois quarts d'heure avec lui. La conversation a d'abord été générale, et a roulé sur l'état de la France, des universités, des œuvres, sur Mgr Freppel, sur la persécution religieuse, les libéraux, la mauvaise influence de Paris, les conférences et les banquets, le retour des esprits effrayés par les attaques à *la bourse* ou à *la peau*, — expression du roi. — A la fin, nous parlâmes de nos travaux avec Lucien Brun, et, brisant la glace, je fis le résumé de mon rapport sur les provinces. Le roi écouta très attentivement. Il ne fit que deux observations pour appuyer ce que je disais des départements et du gouverneur futur :

« — Oui, il faut garder le département... Le gouverneur doit être nettement placé au-dessus des préfets. »

« Et quand j'eus fini, le roi sourit.

« — C'est bien, dit-il, je vois que vous travaillez de toutes façons. Je me réjouis de voir votre plan avec Lucien Brun. »

« Théry se mit à parler de l'Université. Le roi l'approuva aussi.

« Pendant que Théry parlait, le roi, à un certain moment, lança sur moi un regard qui me fait encore frémir quand j'y songe : un regard long, profond, pénétrant, et si doux, si souriant, si paternel, que je sentis un flot de larmes s'élancer vers mes yeux. Voilà une minute, — car ce regard dura près d'une minute, — que je n'oublierai pas de sitôt. Cet instant a passé inaperçu pour mes deux compagnons. Ce fut un échange d'impressions intimes entre le roi et moi. « Qui es-tu? sem« blait dire le roi. Tu parais bon, tu as bien travaillé, « mais resteras-tu fidèle? M'aimeras-tu jusqu'au bout? »

Et moi je répondais de mon mieux en soutenant ce regard : « Vous voyez bien que je vous aime, et que je « suis à vous. »

« Mais il n'y avait pas moyen de rester calme plus longtemps sous ce regard brillant, et je finis par courber la tête en signe de respect et d'obéissance.

« Mgr de Kernaëret exposa ensuite ses idées sur la presse.

« Vers onze heures, quand le roi vit que nous avions dit tout ce que nous voulions, il nous tendit la main.

« — Allons, au revoir, chers messieurs, et il tint longtemps nos mains dans les siennes, vous n'oublierez pas M. de Maquillé et M. de Quatrebarbes. Merci encore pour vos actes et pour vos travaux, continuez, et au revoir. »

« Et comme je sortais le dernier, longtemps encore nous nous regardâmes, lui souriant, ému, scrutateur, et moi confiant, heureux, triste seulement de me retirer si vite.

« La porte se referma et nous nous trouvâmes avec MM. de Foresta et du Bourg et la marquise de Foresta.

« Après un instant d'entretien, nous revînmes à l'hôtel.

« MM. du Bourg et de la Bouillerie sortent d'ici il y a quelques minutes. Ils nous ont dit que le roi avait été très content de nous, que nous étions dans ses idées.

« Le pauvre roi a dû faire un grand effort pour nous recevoir. Il s'est recouché de suite après nous avoir vus. Nous devons donc lui être très reconnaissants. Il a les traits tirés, fatigués, mais l'œil est vif, la main preste. La tête se tient naturellement droite et un peu renversée. Je regrette de ne l'avoir vu que pendant trois quarts d'heure. Mais qu'eût-il pu me dire qui valût mieux que ce regard de roi que j'emporte dans mes yeux et dans mon cœur ? »

Réjoui, fortifié par ce voyage dans son zèle royaliste, Hervé-Bazin se remit à l'œuvre. Il avait surtout le désir de mener à bonne fin ce travail des « Grandes Ordonnances », dont il écrivait encore à l'un de ses intimes amis :

« Nous travaillons avec une persévérance, et j'ajouterai avec une espérance tenace qui doivent vous paraître bien étranges ! Espérer de nos jours ! Préparer des travaux de retour pour la future monarchie ! Mais vous le savez, mon bon ami, ceux-là seuls agissent qui ont au cœur cette petite fleur d'espérance que Dieu laisse pousser même sur les nations en pourriture. Et nous travaillons, et nous réformons, et nous détruisons les abus, et nous délivrons la liberté de ses chaînes, et nous refaisons, sur le papier, une France superbe, qui fera envie au monde entier[1]. »

Hélas ! ce beau rêve touchait à sa fin. Le prince qui avait inspiré tant et de si absolus dévouements, l'objet de tant d'espérances, celui qui, dans la pensée de beaucoup de Français, était désigné pour relever la France et la rétablir dans les voies chrétiennes, allait mourir.

Au moment où la nouvelle d'une aggravation subite

[1] Lettre à M. Paul de Monvallier.

dans l'état du prince arriva en France, Hervé-Bazin se trouvait au Patys. Ce fut pour lui un coup affreux.

« Je suis atterré, écrivait-il, et je ne veux pas entrevoir toutes les conséquences qu'aurait la mort. Il sera toujours temps de les rechercher si Dieu se refuse à écouter nos prières. Mais en attendant le dénouement de ce grand drame, ma vie est comme paralysée et suspendue[1]. »

On demandait un miracle. Dieu, dont les jugements déroutent nos espérances, ne l'accorda pas. Le 24 août 1883, le comte de Chambord mourait. La branche aînée des Bourbons s'éteignait, et ce dévouement au roi, qui avait été la joie, le ressort, le mérite de tant de fidèles serviteurs, s'effondrait avec elle. Il y eut de vraies larmes, et des plus nobles, des plus désintéressées, dans bien des familles de France. Plusieurs désespérèrent, et ne purent se relever d'un pareil coup. D'autres, profondément troublés, durent faire appel à toute la fermeté de leur raison, à toute l'énergie de leur patriotisme pour se souvenir qu'un homme, si grand qu'il soit, si nécessaire qu'il ait paru, n'emporte pas avec lui les destinées d'une nation, et que les regrets, même les plus légitimes, n'autorisent personne à déserter le poste du devoir et du combat. Hervé-Bazin, frappé d'une douleur dont nous avons été témoins et qui ne s'effaça jamais, ne se crut point dispensé d'agir parce que l'avenir se faisait plus difficile et plus sombre.

---

[1] Lettre au marquis de Moussac.

Il commença par faire son examen de conscience. Il repassa ses souvenirs, résuma sur son cahier les efforts qu'il avait tentés, surtout « pendant ces trois dernières années, années radieuses, que je ne retrouverai plus », ses écrits, ses vingt-six conférences, où il avait parlé du roi, de son programme, de la monarchie, devant plus de trente mille auditeurs, et en face de ces vestiges d'une œuvre si joyeusement commencée, il écrivait :

« La mort du roi a clos ma jeunesse, brisé mes illusions, détruit mon beau rêve. L'heure de la lutte, de l'épreuve, de la contradiction est venue. O mon Dieu, je vous implore à genoux! éclairez-moi, dissipez les ténèbres qui enveloppent en ce moment mon esprit; indiquez-moi la voie à suivre, les chefs à écouter, les mauvais conseils à écarter; donnez-moi le courage nécessaire pour me défendre contre les impressions fâcheuses, les mouvements de colère ou de découragement. Accordez-moi le calme de l'âme et la paix du cœur indispensables pour mener à bien la nouvelle œuvre à laquelle m'appelle mon évêque, et faites que je n'aie jamais en vue que le bien à faire autour de moi! »

Cette œuvre à laquelle il fait allusion, c'était la fondation d'un nouveau journal. Avec ce tempérament de soldat discipliné, si remarquable chez lui, Hervé-Bazin, le jour de la mort du comte de Chambord, s'était rendu auprès de Mgr Freppel.

« Monseigneur, avait-il dit, j'avais deux chefs : votre Grandeur et le roi. Je n'en ai plus qu'un, et je viens me mettre à votre entière disposition pour défendre l'Église sous vos ordres. »

Peu de temps après, Mgr Freppel faisait appeler Hervé-Bazin :

« Monsieur Hervé, lui dit-il, j'ai absolument besoin d'un journal dans les circonstances présentes; fondons-le à nous deux... Vous rappelez-vous la fondation de l'Université ?

— Monseigneur !...

— Oui, oui... Vous seul pouvez diriger et faire réussir un semblable journal. »

Nous n'étonnerons personne en disant que cette œuvre de la fondation de l'*Anjou* fut une des plus laborieuses, une des plus ingrates de sa vie. Aucune tâche n'est plus délicate que celle-là en tout temps et partout. Elle l'était plus encore en province et à cette époque, au milieu de la grande confusion des esprits. Le rêve d'Hervé-Bazin eût été de grouper de nouveau les forces de l'ancien parti royaliste, qui se dispersaient à l'aventure.

« Tout va bien jusqu'ici, écrit-il, le journal l'*Anjou* est fait; il est quatre heures, je vais à l'imprimerie. Mgr Freppel nous a envoyé ce matin sa bénédiction « pour le journal et son cher directeur ». Nous avons eu la messe à sept heures et demie. »

« Mon cher ami, écrit-il encore, je suis à demi mort de fatigue. Je vous ai envoyé le premier numéro de l'*Anjou*. Le grand et admirable article du début est de Mgr Freppel. J'ai accepté la direction pour me secouer un peu. Je suis tellement occupé, étant seul, que je n'ai pas le temps de penser et de pleurer.

« J'espère que Dieu me saura gré de cette entreprise chrétienne. Priez pour votre pauvre ami[1]. »

Les articles de l'*Anjou,* qui développaient les différents points du programme catholique, reçurent de très hautes approbations, qu'une réserve que l'on comprendra nous empêche de citer. Plus près de lui, soit à Paris, soit dans la province qu'il habitait, Hervé-Bazin trouvait des encouragements et des appuis qui l'indemnisaient un peu de toute la peine que lui coûtait ce labeur du journalisme. La largeur de ses vues, la franchise de ses convictions, le mettaient à l'abri des mesquines polémiques, des personnalités blessantes. Aussi le vit-on conquérir rapidement dans la presse une considération que l'orateur s'était déjà faite dans les luttes de la parole.

Mais les éloges ne suffisent point à une vie de devoir. Ils peuvent y encourager : ils ne sauraient l'inspirer. A mesure qu'Hervé-Bazin vieillissait, il aimait à se pénétrer davantage de l'esprit de foi, de ce qu'on pourrait appeler les tendresses de la piété catholique.

Dans une de ses lettres, citée plus haut, où il parle de la fondation de l'*Anjou,* il annonce ainsi à l'un de ses amis une autre nouvelle :

« Je suis entré, dit-il, dans le tiers ordre de Saint-François d'Assise, et je m'appelle devant Dieu le frère François. Je suis extrêmement heureux de cette grâce, qui m'a donné un redoublement de courage, de patience et de gaieté. »

---

[1] Lettre au marquis de Moussac.

« Il faut cela, écrivait-il [1], en annonçant cette nouvelle à un autre ami, pour donner du courage et de la force dans ces temps atroces. »

C'est le lundi 29 octobre 1883 qu'il fut reçu dans le tiers ordre par le R. P. Léopold de Chérancé. Il en ressentit une vive joie, et à dater de ce jour nous constatons, à la gloire de saint François, que la piété du nouveau tertiaire, qui était grande, prit encore un nouvel élan. Comme il était apôtre par le fond de l'âme, il ne fut pas plus tôt tertiaire qu'il eût voulu que tout le monde le fût. Il parlait fréquemment à ses amis, à ses parents, du bonheur qu'il trouvait là, afin de les y attirer avec lui. Les petites réunions du premier dimanche du mois, au couvent des capucins, où l'on chante l'office en commun, le ravissaient. Il se réjouissait d'avoir pour voisin un bon vieillard d'une position très humble :

« Ah! disait-il, on me met toujours à côté de bons vieux qui vont mourir. Voilà deux fois que la place se vide à côté de moi! »

Il assistait aux humbles obsèques de ses frères en saint François, se révélant ainsi comme tertiaire à ceux qui le voyaient traverser les rues de la ville parmi les confrères rangés, suivant l'usage, aux deux côtés du catafalque. Les obligations du tiers ordre lui étaient chères, et le matin après sa prière il récitait les douze *Pater* et les douze *Ave* qui, depuis les changements apportés à la règle par Léon XIII, remplacent l'office qui se récitait auparavant chaque jour. Même quand sa

[1] Lettre au marquis de Moussac.

santé fut atteinte, il jeûnait la veille de la fête de saint François et la veille de l'Immaculée Conception, jeûnes prescrits par la règle. Dans la paroisse qu'il habitait à la campagne, il alla plus d'une fois trouver son curé pour le prier d'organiser une congrégation du tiers ordre :

« Vous avez plusieurs tertiaires isolés, monsieur le curé. Groupez-les. Faites-nous des réunions. Bientôt d'autres se joindront à nous. Voyez, le brave X*** pourrait très bien en faire partie, et Z*** est tout indiqué, ils sont tertiaires de cœur par leur piété, avant de l'être de fait. Attirons-les. Il y a tant de grâce dans l'ordre de Saint-François ! »

A partir de cette époque aussi sa modestie et sa simplicité, deux vertus dont il avait toujours eu le germe et qui sont particulièrement franciscaines, se développèrent et s'affirmèrent. La pensée de saint François lui était toujours présente. Il voulut mettre sous le patronage du saint la sixième fille que Dieu lui envoya peu après, le 20 novembre 1883.

Deux jours plus tard eut lieu le baptême de l'enfant. Le marquis de Moussac, pour lequel Hervé-Bazin avait une affection fraternelle, fut parrain de la petite Françoise, et une circonstance touchante marqua la cérémonie. Il y avait, dans l'église, la première communion des petits « artistes voyageurs ». Cette expression, inventée par une charité délicate, il faut en avertir le public, n'est que la traduction chrétienne du mot saltimbanque. Les enfants récoltés pendant une des foires dans les cirques et les baraques foraines, instruits et habillés par les soins d'une œuvre locale, font leur première ou leur seconde communion dans l'église Saint-Joseph. Et c'est l'occasion d'une fête charmante. Les petits « artistes voyageurs » chantaient donc lorsque la nouvelle née entra dans l'église; ils furent invités à prier pour elle, et, quand la cérémonie fut achevée, « le parrain et la marraine, dit la *Semaine religieuse* d'Angers, distribuèrent aux jeunes communiants la plupart des dragées du baptême. Françoise-Élisabeth-Marie, que la prière des pauvres soit ta sauvegarde en cette vie, comme le rayon de leur bonheur vient d'illuminer ton berceau ! »

Oui, la foi chrétienne était la vraie force et la joie d'Hervé-Bazin. C'était elle qui lui faisait écrire sur son cahier rouge ces lignes qui commencent par l'expression de la lassitude de l'homme, et qui se terminent par une si belle prière du chrétien.

« Je vais tous les matins à huit heures dans la rue Saint-Georges, n° 18, au second étage, rédiger mes articles et faire des coupures pour l'*Anjou*.

« Parfois la patience me manque, et cependant c'est surtout en cette matière que la patience est nécessaire.

« J'ai eu le bonheur de voir plusieurs de mes articles reproduits par un grand nombre de journaux de Paris et de province comme une œuvre chrétienne.

« Nous vivons à la vapeur. Plus de conférences, plus d'enthousiasme, plus de comités, plus de discipline, plus de direction, plus d'ardeur. Un grand silence s'est fait dans le pays. On commence à sentir les conséquences de la mort du grand roi que nous pleurons toujours.

« Oui, je vous pleure toujours, ô mon cher roi ! Je m'en veux de ne pas vous avoir mieux servi, et je me dis tout bas : Quel ne sera pas mon regret, quand je verrai la mort venir, de n'avoir pas mieux servi le grand roi, le roi bien-aimé du ciel !

« O mon Dieu, je vous prie sincèrement et ardemment, faites que j'aie pour vous et pour votre service la même passion que j'avais pour le service d'Henri de France. Rallumez la flamme de mon enthousiasme, et rendez-moi cette vigueur et ce zèle afin que je les emploie pour votre Église. Comment et de quelle façon ? Vous le savez mieux que moi. Faites que je vous aime réellement, le reste viendra ensuite. Je me sens brisé et comme mort : réveillez-moi et rendez-moi la vie ! »

X

Seconde édition du *Traité d'Économie politique*. — Conférences de Bordeaux, le Havre, Rouen, Caen, Arras, Séez, Alençon. — Une candidature.

En 1884 et 1885 s'ouvre et se continue une nouvelle campagne de conférences. Le talent de l'orateur est arrivé à sa maturité. Hervé-Bazin se sent de plus en plus porté vers les sujets sociaux ou religieux. Il choisit ceux-là de préférence à tous autres pour les exposer en public. Et ce mouvement de son esprit s'accuse encore par une refonte de son *Traité d'Économie politique*. Depuis l'époque où avait paru la première édition, les idées économiques d'Hervé-Bazin s'étaient modifiées quelque peu. Des problèmes nouveaux avaient également surgi, sur lesquels il devait indiquer au moins son jugement. Il avait eu, sur tous ces points, des conversations et une correspondance active avec plusieurs de ses amis, et notamment le marquis de la Tour du Pin Chambly. Aussi lorsque, en 1884, il fallut rééditer l'ouvrage, le texte fut remanié, la doctrine d'une réglementation modérée du travail, d'une intervention restreinte de l'État dans la protection de l'ouvrier, de la corporation libre, en un mot les théories sociales émises à cette époque par l'œuvre des Cercles catholiques d'ouvriers, lui avaient paru en général très heureuses; elles lui avaient semblé bien appropriées à un temps où, selon lui, un des principaux dangers était l'individualisme. Et loyalement, comme il faisait toutes choses, il donna son adhésion à ces doctrines dans plusieurs passages du livre.

« Il est impossible, dit-il à la fin de la nouvelle introduction, de traiter en quelques mots de si hautes et de si belles questions. Nous nous bornerons à dire que le but poursuivi par cette école[1] est la restauration d'un *état social chrétien*, d'abord dans le monde du travail, par le rétablissement d'un *régime corporatif* approprié aux conditions de l'industrie moderne et conforme à la justice sociale par un égal respect des droits du patron et de l'ouvrier. L'association professionnelle doit être considérée, en effet, comme une association naturelle venant après la famille, et offrant à l'État les plus grandes garanties de stabilité et de paix. C'est pourquoi l'État ne doit pas hésiter à remanier la législation économique dans le sens de cette union de la famille ouvrière et à la mettre d'accord, d'une part, avec la situation de l'industrie actuelle en ce qu'elle a d'acceptable, et, d'autre part, avec les traditions chrétiennes

---

[1] « ... L'*économie chrétienne*, qui s'est produite avec tant d'éclat à la tribune française, dans les discours de M. le comte de Mun, au sujet des syndicats professionnels et de la crise économique, et qui a reçu, à la même tribune, la haute confirmation de la parole de Mgr Freppel, évêque d'Angers. »

corporatives. Cette pensée se dégage comme la conclusion naturelle de notre étude historique sur les diverses écoles économiques qui se disputent le monde du travail. »

Les discours d'Hervé-Bazin portaient aussi la marque de cette direction nouvelle de son esprit.

Au début de l'année 1884, il fait une première conférence, sur l'invitation des Cercles catholiques d'ouvriers, à l'Alhambra de Bordeaux. Le succès en fut grand, si grand que le journal opportuniste *La Gironde* sentit le besoin de réfuter les arguments présentés par Hervé-Bazin en faveur de la réconciliation du monde du travail avec l'Église, et dit en parlant de lui :

« S'il est un danger que ne courent point nos sociétés démocratiques actuelles, c'est bien, ce me semble, celui de retomber sous le joug du prêtre, qu'il porte ou non la soutane, qu'il s'appelle de Mun, Hervé-Bazin ou Freppel. »

A cet éloge involontaire du journaliste, associant le nom d'Hervé-Bazin à celui de deux des chefs les plus vaillants du parti catholique, vinrent se joindre les félicitations des hommes les plus distingués de la société bordelaise : M. Paul Princeteau, le baron de Montbel, le comte Gérard de Montesquieu, le comte des Grottes, le vicomte de Roussy, et beaucoup d'autres que nous ne pouvons citer, qui remerciaient chaleureusement l'orateur et lui disaient dans leurs lettres le bien qu'il avait fait.

La même année, Hervé-Bazin parle encore à Nantes,

au Havre et à Rouen, sur la question sociale. Au Havre, il demande le retour à un système rajeuni de corporations ouvrières. Son discours se termine ainsi :

« L'entreprise que nous poursuivons est difficile, mais moins difficile qu'on ne le pense généralement. Elle est digne d'un Français et d'un chrétien; elle est digne de vous, Messieurs.

« Joseph de Maistre a dit : « Il faut à l'homme une « grande violence pour détruire l'ordre des choses, mais « pour le rétablir, il rencontre des facilités providen- tielles. »

« Ayons donc confiance dans l'avenir.

« Quand un fleuve a débordé, ses eaux couvrent la plaine; on ne voit qu'un immense marécage. Mais, vienne le beau temps, les eaux se retirent; peu à peu on découvre quelques îlots, des oasis, puis le fleuve rentre complètement dans son lit, et la plaine reprend sa parure et retrouve son ancienne fécondité.

« Ce fleuve impétueux qui a débordé, c'est le flot ré- volutionnaire; ces rares îlots que nous voyons poindre çà et là, ce sont nos associations. Encore un peu de patience et d'efforts généreux, et bientôt nous verrons une végétation nouvelle, luxuriante, qui fera la France plus belle qu'elle ne l'a jamais été. »

L'année suivante, Hervé-Bazin, à qui l'on demande de tous côtés l'appui de sa parole, se rend à Arras et à Caen (mai 1885); à Séez (8 juin 1885), où il est reçu avec une particulière bienveillance par Mgr Trégaro, et à Alençon (juin 1885).

La conférence de Caen avait été, on peut le dire, par exception, une conférence politique. Les élections législatives étaient proches en effet, et Hervé-Bazin avait été appelé pour exposer le programme des revendications catholiques dont devaient s'inspirer les candidats conservateurs. Il réussit dans cette tâche toujours délicate, et un journal local écrivait le lendemain :

« Ç'a été un des plus admirables discours que nous ayons entendus. Rien ne saurait peindre l'effet produit sur les assistants par les accents chaleureux de l'éloquence de M. Hervé-Bazin. Les salves d'applaudissements se succédaient, et c'est à grand'peine que le marquis de Fournès a pu, avant de lever la séance, annoncer à l'assemblée que, pour donner une sanction effective à l'entraînante parole que l'on venait d'entendre, le Conseil de patronage du journal l'*Éclaireur* avait nommé une commission électorale préparatoire. »

La France, nous venons de le dire, se préparait à voter pour le renouvellement de la chambre des députés. L'heure paraissait propice à beaucoup d'esprits pour grouper l'opposition sur le terrain religieux, et pour confier à des mains jeunes, à des hommes nouveaux, le soin de défendre le drapeau. Dès lors on devait penser à Hervé-Bazin, et, en effet, son nom fut mis en avant parmi ceux des candidats à la députation pour le département de Maine-et-Loire. Comment naquit cette candidature? A plusieurs reprises des ouvertures avaient été faites à Hervé-Bazin, notamment par des hommes politiques de deux départements voisins du Maine-et-

Loire et en Bretagne. Il n'avait pas cru devoir accepter. En 1885, l'initiative ne vint pas davantage de lui. Elle fut prise par des amis trop influents et dont il était trop habitué à suivre le conseil pour qu'il ne se sentît pas ébranlé. Sans doute la pensée qu'un jour peut-être il serait député avait traversé ses rêves de jeunesse, mais, au moment où elle parut prendre forme, il n'ignorait plus les obstacles qui se dressaient devant lui. Les illusions étaient tombées, et il se demandait seulement où était le devoir.

« Je suis l'homme de l'évêché, écrivait-il sur son cahier rouge, l'homme de la monarchie chrétienne, on ne voudra pas de moi. Au fond du cœur je ne crois pas que ma candidature tienne jusqu'à la fin. Cela me fera certainement quelque peine, au moins les premiers mois, et s'il en était ainsi j'aurais préféré que personne ne songeât à moi. Mais je suis et veux rester dans la main de Dieu, je n'ai point provoqué cette candidature, c'est à lui de décider si elle doit ou non être maintenue, et si je puis faire quelque bien à Paris. »

Le 15 janvier, le *Réveil de l'Ouest,* journal monarchiste, annonçait qu'il porterait Hervé-Bazin comme candidat aux élections.

Un peu surpris par cette publicité qu'il n'attendait pas, et par la nouveauté de la situation où elle le mettait, Hervé-Bazin voulut, avant de s'engager, ou plutôt de se laisser engager davantage, consulter encore plusieurs de ses amis. Les lettres qu'il leur adressa montrent bien l'état de son esprit et quel souci de son devoir de chrétien le préoccupait tout d'abord. Il écrivait à l'un d'eux :

« Je vous le demande avec la plus entière franchise, absolument dévoué et prêt à tout, croyez-vous que je puisse tenter sans péril cette aventure? Ma seule peur est de compromettre en ma personne l'homme d'œuvres. C'est une chose que je ne puis juger moi-même, et que je remets au jugement de ceux qui me connaissent et qui m'aiment. Raisons de fortune et de position ne sont rien à côté : réflexion faite, je les laisse pour ce qu'elles valent. Mais la première objection me frappe, car je ne veux diriger ma vie qu'en vue du bien à faire et du mal à combattre.

« Je sais qu'il y a du pour et du contre... Depuis trois jours, nous avons commencé une neuvaine, et je vous prie de vouloir bien penser à moi dans vos prières[1]. »

Ceux qu'Hervé-Bazin consultait ainsi furent unanimes à lui conseiller de suivre résolument la voie qui s'ouvrait à lui.

M. le comte de Mun lui répondait :

« Tout mon cœur est à cette affaire, dont le succès serait une victoire pour la cause, la nôtre, à nous, celle de l'œuvre, et une immense joie pour moi. Il faut réussir : votre place est là et vous avez trop de bien à y faire, trop de services à y rendre pour qu'on ne fasse pas l'impossible. Surtout prions Dieu de nous aider.

---

[1] Lettre à Mgr de Kernaëret.

Unissons-nous pour cela. C'est pour lui que nous voulons réussir. »

« ... Ce n'est pas d'aujourd'hui, écrivait de son côté M. le comte J. de la Bouillerie, que je pense que vous devez arriver à la députation. Je n'ai point en ce moment à embarrasser votre modestie de mon opinion sur votre valeur personnelle, et je laisse de côté tout ce qui pourrait vous paraître toucher au compliment. Vous avez tout ce qu'il faut pour que l'on songe à faire de vous un député ; vous êtes connu, vous avez fait vos preuves devant le public, vous êtes un homme de principes, vous savez et vous travaillez. Et puis vous êtes jeune, et vous avez toute l'ardeur qui est nécessaire pour la lutte,... vous devez ne pas hésiter à accepter. »

Nous pourrions citer dix autres lettres d'hommes également distingués, qui toutes s'efforçaient de vaincre les doutes d'Hervé-Bazin, et lui montraient, avec les mêmes sympathies, la même conviction. Hervé-Bazin crut qu'il ne pouvait refuser, et cela pour des motifs absolument supérieurs, comme on le voit, à ceux d'une ambition humaine, la candidature qui lui était offerte.

Mais ce qu'il avait prévu arriva.

Le comité conservateur refusa d'appuyer ce candidat trop compromis, et à la veille des élections, le 12 juillet 1885, une réunion convoquée par ce même comité décida, malgré les efforts de quelques amis d'Hervé-Bazin qui s'y étaient rendus, que son nom ne figurerait pas sur la liste des candidats conservateurs.

Il fallait entreprendre une campagne qui eût divisé

les forces conservatrices, ou renoncer à la vie politique. Hervé-Bazin aperçut tout de suite cette conséquence du retrait de sa candidature, et il l'accepta comme une chose voulue de Dieu. Il eut même, dans cette circonstance pénible de sa vie, une attitude dont ses intimes amis furent très frappés.

L'un d'eux, M. Henry de la Salmonière, une heure après la séance dont nous venons de parler, arriva chez Hervé-Bazin. Il cherchait comment il le consolerait de cet échec. Mais Hervé ne lui en laissa pas le temps. Il vint à lui, souriant, la main tendue :

« Ah ! mon bon ami, dit-il, que je suis content ! Voilà une bonne humiliation ! Que cela est bon pour un fils de saint François ! »

Et cette attitude ne se démentit pas. Dans les jours qui suivirent, Hervé-Bazin demeura gai, sans amertume contre personne, très persuadé que la volonté de Dieu s'accomplissait ainsi, et qu'il devait chercher autre chose, puisque ce moyen de faire du bien, la députation qu'il avait rêvée, venait de lui échapper.

XI

La croix de commandeur de Saint-Grégoire-le-Grand. — Toast à l'évêque-député. — Voyage dans les Flandres. — Humble jugement de soi-même.

Dans le courant de cette même année 1885, Hervé-Bazin avait été promu à la dignité de commandeur de Saint-Grégoire-le-Grand. Mgr Freppel, qui avait demandé à Rome cette haute distinction, voulant ainsi récompenser un homme dont il appréciait la valeur et les services, s'était fait une joie d'être lui-même témoin de l'étonnement et du premier élan de reconnaissance d'Hervé-Bazin. Il l'avait invité à dîner le jour de Pâques, et, sous la serviette du convive, par une délicate attention, le brevet calligraphié sur parchemin, sortant de la chancellerie pontificale, attendait le nouveau commandeur. Malheureusement, Hervé-Bazin était déjà parti pour la campagne au moment où l'invitation arriva chez lui, et la nouvelle de l'insigne honneur qui lui était fait lui parvint au Patys.

Comme toujours les amis furent prompts à se réjouir.

« Mon cher ami, écrivait l'un d'eux, l'excellent vicomte

de Chaulnes, qui devait peu de temps après disparaître de ce monde, la première parole du pauvre malade est une parole de félicitations. Cette croix de commandeur me fait autant de plaisir que m'en a fait la croix de chevalier qui me fut rapportée de Rome, il y a deux ans, par Mgr Coullié. Depuis longtemps je la rêvais pour vous, qui vous dépensez avec tant de générosité pour la bonne cause et qui naviguez avec tant de fermeté dans les eaux orthodoxes... J'aime et j'admire beaucoup Mgr d'Angers, mais je suis tenté de l'aimer encore davantage, d'avoir provoqué cette faveur de Léon XIII. »

Ce fut évidemment là la note de l'amitié. Quant à Hervé-Bazin, il donna, comme toujours, celle de l'humilité, et sur son cahier rouge, à la date de Pâques 1885, on trouve ces simples mots :

« Sur la demande de Mgr Freppel, le Saint-Père a daigné, le 10 mars, me nommer commandeur de Saint-Grégoire.

« C'est la plus haute marque de distinction qu'un homme puisse recevoir à l'heure actuelle.

« J'ai conscience que je n'ai pas mérité cette décoration. Je serai confus de porter cette croix. Mais je remercie Dieu du fond de mon cœur, et j'espère prouver ma reconnaissance envers le Saint-Père et Mgr Freppel en travaillant toute ma vie pour l'Église et la religion. »

Il disait vrai. Il était profondément reconnaissant, et il sut le prouver. Mais tout d'abord il chercha l'occasion d'exprimer publiquement cette reconnaissance qui débordait de son cœur.

Au mois de septembre 1885, Mgr Freppel, en tournée pastorale, vint visiter Andard, et fut reçu chez M. Pierre Hervé, au château de Rezeau, puis chez le curé de la paroisse. Hervé-Bazin et son frère assistaient à ces deux réunions, la première chez le chef de leur famille, la seconde dans cette cure d'Andard qui leur rappelait des souvenirs d'enfance; et c'est à quoi fait allusion le toast porté à l'évêque-député.

C'était au lendemain des élections, au lendemain par conséquent de la déconvenue personnelle qui avait atteint Hervé-Bazin. Celui-ci n'a pas même l'air de s'en souvenir, et il n'a de mots que pour célébrer le succès des autres.

Voyez plutôt :

« Monseigneur, dit-il, permettez-moi de saluer en Votre Grandeur l'évêque-député, réélu dimanche dernier par le Finistère. Si j'ose me lever ici, Monseigneur, sur l'invitation de M. le curé d'Andard, c'est que cette paroisse a été notre paroisse d'adoption, à mon frère et à moi, à l'époque déjà lointaine où, ayant eu le malheur de perdre nos parents, nous avons trouvé ce foyer nouveau que vous honoriez hier soir de votre présence, et c'est une dette de reconnaissance que j'acquitte aujourd'hui. Oui, Monseigneur, nous saluons en vous cette éloquence, enseignement du pays, à la fois si nourrie et si ferme que lorsque vous paraissez à la tribune, vos adversaires vous écoutent, et si mesurée dans les termes que, depuis quatre ans, ni Gambetta, ni Brisson, ni Floquet n'ont pu vous infliger un seul de ces avertissements qu'ils appellent des *rappels à l'ordre*. Mais ce n'est pas seulement le grand orateur, l'illustre défenseur de l'Église que nous saluons en vous, Monseigneur, c'est aussi l'homme d'autorité et de gouvernement. Voici des circonstances nouvelles, un mouvement nouveau, une réaction politique inattendue et favorable ; mais ce mouvement échouera s'il n'est pas bien dirigé; cette réaction sera infructueuse, comme en 1871, si elle n'a pas, dès le principe, un but déterminé, si la discipline ne règne pas à droite, et si toutes les forces catholiques et monarchiques ne sont pas tendues vers le même objet. Les difficultés sont grandes assurément, car l'homogénéité fera défaut, mais elles ne seront pas au-dessus de votre génie politique et de l'autorité qui s'attache à votre parole. Dans quelques semaines, Monseigneur, quand ce mouvement national sera tout à fait connu, catholiques et royalistes attendront de vous une direction dont ils auront absolument besoin et pour ne pas aller trop vite et pour ne pas aller trop lentement.

« C'est dans ces circonstances que la paroisse d'Andard est heureuse de vous féliciter la première, et que tous ici nous portons joyeusement et fièrement la santé de l'évêque, du député, de l'homme d'État vers lequel en ce moment la France entière a les yeux tournés. »

Mgr Freppel ne se laisse pas vaincre en délicatesse, et avec un à-propos dont son esprit, si merveilleusement juste, est coutumier :

« M. Hervé-Bazin, dit-il en substance, je regrette, en retournant à la Chambre, de ne pas vous y voir à mes côtés. Nous aurions bien besoin d'hommes tels que vous. Il n'a pas tenu à moi que vous n'y fussiez. »

Ce fut encore cette année-là qu'Hervé-Bazin, à l'occasion de sa conférence d'Arras, dont il a été question plus haut, voulut revoir l'Université catholique de Lille, où il comptait déjà de nombreuses relations, et visiter celle de Louvain. Les voyages un peu lointains, très rares dans sa vie, lui causaient une grande joie. Il y trouvait de nouveaux amis, de nouveaux motifs d'études, et de nouvelles raisons de louer Dieu, dont la pensée ne le quittait pas.

Il lia ou renoua connaissance avec Mgr Hautcœur, recteur de l'Université catholique, avec le comte de Vareilles-Sommières, Mgr Baunard, M. l'abbé Pillet, le docteur Guermonprez, M. Gustave Théry.

« Je viens de visiter les Facultés de droit et de sciences, écrivait-il ; c'est splendide, je suis dans l'enthousiasme.

« J'ai aussi causé longtemps avec le Père X... Il veut venir à Angers en mai, faire des conférences dialoguées dans lesquelles je serais son contradicteur ou son objectant, toujours battu, toujours content. Si cela peut être utile, j'y consens volontiers. »

A Louvain, où il fut reçu chez M. Victor Brants, le jeune et si distingué économiste, il visita l'Université, et ce fut le vice-recteur lui-même, Mgr Cartuyvels, qui voulut lui en faire les honneurs.

Cette excursion dans les Flandres lui laissa une très vive impression qu'il a consignée dans des lettres intimes :

« Bruges, 3 mars 1885[1].

« J'ai vu aujourd'hui un pays et un peuple d'autrefois. Il y a ici, dans toutes les villes, dans tous les villages, des églises et des beffrois magnifiques. Les cloches et

[1] Lettre à Mme Hervé-Bazin.

clochetons se succèdent sans interruption. Tout cela est en pierre de taille, un peu noire, s'effritant à la longue; tout cela parle à l'âme; tout cela rappelle un passé qui n'est plus; tout cela prouve que la religion est mère des arts, et que Luther a fait bien du mal. Le vieux sacristain de Saint-Bavon me l'a dit tantôt : « Les Flandres « ont été bien riches et bien grandes; c'était au temps « de la piété. A présent, il n'y a plus de piété, mais... ils « ne seraient pas capables de faire seulement le quart « de ma cathédrale. » Il avait bien raison, le pauvre vieux !

« La cathédrale de Gand, Saint-Bavon, est splendide, surtout le chœur. C'est dans les chapelles du chœur que sont les tableaux des maîtres flamands. Quelle belle et pieuse école, surtout au début ! Nos salons annuels font rire à côté de cela. Je donnerais les salons de dix ans pour un seul tableau de Van Eyck ou de Van Dyck. J'ai vu tantôt, à Saint-Bavon, un tableau qui a failli me faire pleurer. C'est un Van Eyck, représentant l'Agneau adoré par les hommes divisés en quatre groupes. Vous connaissez la gravure. Quand le bonhomme a ouvert les grands volets, j'ai cru avoir une vision du paradis. Je n'exagère pas. Je vous ai bien regrettée. Nous reviendrons un jour, tous deux, voir l'Agneau.

« Il y a des tableaux partout, et de vieilles maisons formant pignons, et des statues, et des sculptures, et des carillons. C'est éblouissant. Tout ce passé s'agite encore, comme une espèce de revenant, mais dans le vide. Il n'y a plus que des étrangers qui passent, avec leurs guides à la main, et payent un franc aux sacristains. Ce passé chrétien enrichit encore les hommes de notre temps. Supposez qu'il n'y ait pas d'églises en Flandre : qui irait voir les Flamands? Mon Dieu! que les hommes sont fous de ne pas comprendre des choses si simples. Une seule année du XIVe siècle vaut tout le XIXe siècle.

« J'ai vu aussi à Gand le béguinage, c'est bien drôle. Toutes ces bonnes figures, jeunes ou vieilles, passent dans leur *quartier* en vous souriant avec leurs dents blanches. Je ne comprends pas qu'il n'y ait pas partout des béguines. Je suis sûr que C... se ferait béguine. Nous irions la voir dans sa maisonnette, et dînerions de temps en temps avec elle, servis par les béguines pauvres... Elle était bien gentille, et me rappelait mes filles, celle qui m'a reçu tantôt. Elle n'avait pas vingt ans. Puis il en est venu une vieille, vieille, vieille, qui n'avait plus de dents et que de loin j'avais cru jeune parce qu'elle était vêtue de blanc. C'est si joli ce costume, rappelant celui de nos sœurs du Saint-Sacrement! Et quand je lui ai posé cette sotte question : « N'a-t-on pas le droit de « mettre à la porte une béguine qui se tiendrait mal? » elle a ri, oh! mais elle a ri, je crois bien que ce soir elle rit encore. Songez donc! une béguine qui se tiendrait mal!

« Et puis, j'ai vu une autre belle église, Saint-Michel, où il y a Notre-Seigneur en croix, de Van Dyck. Vous n'avez pas idée comme le Christ jaillit de l'immense toile. Il vit encore. Il souffre. On lui présente l'éponge. On l'entend qui dit : « Mère, voilà votre fils, » et on a beau s'écarter, voir d'autres toiles de grands maîtres, toujours ce beau Christ souffrant vous attire, vous fascine, vous appelle, et, rendu à la porte, on veut encore se mettre un instant dans un coin bien obscur pour revoir l'Homme-Dieu et lui jurer fidélité. Je ne sais pas encore comment les Flamands actuels ne sont pas tous peintres. Quant à moi, si j'étais né en Flandre, ma main tiendrait un pinceau et non une plume. Je ne ferais plus de discours. Je ferais des tableaux.

« Je pense que le beffroi de Gand est un peu plus haut que les plus hauts peupliers du Patys. Comme c'est joli d'entendre le carillon à ces hauteurs! Avaient-ils une grâce chrétienne, ces bons gros et vigoureux Flamands! A l'église, la cloche grave et pieuse. A l'hôtel de ville, le beffroi retentissant et gai. Je vous assure que c'est charmant.

« Il y a un rapport saisissant entre toutes ces villes-ci et celles que j'ai vues dans la haute Italie. Ce n'est pas le même style, évidemment, mais l'impression produite est la même : force, charme, grâce, abondance, enlèvement de l'âme vers un monde supérieur. Italiens et Flamands ne se sont pas consultés, mais, chrétiens ici et là, à cinq cent lieues les uns des autres, ils ont obtenu le même effet. Ah! que notre religion est belle! Qu'a fait le protestantisme? Qu'a fait le mahométisme? Qu'a fait le bouddhisme et, surtout, qu'a fait la libre pensée? Où est le chef-d'œuvre de l'athéisme? on l'attend encore, et on l'attendra longtemps.

« Ces pauvres Flamands! ce n'est pas *la nature* qui les inspirait : je n'ai pas vu de campagne plus plate. De Lille à Bruges, je n'ai jamais vu une colline haute comme celle de la Bellangerie. Pas d'arbres, sauf quelques peupliers. Des champs à perte de vue. Une Beauce perpétuelle, coupée d'une multitude infinie de maisons Il y a ici beaucoup d'enfants.

« Je n'ai encore fait qu'entrevoir la ville de Bruges avec sa magnifique cathédrale, une des merveilles de l'architecture gothique, son beffroi et son hospice Saint-Jean. Je verrai tout cela demain matin. Il paraît qu'il y a ici des Memling superbes. Je m'en réjouis. Je n'aime que les tableaux chrétiens, ayant du sentiment et s'adressant à l'âme, ou des paysages profonds faisant rêver. C'est pourquoi je ne suis pas encore réconcilié avec Rubens. Nous verrons à Bruxelles. Pourtant, à Saint-Bavon, j'ai vu un beau Rubens, admirable de coloris et de puissance et pas extravagant comme les toiles du Louvre. Mais pourquoi, dans un tableau destiné à être placé au-dessus du maître-autel, nous peint-il ses deux femmes, la première et la seconde ? Était-ce pour faire enrager la seconde qui vivait encore en lui montrant que la première, la blonde, était bien plus jolie avec sa grande coiffe ? C'est possible. Mais j'aime mieux Van Dyck. Tant pis si je dis des hérésies. Je m'en moque. Je suis la foule, je n'ai pas de prétentions savantes, et je vais où mon cœur me mène. Or, il m'a mené à Dieu, à vous et à l'art chrétien. Je ne puis pas lui faire de reproches.

« Que de photographies je voudrais apporter ! mais il faut être sage, même au sein de la dissipation. Ce voyage suffira pour me faire connaître la Flandre. Je n'ai pas besoin de vous dire à quel point tout ce que je vois me convainc de la nécessité d'un retour aux provinces et au régime provincial. »

Oh ! vraiment, c'est bien là maintenant l'idée maîtresse et on peut dire l'idée unique de sa vie : l'idée chrétienne. Qu'il écrive, qu'il parle ou qu'il voyage, c'est sous cet angle qu'il voit le monde ou du moins le petit coin du monde qu'il lui est donné d'apercevoir. C'est cette passion qui anime sa parole dans la tribune improvisée des conférences publiques, la seule où il doive monter; c'est elle qu'il retrouve, source toujours ouverte et jaillissante, quand il rentre au foyer et qu'assis à sa table de travail il entreprend un nouveau livre.

« Quand on est sur le terrain de notre œuvre des Cercles et de la religion, écrit-il à un ami, tout va à merveille; mais quand on touche à la politique, hélas! les défaillances et les préjugés se croisent. La consolation des coups répétés qui m'assiègent depuis quelques mois est d'avoir un ami comme vous. Je me plonge avec délices dans mes *Grandes journées de la Chrétienté*. La chrétienté! je ne vois plus que cela[1]! »

Il travaillait de son mieux, et de plus en plus, pour cette cause qu'il avait embrassée et qui, lentement, allait absorber toutes les autres en elle, de telle sorte qu'il n'en servait aucune qu'il n'aperçût pas dans celle-là. Il s'appliquait à ne pas perdre de temps. Le nombre de ses occupations l'y aidait, il est vrai, mais c'est une manière de perdre son temps que de l'émietter trop, et Hervé-Bazin cherchait à éviter ce danger des hommes trop chargés d'affaires. Un instinct, qu'il ne raisonnait pas et qu'il suivait sans le connaître, l'avertissait, d'ailleurs, que ce temps lui était compté désormais. L'oubli de soi-même devient chaque jour plus profond

---

[1] Lettre à M. Henry de la Salmonière.

chez lui. Envoie-t-il un travail à un congrès des œuvres catholiques, il écrit :

« Je ne signerai pas mon rapport, dont l'auteur restera inconnu. Cela ne m'empêchera nullement de le soigner, mais les applaudissements nous enlèvent les récompenses d'en haut, et c'est à celles-là que je tiens.

« J'aurai donc bien réellement travaillé pour le bon Dieu seul... Voilà, mon ami, tout le secret de ce petit complot. Gardez-le-moi. »

Et lui qui a déjà tant donné de son intelligence, de son cœur, de sa vie, il n'est pénétré que d'une seule chose, du sentiment du peu qu'il a fait et du désir de se donner davantage.

« Sommes-nous vieux ! C'est effroyable à penser ! Et qu'avons-nous fait jusqu'ici ? Rien ou à peu près rien pour l'Église. Car peut-on compter pour quelque chose notre bonne volonté ? Vous parlez de mon activité, vous avez bien tort. Vous avez fait bien plus que moi, sans bruit, au milieu de difficultés de toutes sortes. Vous avez prêté votre concours à toutes les grandes œuvres, et cela dès le premier jour, sans jamais hésiter. Ah ! mon ami ! je changerais bien ma part pour la vôtre vis-à-vis de Dieu, je vous en réponds. Les conférences, qu'est-ce que c'est que cela ? Vent et fumée je le crains bien !

« Enfin il nous reste du temps devant nous, si le ciel le permet. Nous l'emploierons de notre mieux. Je vous embrasse fraternellement[1]. »

---

[1] Lettre au marquis de Moussac, 13 juin 1885.

XII

Hervé-Bazin et les jeunes gens. — La Conférence Saint-Louis. — Lettres à des jeunes gens. — A un futur publiciste. — Après un examen heureux. — Au même après un échec. — A un étudiant qui avait perdu sa mère. — Pour inviter à une retraite. — Au même. — Au vicomte Robert de Roquefeuil. — Pour demander un service pour les Œuvres. — A un découragé. — Au même. — Au même. — Autres lettres. — A un poète. — A un inquiet. — Avant le mariage. — A un jeune bachelier avant son entrée au Séminaire. — Quelques réponses.

Hervé-Bazin aimait les jeunes gens d'un amour de prédilection, non pas avec cette tendresse banale qui s'épanche en vaines flatteries, et cherche auprès d'eux une popularité facile, mais d'une forte et pratique affection. Il les connaissait bien, étant demeuré jeune par tout ce qui peut ne pas vieillir chez nous, l'élan de l'âme, la générosité, la promptitude du dévouement. Il voyait en eux, comme il le dit, l'avenir de la France et de l'Église. Il pensait qu'ils peuvent rendre d'inappréciables services dans le champ des œuvres chrétiennes.

Une page du *Jeune homme chrétien* montrera le but vers lequel le professeur poussait les générations sans cesse renouvelées autour de lui.

« Il est plus que jamais nécessaire, dit-il, que le jeune homme chrétien soit instruit, car il a charge de l'honneur de l'Église.

« Il est nécessaire qu'il soit instruit, parce qu'il n'arrivera à rien de sérieux, dans aucune carrière, sans une instruction solide et étendue.

« Il est nécessaire enfin qu'il soit instruit, parce que l'instruction seule permet de servir efficacement l'Église et la Patrie. Le chevalier avait son épée, le jeune homme a son savoir. Les armes sont différentes, le but est le même.

« Trois grands mobiles imposent donc au jeune homme un travail persévérant : l'honneur, l'intérêt personnel et le patriotisme chrétien.

« L'honneur d'abord. On sait qu'en effet une levée de boucliers s'est faite contre l'Église, au nom d'une prétendue science qui infirmerait ses dogmes et son culte. Les rationalistes sont allés partout chercher des arguments : refoulés de l'histoire où ils avaient entassé mensonges sur mensonges, ils se sont repliés sur certaines découvertes modernes, notamment dans les sciences naturelles, pour attaquer l'Église, et ils ne cessent, dans leurs revues, sous toutes les formes, souvent même contradictoires, de lancer leurs traits perfides contre notre foi. Dans cet état de choses, il ne faut pas qu'ils puissent dire, en parlant des catholiques : « Ils ne savent rien ! » Les jeunes gens se tiendront, au contraire, au courant des grandes découvertes faites de nos jours, ils suivront les démonstrations historiques et scientifiques de plus en plus convaincantes en faveur de la religion, et ils s'efforceront de très bien écrire et de très bien parler leur langue pour être en mesure de répondre, quand l'occasion s'en offrira, à ceux qui croient que la science et la foi sont inconciliables. Alors on dira d'eux : « Ils savent, et leurs maîtres les ont bien instruits. » Ce sera un triple honneur et un triple profit pour la jeunesse chrétienne, pour l'enseignement catholique et pour l'Église.

« L'intérêt personnel exige également que le jeune homme chrétien ne recule devant aucune difficulté pour acquérir le plus d'instruction possible. L'homme ne compte que pour ce qu'il sait. Il est comme placé sur le plateau d'une balance qui s'élève d'autant plus que l'autre plateau est plus chargé du noble poids de la science. Que le jeune homme prenne garde à sa responsabilité future dans un pays révolutionnaire comme le nôtre : la vie peut le conduire à mille situations inattendues, où il brillera et fera du bien s'il sait, où il sombrera et fera du mal s'il ne sait pas. Aujourd'hui que la patrie, en péril de mort, a convoqué le ban et l'arrière-ban de ses meilleurs enfants, il faut que les conseils généraux, le parlement et les œuvres catholiques se peuplent de chrétiens instruits. Prenez donc pour vous, jeunes gens, le conseil de César luttant contre les soldats de Pompée, et « visez à la tête » ! Ne donnez point de prétextes à votre paresse; ne dites point : « Pour « moi, je ne veux être que ceci ou cela, et je n'ai pas « d'ambition. » Ce serait une lâcheté déguisée sous une fausse humilité, et, puisque vous avez du sang chrétien et français dans les veines, marchez à la conquête de l'influence et de l'autorité dans votre pays. Seulement alors, vous en conviendrez, il vous faut de l'instruction, car les adversaires que vous rencontrerez en auront, et, vous pouvez vous y attendre, ils feront feu contre vous de toutes leurs pièces. Vous devrez répondre à leurs coups par la parole ou par la plume, dans les conférences ou dans la presse, et non seulement répondre, mais prendre à votre tour l'offensive, ce qu'on oublie trop de faire parmi nous.

« ... Mais ce n'est pas tout. Dans la position où Dieu vous aura placés, dans la carrière que vous aurez choisie, vous ne pourrez avancer que si vous êtes instruits. Ignorants, vous rencontrerez vite le point auquel vous serez arrêtés. Oh! sans doute, dans les premières années, qui n'exigent que des aptitudes générales et du bon vouloir, vous pourrez faire quelque figure, mais bientôt on demandera de vous quelque chose de plus, et si vous ne pouvez le donner, on le demandera à d'autres. Vous verrez alors ceux qui n'avaient pas au début vos dispositions, ni même votre bonne volonté, vous passer sur le corps et marcher en avant. Épargnez-vous, mes jeunes amis, épargnez-vous ces cruelles humiliations, dont vous sentirez plus tard le poids et l'amertume, alors que vous serez peut-être mariés et que vous aurez charge d'enfants, et pour vous les épargner, pour vous préparer une vie digne et noble et réussir dans votre carrière, instruisez-vous.

« ... Mais il est un troisième motif qui vous presse de mettre à profit votre jeunesse pour augmenter votre savoir, et ce motif aura sans doute une grande action sur votre âme : c'est le patriotisme chrétien. La France a besoin de vous dans quelque sphère que vous soyez placé, et vous ne lui rendrez d'utiles services que si vous êtes instruit,... soyez un laborieux pour pouvoir être plus tard utile à votre pays.

« Laissez-moi vous le dire : le jeune homme qui travaille est certain de réussir. Les épreuves, les soucis, les traverses viendront peut-être; peu importe : il réussira. Les hommes se ligueront peut-être contre lui, par envie, par jalousie ou par humeur; peu importe : il avancera. La maladie, l'infortune ou des accidents quelconques l'arrêteront peut-être un moment; peu importe : il arrivera. L'expérience a toujours confirmé cette règle qui n'a pas d'exceptions. On voit des hommes oisifs qui tout à coup saisissent l'opinion, et semblent sur le chemin des honneurs et du pouvoir. N'y croyez pas : ce sont des météores. Ils brillent une heure et disparaissent, et le vent qui les emporte est encore plus rapide que celui qui les a amenés à l'horizon.

« Ne craignez donc rien, jeunes gens qui travaillez, et surtout ne vous agitez pas. Il est inutile de chercher des occasions de faire briller un talent de parole ou de plume, ou de machiner de petites trames pour arriver plus vite : l'heure sonnera toujours assez tôt. Plus vous serez simples, modestes et laborieux, plus on ira à vous, et l'on a vu des gens que la foule fuyait quand ils allaient vers elle, ne plus savoir comment fuir la foule, quand ils ne recherchaient plus ses faveurs.

« Un jour viendra, ne le hâtez pas, où les hommes remarqueront votre savoir, et convoiteront votre concours. Ce jour-là, vous serez maîtres de la place, et vous bénirez cette laborieuse jeunesse qui vous aura donné les armes avec lesquelles vous pourrez faire le bien. »

Ces lignes montrent vers quelles nobles ambitions Hervé-Bazin poussait les jeunes gens qui l'approchaient. Et cela seul suffirait à expliquer l'affection qu'ils avaient pour lui, car un des plus sûrs moyens de s'attacher la jeunesse, ce n'est pas de la louer dans le présent, c'est d'avoir de son avenir une idée plus grande encore qu'elle n'en a elle-même.

Pour élever et entraîner ainsi l'esprit des jeunes gens, l'enseignement du professeur était déjà un moyen, Hervé-Bazin ne le négligeait pas. Mais, en dehors du cours, il estimait qu'un professeur d'Université catholique a le devoir de s'intéresser encore à ses élèves, de les connaître, de se faire aimer d'eux pour exercer une action bienfaisante.

Il pensait que le maître chrétien n'est pas seulement un professeur, mais un éducateur qui n'a rempli que la moitié de son devoir quand il a distribué l'enseignement aux intelligences. Il lui reste des hommes à former, et c'est la plus noble comme la plus difficile partie de sa mission. Peut-être les élèves des Facultés catholiques d'Angers ont-ils conservé quelque chose des leçons d'économie politique d'Hervé-Bazin, de ses doctrines sur le libre-échange, sur la monnaie fiduciaire ou la circulation des richesses. Mais si le professeur s'en était tenu là, croit-on, en vérité, qu'il aurait exercé une influence bien profonde sur leur vie? Au contraire, qui peut dire le bien immense qu'a fait et que fait encore, à ces jeunes gens devenus des hommes, la parole ou plutôt le dévouement de ce maître dont le cœur les cherchait, les poursuivait, les relevait si bien?

Pour atteindre ce but, Hervé ne négligeait donc aucun

moyen. Ainsi, chaque année, il avait coutume de réunir les étudiants auxquels il enseignait l'économie politique, et de leur faire visiter quelqu'une des grandes usines d'Angers, les fabriques de cordages, de toiles à voiles, les filatures de laine, les carrières d'ardoise, dont les patrons faisaient les honneurs de la façon la plus obligeante et la plus intéressante. Il s'amusait lui-même de se voir, escorté de quinze ou vingt jeunes gens, qui se disputaient le plaisir de se trouver près de lui, traverser la ville au grand ébahissement des promeneurs, qui se demandaient ce que pouvait bien être cette pension sans uniforme et si libre d'allures. Arrivé au but, on visitait tout, les machines, les ateliers, on apprenait les perfectionnements introduits, les méthodes nouvelles, les principaux centres de concurrence, on s'enquérait du gain des ouvriers, des droits protecteurs, etc. Hervé-Bazin ne provoquait pas seul les explications des directeurs, il engageait les jeunes gens à poser des questions, sachant bien qu'ainsi ils retiendraient mieux la réponse. Et la visite s'achevait joyeusement, comme elle avait commencé, et l'on revenait, blanc de poussière de chanvre, ou bleu de poussière d'ardoise, en se donnant rendez-vous pour une autre fois ou pour une autre année.

Exemple excellent, ce nous semble, et qui méritait d'être suivi. L'éminent secrétaire général de la Société d'économie sociale, M. Delair, l'écrivait à Hervé-Bazin :

« Rien n'est plus instructif et plus propre à être cité en modèle que vos excursions d'élèves. Béchaux, qui passe à la chaire d'économie politique de Lille, fera, à votre exemple, des visites avec ses élèves l'année prochaine. »

C'était une excellente leçon pour l'élève, et pour le maître une excellente façon de connaître ses étudiants, de discerner leurs aptitudes et de les aider à trouver leur voie.

En outre, et presque dès le début de son professorat, Hervé-Bazin avait commencé à réunir les plus laborieux de ses étudiants, à intervalles irréguliers et sous des apparences qui variaient un peu : invitations à dîner ou à passer la soirée, causeries intimes dans l'après-midi, petites conférences où l'on discutait un travail écrit de l'un d'eux.

A la rentrée de novembre 1885, les réunions devinrent régulières. Toutes les semaines, les jeunes gens qui manifestaient le plus de goût pour l'étude des questions économiques et sociales avaient rendez-vous dans le salon d'Hervé-Bazin.

On examinait ensemble quelqu'un des projets de loi présentés à la Chambre des députés, et qui occupaient l'opinion. On prenait parti pour ou contre, on s'animait, on développait des amendements. Hervé-Bazin n'intervenait que pour ramener les débats qui s'égaraient, ou, tout à la fin, pour donner son avis :

« Nous sommes un petit Conseil d'État, » disait-il en riant.

Et, mon Dieu, sans tant de solennité, ni de délais, ni d'ennui, avec des procédés de discussion libre et familière, il faut avouer que ce petit Conseil d'État remplissait parfaitement sa mission : il initiait les jeunes à une foule de controverses actuelles qu'on ne saurait étudier dans un cours; il les attachait fortement à leur maître, et par lui à toutes sortes d'idées élevées, à l'Église, dont l'inspiration, là comme ailleurs, dans la vie d'Hervé-Bazin, était dominante.

Les amis du professeur angevin savaient bien avec quelle rare et constante sollicitude il s'occupait ainsi de susciter des hommes parmi ses étudiants. Ils lui adressaient et lui recommandaient les jeunes gens qu'ils voulaient faire profiter de cette rare formation.

Le comte de Mun lui écrivait, le 20 décembre 1885 :

« Mon cher ami, cette lettre vous sera remise par M. X., qui sort du collège de Canterbury, où je l'ai connu, et qui veut faire, sur mon conseil, ses études de droit à Angers. Je vous le recommande de tout mon cœur. Je lui ai dit qu'il trouverait en vous le meilleur des maîtres, que vous le formeriez au goût et à l'étude des questions sociales, et qu'il serait ainsi, une fois ses études finies, en situation de nous rendre les plus grands services. Je le confie à votre amitié et à votre science; faites-en un homme, capable de soutenir ce combat où les aînés commencent à vieillir, et pour lequel nous avons tant besoin de faire des recrues dans la jeunesse. »

Ce « Conseil d'État » fut l'origine d'une organisation plus complète. Le succès de ces causeries donna l'idée de constituer un groupe d'études ayant son règlement, son domicile, ses travaux de longue main préparés, et un cadre largement ouvert à la jeunesse angevine. Ce fut la Conférence Saint-Louis.

La Conférence Saint-Louis naquit en 1886. Elle a, disent les statuts, un triple but : la piété, l'étude et l'action. Elle s'adressait non seulement aux jeunes gens des Facultés de droit, des lettres et des sciences de l'Université, mais encore aux étudiants de l'École de médecine et de pharmacie d'Angers, et à ceux qui, à un titre quelconque, sortis du collège, avaient abordé l'enseignement supérieur. Il y avait une réunion par semaine dans une salle, obligeamment prêtée par les Frères des écoles chrétiennes, et à chaque réunion un ou deux travaux écrits, ou mieux parlés, sur des sujets qui n'étaient pas imposés, mais choisis au contraire avec la plus entière liberté : questions de droit, d'économie politique, d'histoire littéraire ou civile; on pouvait tout traiter, à la condition de faire approuver par le directeur le sujet choisi. Après la lecture ou le discours venait la discussion, improvisée celle-là, ardente aussi, on peut le croire, avec des jeunes gens dont le plus âgé n'avait pas vingt-deux ans, et sur des sujets dont plusieurs étaient passionnants. Voici, à titre d'exemples, quelques-uns des thèmes étudiés et discutés de la sorte :

L'instruction primaire avant 1789. — Le Play et son œuvre. — Voltaire et Rousseau. — L'Église et le travail. — Les poésies populaires bretonnes. — Un journaliste au xviiie siècle : Fréron. — Les Anglais en Égypte. — Devoir social du jeune homme. — Les Établissements de Saint-Louis. — Le concordat. — Les logements ouvriers en Angleterre et en France. — Le ministère de Villèle, etc.

Naturellement, le régime représentatif était celui de

la conférence. Le président, le vice-président, le secrétaire général, le secrétaire particulier, le trésorier étaient nommés au scrutin secret entre camarades, et l'on sait que ces élections faites par des jeunes gens, même dans les collèges par des enfants, attestent d'ordinaire un discernement, une clairvoyance du mérite que les élections faites par des hommes n'indiquent pas toujours. A la fin de chaque séance, Hervé-Bazin, qui se faisait autant un plaisir qu'un devoir de n'y pas manquer, donnait en quelques mots son opinion sur les travaux du jour, s'emparait d'une des idées exprimées, la développait ou la critiquait rapidement, et trouvait là une occasion d'exercer encore sur la jeunesse cette mission qui était la sienne.

La discussion n'était pas toujours grave, et l'on riait volontiers à la conférence Saint-Louis. Hervé-Bazin, grand ami de la gaieté, avait voulu que la conférence eût sa fête annuelle. Deux années de suite, en 1887 et 1888, il reçut chez lui, au Patys, les étudiants de Saint-Louis. C'était tout un voyage et toute une journée de liberté. Les invités partaient le matin dans un grand omnibus. On arrivait après trois heures de route; l'entrée dans l'avenue était triomphale; le drapeau de soie aux armes de la conférence flottait sur l'impériale. Les étudiants se levaient tous pour acclamer leur hôte. Il nous souvient même que l'un d'eux sonnait du cor de chasse, ayant la voix fausse, disait-il, pendant que les autres criaient :

« Vive M. Hervé-Bazin ! »

Hervé embrassait le président. Le président offrait un magnifique bouquet à la maîtresse du logis. On dînait, et l'excellent professeur ne manquait jamais, ces jours-là, de recommander qu'on coupât largement les fleurs et les feuillages de ses massifs pour orner les salles où il recevait cette jeunesse amie. Au moment du dessert, les toasts éclataient. Il y en eut de charmants; nous en citerons deux, ne pouvant les citer tous.

Celui du comte Joachim du Plessis de Grenédan, écrit en vieux français, débutait de la sorte :

« Dedans ce ply treuve-t-on les mirificques oraison et ballade que M. le comte du Plessis de Garnédan a faictes, et qu'il a dictes en castel du Patys, lez Marans en Anjou, alors qu'il beut en honneur du maistre de céans et de sa maison, lesquels ovoient octroïé, en cettuy castel, tant belle et plaisante frairie aux ieunes confrères ès Mgr Sainct Louys : Dieu les tienne tousiours en heur, ioye et santé !

« Le 17e iour du mois de iuin de l'an de grâce 1888.

« — C'est en ce temps-cy, biaux sires, grande plaisance et mesme ioie, pour toutes gens doctes, comme sont icy de lire et ouyr escripts ou oraisons en vieil langage. Adonc ne puis mieulx faire ayant desir de mercier et fester en votre nom nos hostes de cettuy iour, que d'vser tout iustement de cette gente faczon de paroles, tant parfaite et vrayment françoyse, que la faczon coustumière de nostre temps ne s'y sçauroit comparer. A cette cause, et d'aultres encore, que sçais, mais ne veulx dire, pour ce que loisir n'en ay, ie vous requeste que bien vous plaise ouyr quelques petits vers en manière de ballade; sur quoy ne vous tiendray mie en suspens par préface et aultres discours :

« BALLADE de ceulx de la docte confrérie de Mgr Sainct

Louis, aultrefois roy de France, establie pour escholiers et aultre ieunesse, en la bonne cité d'Angiers, laquelle ballade a faicte ung d'entre eulx pour fester et mercier messire, dame, damoyselles et damoysiaulx Hervé-Bazin, qui leur octroiërent tant libérale hospitalité, eurent tousiours pour eulx tant bénévole sollicitude.

> — Les vers, dict-on, sont art de menterie ;
> Mais moy vous dy : iamais vers ne vous ment
> Que ce ne soit comme fleur de prairie
> Ou biau soleil luisant au firmament,
> Qui prennent Dieu mieulx que raisonnement,
> Ains, faut aux vers prester bonne fiance ;
> Croyez ceulx-ci qui vous font confidence
> Tant seulement de ce que pouvez veoir :
> Nos hostes ont (qui n'en a cognoissance?)
> Pour Dieu seruir grand cueur et grand sçauoir.
> — En leur honneur soit notre beuverie ;
> Dessoubs leur toit nous ont tant bellement
> Ce iour d'huy faict ioyeuse frairie
> Que mercier ne sçauons plus comment,
> Ny dire mot dont nous soit agrément !
> Et leur avons bien aultre redebvance
> Car de tout l'an conservons remembrance
> Pour ce qu'ils ont tenté nous faire avoir
> Comme eulx la vraye et bonne sapience,
> Pour Dieu seruir grand cueur et grand sçauoir.
> — Il nous est dette, en droicte iugerie,
> Plus oultre que n'auons pour le payement :
> Adonc prions Notre-Dame Marie
> Payer pour nous sans nul retardement,
> En heur parfaict, et ioyeux pensement
> Santé, déduit, à pleine suffisance ;
> Et quant à nous, n'en ayez desplaisance,
> Autant payerons qu'il nous est en pouvoir,
> Si plus avons que l'humaine science :
> Pour Dieu servir grand cueur et grand sçavoir !

ENVOY

— *Roy* Sainct Louys, vous soit en soubvenance
Mettre tousiours en doulx païs de France
Prou de François tant vaillants au debvoir
Ayant de mesme, en tous temps, dez l'enfance,
Pour Dieu servir grand cueur et grand sçavoir.

Un autre étudiant, M. Louis Guays, avait eu la jolie idée de porter un toast au petit Jacques, le fils aîné d'Hervé-Bazin.

A vous, Monsieur bébé! La route est large et belle
Devant vous; le bonheur ne vous manquera pas;
L'appui doux et sacré de la main paternelle
Au début de la vie affermira vos pas.

Puis, quand vous entrerez après nous dans l'arène,
Vous nous retrouverez, vieux, mais toujours ardents,
Mûris, enracinés dans notre foi sereine,
Et vous vous rangerez parmi les combattants.

Alors nous saluerons en vous une espérance,
Nous saluerons surtout en vous un souvenir,
Le nom d'un bon soldat du Christ et de la France,
A vous, Monsieur bébé! Je bois à l'avenir!

Ainsi organisée, dirigée avec tact et douceur, la conférence Saint-Louis, dès la première année, fut populaire parmi les étudiants. Elle ne se composait au début que de quinze jeunes gens; elle se développa les années suivantes. Quand Hervé-Bazin disparut, après trois ans, il la laissait florissante. Depuis elle n'a pas cessé de l'être.

Pour bien marquer le caractère de cette réunion et pour la mieux maintenir dans la voie où il voulait l'engager, Hervé-Bazin avait rattaché la conférence

Saint-Louis à l'Association catholique de la Jeunesse française. Ce lien, léger sans doute, indiquait que dans la pensée de son fondateur la conférence Saint-Louis ne devait pas rester isolée, mais qu'elle préparait au contraire des recrues aux œuvres semblables établies ailleurs, et à toutes les œuvres chrétiennes de notre temps. Il eut la joie de voir cette espérance se réaliser, et les jeunes gens ainsi groupés devenir, pour la plupart, d'actifs ouvriers du bien, membres des Cercles catholiques d'ouvriers, des Patronages, des conférences de Saint-Vincent de Paul, conquérir souvent autour d'eux, sur leurs camarades, la plus heureuse influence, et, leur temps d'études terminé, réussir à fonder dans d'autres villes une Association analogue de Jeunes gens chrétiens.

Mais cette sorte d'apostolat public, cette action sur des groupes ne suffisait pas à Hervé-Bazin; il voulait encore agir sur les individus, sachant bien qu'en définitive l'homme se prend surtout aux paroles qui s'adressent à lui seul, aux conseils appropriés à sa situation, à son espérance, à sa tristesse, à son tempérament à lui.

Évidemment, le bien qu'Hervé-Bazin accomplissait de cette manière échappe en grande partie à toutes recherches. Nous ne pouvons ni ne devons en dire ici que peu de chose. Hervé-Bazin mettait une réserve parfaite dans cet apostolat, le plus fécond peut-être qu'il ait exercé. Un de ses amis nous écrit à ce sujet :

« Je voudrais que l'on indiquât avec quel art, quelle discrétion, quel tact, mais aussi avec quelle sûreté de jugement, quelle vue pénétrante, Hervé remplissait cette mission de conseiller, d'ami, de soutien!... Nul ne sait mieux que moi quel bonheur, quelle paix l'on éprouvait à se raconter à un pareil confident, et quelle direction aimable, juste et forte, on en recevait. Je crois que la plupart des jeunes gens, sinon tous, ont besoin, absolument besoin d'un guide au sortir du collège, d'un guide moral et intellectuel. Je regretterai toute ma vie de n'avoir pas connu Hervé-Bazin à vingt ans. J'envie et je félicite les amis qui lui ont inspiré tant d'admirables lettres[1]. »

Hervé-Bazin savait, en effet, provoquer les confidences des jeunes gens, les écouter, encourager ceux qui allaient droit leur chemin, relever les autres et les remettre dans la bonne route, et tout cela avec une amitié si vraie, un désir si évident de leur bonheur, qu'il était difficile de lui résister.

Même l'année scolaire achevée, il n'interrompait pas son action. Il savait quels étaient, parmi ses élèves, ceux qui avaient besoin d'être encore soutenus. Et, ne pouvant leur parler, il leur écrivait.

Certaines de ces lettres nous ont été communiquées par ceux auxquels elles s'adressaient. Elles sont empreintes d'une bien admirable et bien rare élévation. Elles prouvent le grand cœur d'Hervé-Bazin et l'ingénieuse et forte amitié qu'il avait vouée aux jeunes gens. Nous en citerons plusieurs qui montrent dans les épanchements intimes, dans des questions souvent délicates, la hauteur de cette âme d'élite.

[1] Lettre de M. Paul de Monvallier.

Université d'Angers.

« Mon cher ami,

« Votre petite lettre m'a beaucoup touché et m'a fait grand plaisir, en me prouvant que vous aviez des sentiments nobles et élevés. Vous me remerciez trop, par exemple, je n'ai pas fait pour vous le quart de ce que j'aurais voulu pouvoir faire, et j'espère bien que cette année nous nous reverrons souvent.

« En attendant, je vous invite à venir passer quelques jours au Patys, pour chasser et causer avec moi. Nous apprendrons ainsi à nous mieux connaître, et peut-être échangerons-nous quelques pensées qui vous seront utiles un jour. Vous êtes à la période la plus délicate de la jeunesse, en ce sens qu'elle détermine et fixe la vie. Tel vous êtes à vingt ou vingt-un ans, tel vous serez plus tard. Il s'agit en un mot, d'ici à dix-huit mois ou deux ans, de tourner vers la droite ou de tourner vers la gauche. A droite est l'utilité, le travail, la grâce de Dieu ; à gauche la stérilité, l'inutilité, la vie oisive et perdue. Or, je vous ai observé cette année : vous avez du sang, de l'ardeur, du mouvement, mais cela n'est pas encore dessiné. J'ai peur que cela ne *s'en aille en vent,* comme disent les bonnes gens en parlant de certains orages qui arrivent fougueux... et qui n'amènent ni pluie ni fraîcheur.

« Faites bien attention, mon cher ami. Réfléchissez à ce que je vous dis, et vous verrez qu'il y a du vrai. Si vous n'alliez pas carrément à droite, vers le travail et la vie utile, le bon Dieu vous dirait un jour : « Je t'avais donné « ceci et cela, — je ne dis pas quoi pour ne pas vous « donner de l'orgueil, — et tu n'as pas su en tirer profit ! »

« A bientôt, mon cher ami. Merci de votre bonne lettre, et croyez-moi tout à la fois votre professeur et votre ami. »

A UN FUTUR PUBLICISTE

« J'ai été très heureux de l'erreur qui vous a fait croire que je vous avais adressé nos journaux, parce qu'elle m'a valu une bonne lettre de vous, et je suis enchanté d'avoir pu constater, une fois de plus, ce que je savais déjà, à savoir que vous êtes un brave cœur et qu'il y a en vous quelque chose qui vibre, qui sonne, et qui n'attend qu'un emploi.

« A vous de chercher, mon ami, l'emploi de cette force, de cette ardeur, de ces désirs encore un peu vagues, mais excellents que Dieu vous envoie.

« C'est une grâce très grande, croyez-le bien, et très rare, et il faut en profiter.

« Mais comment?

« C'est ici qu'il faut prendre garde, et méditer souvent sous vos grands arbres.

« N'attachez aucun prix, ou presque aucun, à ces petits articles de journaux, à ces petites polémiques de presse dont vous étiez si fort préoccupé l'an dernier. C'est une illusion d'optique. Cela ne mène à rien. Cela tue un homme en un sens, en lui faisant négliger les travaux sérieux et fructueux pour ces insignifiants articles que tout le monde peut faire et qui ne font aucun tort à l'ennemi. Je connais de belles intelligences de jeunes gens qui se sont ainsi étiolées dans le journalisme facile de chaque jour.

« Ce n'est pas là, mon ami, que je vous attends. Certes,

croyez-le bien, je ne blâme nullement celui qui, un beau jour, ulcéré par les attaques et les menées de l'ennemi, lui lance une vigoureuse réponse dans un journal, mais ce ne doit être qu'une exception, un élan de l'âme. Pour tous les jours, pour la défense de l'Église, pour les progrès de la religion dans les classes ouvrières, pour le salut de la patrie, le relèvement de la France, il y a mieux à faire, et ce *mieux* il faut absolument que vous vous y mettiez, avec toute cette escouade de jeunes gens qui part en guerre.

« La voie sera rude, calme, longue, grave, et par conséquent, vous, qui avez une âme ardente, vous y trouverez des ennuis, mais je vous réponds que vous serez un jour récompensé.

« Je me résume en un mot : *je compte sur vous.*

« Si plus tard, dans quinze ou vingt ans, je n'entends pas votre nom retentir dans les œuvres catholiques et dans les conseils de la nation, je me dirai tristement : celui-là m'a trompé.

« C'est vous dire à la fois toute mon estime pour votre caractère, et toute mon amitié pour votre cœur.

« A bientôt. Nous réorganiserons notre conférence, sur laquelle j'ai beaucoup médité. Dès que vous serez arrivé, je vous appellerai, et nous causerons. Il est probable que je vous demanderai encore d'autres travaux et d'autres services, non pas pour moi, bien entendu, mais pour Dieu et les ouvriers. »

APRÈS UN EXAMEN HEUREUX

« Mon cher ami,

« Je vous félicite de tout mon cœur et je félicite la conférence Saint-Louis, à laquelle votre succès fait honneur. Je vous remercie également des renseignements que vous me donnez au sujet de vos camarades de bataille. Reposez-vous maintenant, cher ami, pour bien travailler à la rentrée. Humez ce beau soleil qui va vous redonner des forces, et livrez votre poitrine au grand air des collines de... Profitez aussi des vacances pour bien réfléchir à la direction que vous donnerez à votre vie, et prenez d'énergiques résolutions de rester toujours un vaillant homme, bon français et bon chrétien. Dieu bénit toujours ces résolutions de jeunesse, et les rend fécondes. Vous voyez que notre pays s'en va de plus en plus à la dérive. Soyez de ceux qui lutteront pour empêcher la décadence. Je serais heureux si vous emportiez un bon souvenir de votre séjour à Angers. Moi, je puis déjà vous dire que vous y avez fait du bien, et qu'on ne vous y oubliera pas. »

AU MÊME, APRÈS UN ÉCHEC

« Prenez vaillamment votre échec, et préparez-vous dès maintenant à le réparer au mois de novembre. La Providence, toujours bonne, vous envoie là une leçon, mon ami. Vous m'avez dit : « Le droit, pour moi, est une « chose très accessoire. » Sans doute le droit ne doit pas être la fin de votre vie, mais dès lors que vous le faisiez, il fallait le très bien faire. Me permettez-vous de vous dire que j'ai remarqué en vous ce défaut de faire trop vite, trop à la hâte, trop à la dernière heure, des choses importantes ? Ainsi votre discours de samedi a été écrit dans la nuit qui en a précédé la lecture. Vous faites trop souvent ainsi : vous n'attachez pas assez d'importance aux travaux matériels. « C'est par humilité, » direz-vous. Oui, je le devine bien, parce que je connais votre âme, mais vous pouvez faire tort ainsi à l'influence morale que vous devez conserver sur vos camarades. C'est là qu'est le danger.

« Prenez donc la résolution de faire désormais avec plus d'application les plus petites choses que vous aurez à faire, afin que l'on n'ait rien à critiquer justement en vous.

« Maintenant, je n'ai pas besoin de vous dire que je souffre autant que vous et probablement plus que vous de votre échec, que je vous en aime davantage. Dites-le à votre cher père, et ne tardez pas à venir me voir. »

A UN ÉTUDIANT QUI AVAIT PERDU SA MÈRE

« ... Nous partageons votre douleur, mon cher ami, et moi surtout qui vous suis attaché par tant de liens. Nous prions et nous pleurons avec vous !...

« Soyez courageux, mon cher ami, et pour cela, ayez l'esprit tendu vers l'unique but de la vie, l'entrée au ciel. Votre bonne mère a atteint le but, ses souffrances sont finies, elle est près de Dieu, elle va prier pour vous, voilà ce qu'il faut voir, voilà ce qu'il faut avoir sans cesse devant les yeux. A vous maintenant de suivre les conseils que votre mère vous a donnés pendant sa vie, et de marcher vaillamment dans la voie où vous êtes entré. Vous avez l'âme généreuse, ardente au bien. C'est un grand don de Dieu dont vous aurez à rendre compte un jour, et votre mère sera là, elle assistera à cet examen. Pensez encore à cela, et soyez fort.

« Au revoir, mon cher ami, nous prions pour vous et pour celle qui n'est plus de ce monde. »

POUR INVITER A UNE RETRAITE

« Cher ami,

« Je serais très heureux de vous voir à la retraite du 24, et je suis sûr que vous en retireriez de très grandes grâces, dont vous devez avoir besoin après le coup qui vous a frappé. Je suis bien convaincu que votre cher père ne vous refusera pas cette faveur. Nous avons aussi à parler de la conférence Saint-Louis, dont il faut préparer la renaissance. Ce serait donc un moyen pour vous de remplir deux devoirs à la fois, et pour moi l'occasion de vous voir un peu. Réfléchissez, mon jeune ami, et donnez-moi une réponse favorable.

« J'ai songé bien souvent à vous ces vacances, à vous et à votre père, et à votre frère. La pensée chrétienne peut seule vous consoler, et jeter une lueur au milieu de vous. Dieu vous donnera plus tard les consolations et les joies humaines, dont vous aurez besoin pour combattre le grand combat. C'est l'heure du recueillement et de la méditation. Faites et réglez soigneusement vos affaires, mais ne vous y perdez pas en esprit, ne vous agitez pas, ne vous consumez point, tout se fera, soyez tranquille, et l'essentiel est de garder la paix, la sérénité, le repos de l'âme.

« Vous êtes à un moment de l'existence où de graves déterminations sont à prendre : carrière, mariage, établissement dans une ville à déterminer, etc. Jugez donc, cher bon ami, comme vous avez besoin de la grâce divine! Seul, avec sa raison, sa prétendue sagesse, l'homme ne résout pas ces problèmes, desquels dépendent le bonheur ou le malheur de sa vie. Il y faut Dieu. Mettez-y Dieu chaque jour dans vos prières, et vivez tranquille.

« Au revoir, cher ami, croyez à ma très vive affection. »

AU MÊME

« Vous vous demandez ce que vous avez pu faire pour que je vous aime? Mon cher ami, réfléchissez à notre œuvre commune de cette année, et vous comprendrez. Et puis, que voulez-vous? Il y a des sympathies mystérieuses, que Dieu met entre les âmes, comme des fleurs dans la vie chrétienne, et une de ces belles fleurs a fleuri entre nous deux. Encore une fois, mon cher ami, soyez courageux et ferme sous l'épreuve. Tous ici nous prions pour vous et pour votre mère. »

AU VICOMTE ROBERT DE ROQUEFEUIL, PRÉSIDENT DE L'ASSOCIATION CATHOLIQUE DE LA JEUNESSE FRANÇAISE

Permettez-moi, mon cher ami, de saisir cette occasion pour vous féliciter à nouveau, vous et vos amis, et tous les jeunes gens qui, d'un bout à l'autre de la France, se groupent et s'organisent pour se préparer aux grands combats de la vie, devenir des hommes utiles et réchauffer en leur cœur l'amour des grandes causes et le divin enthousiasme qui décuple les forces. A l'heure où l'avenir même de la patrie est menacé, les jeunes gens ne doivent pas hésiter à se jeter dans la lutte.

« Courage et confiance, l'entreprise est bonne, et Dieu

la bénira certainement. Vous êtes dans la bonne voie. Votre vie sera bénie.

« Je vous embrasse de tout cœur. »

A UN ÉTUDIANT

« Mon cher ami,

« Dans sa séance de mercredi soir, le comité vous a chargé de faire un petit rapport sur le groupe dont vous faites partie. Je ne doute pas de votre acceptation, d'autant plus que je serai tout à votre disposition pour vous aider. Vous le voyez, mon jeune ami, quand on entre dans les œuvres chrétiennes, on est vite pris par elles, et il faut travailler, sacrifier quelque chose de ses loisirs, de ses vacances. Mais la vie d'un catholique est ainsi faite, et à ceux qui acceptent de bon cœur et tout simplement de servir Dieu, Dieu envoie de grandes compensations qui dépassent de beaucoup le petit mal qu'on se donne. Envoyez-moi vite une réponse, pour que le comité sache qu'il peut compter sur vous, et croyez-moi toujours votre ami.

A UN DÉCOURAGÉ

« Votre lettre m'a fait de la peine. Vous êtes par trop affaissé. Relevez-vous, comme ces athlètes qui, après avoir mordu la poussière, se disaient : « C'est bien, j'ai « été battu, mais la prochaine fois je serai vainqueur. »

« Il est certain, mon cher ami, que jusqu'ici vous n'avez pas tout à fait compris la vie. Avec des qualités fort rares, — n'ayez pas d'orgueil, et soyez humble, —

vous vous êtes laissé aller tout doucement, faisant le rêveur. Oh! les beaux rêves que je devinais, rêves d'avenir, rêves de combat, rêves de gloire. Ces rêves-là, mon cher ami, nul ne peut les blâmer, et il ne faut point les chasser, car ils sont utiles. J'en connais qui ont rêvé comme vous à vingt ans, et qui ne le regrettent pas. Mais franchement, avouez-le, ce serait trop facile s'il suffisait de rêver et de ne rien faire de plus pour réussir. Oh! l'heureux échec que le vôtre, *felix culpa!* s'il vous amenait à réfléchir un instant, et à reconnaître une vérité qui régit tous les hommes, même les plus intelligents, même les plus éminents : on n'aboutit pas sans un travail acharné. Aucun rêve ne se réalise sans labeur. Pas de succès vrai, pas de marche en avant, pas d'avenir et pas de gloire sans étude.

« Mais prenez garde encore de reconnaître cette loi des lèvres sans la mettre en pratique, comme tant d'autres. Allons! un vaillant effort! Nul mieux que vous n'en est capable. Condensez tous vos beaux rêves, toutes vos espérances, placez-les devant vous comme une belle image, et puis saisissez vos livres de droit, et mettez-vous à travailler au moins cinq à six heures par jour. Avec cela, vous serez reçu au mois de novembre.

« Pour vous reposer, étudiez dans Darras l'histoire de l'Église, qui vous fournira une foule d'armes pour l'avenir, — c'est mon grand arsenal. — Je ne sais rien de plus séduisant, pour un jeune homme de votre nature et de votre trempe, que l'histoire de l'Église et de la papauté. Voilà qui est noble et grand! voilà qui fait avaler le code civil et le code administratif!

« Mais, pour l'amour de Dieu, pas de noir, pas de

désespoir, pas de mélancolie inutile! Y songez-vous? rien n'est perdu. Tout est sauvé, au contraire, si vous reconnaissez votre faute. Vous avez été paresseux, cette année comme l'an dernier, c'est vrai, très vrai, vous l'avouez, et vous avez raison; mais quoique cela soit très mal, j'aime encore mieux cela que si vous aviez trahi vos convictions religieuses ou si vous vous étiez corrompu. Voilà le grand malheur, la perte irréparable! Puisque Dieu vous a conservé, et c'est une grande grâce, car vous étiez bien exposé avec votre oisiveté, il faut le remercier en vous remettant au travail et en changeant résolument de nature.

« Ce serait un vrai malheur, et j'en serais furieux et humilié, si vous arriviez à être définitivement un encroûté, un inutile, un rêveur vide et creux..., vous qui pouviez si bien faire et rendre tant de services!

« Mais cela ne sera pas. Votre lettre me donne bon espoir.

« Allons, mon ami, à la bataille : elle commence pour vous; relevez la tête. Ne faites rien d'extraordinaire, pas d'aventures, suivez tranquillement votre voie, vous finirez bien par arriver. Mais il faut que vous travailliez très sérieusement, toute l'année, le droit et l'histoire, afin de réparer le temps perdu.

« Croyez à mon inaltérable affection. »

AU MÊME

« ..... Je vous ai reconnu là avec vos bonnes aspirations et votre loyale franchise... Vous êtes certainement un des moins sérieux jeunes gens de vingt ans que j'aie connus, — au moins dans la forme, — et pourtant au fond vous savez réfléchir et bien juger les événements. L'appréciation que vous faites de vous-même est très juste, et même vous ne pouvez pas savoir à quel point elle est vraie !

« Il faut vous faire un programme de chaque journée. Je vous soumets un plan très simple : prendre la résolution de toujours bien faire ce que Dieu vous suggérera, et vous en remettre à sa volonté sur vous.

« Avec cela vous serez tranquille et sûr du lendemain. Mais jamais d'oisiveté, jamais de langueur, et surtout jamais de découragement.

« Il faut devenir un apôtre, un jeune vaillant, et une fois que vous serez parti, cela ira tout seul. »

AU MÊME

« Cher ami,

« Il pleut au Patys, la chasse y est interrompue, et je profite de cette heure de repos pour vous répondre.

« D'abord il faut que je vous remercie de ces bonnes et longues lettres que vous m'envoyez, et où vous mettez tout votre cœur. Votre confiance, soyez-en sûr, ne sera pas trahie par votre vieil ami d'Anjou.

« Le mot qui m'a le plus frappé et affligé dans votre lettre est celui-ci : « Je me disais, il y a trois ans : il n'est « pas possible que Dieu ne me parle point... Dieu ne « m'a pas parlé. »

« Ainsi vous supposez qu'un jeune homme qui demande à Dieu de l'éclairer sur ses devoirs, sur sa voie, sur la direction à donner à sa vie, ne recevrait aucune réponse? Vous ne le croyez pas, aussi ajoutez-vous : « Sans doute, j'en étais indigne. » Eh bien! oui, mon bon ami, vous avez raison, et moi qui vois les choses de plus loin, je puis vous affirmer que vous n'avez ni sérieusement demandé, ni véritablement mérité la réponse que vous souhaitiez. Dieu prodigue ses conseils, mais encore faut-il qu'on ouvre ses oreilles, et vous n'avez pas même ouvert les vôtres.

« Encore une fois, mon ami, vous êtes tout « aspirations », tout « désirs », tout « flammes intérieures », mais vous n'avez point, malheureusement, cette vraie force qui consiste à toujours faire son devoir, à régler sa vie, à travailler à certaines heures, à s'amuser à certaines autres. Vous parlez du combat social. Oui, mon ami, je sais bien que ce combat vous plaît, mais quel rôle y joueriez-vous, n'ayant pas étudié les questions ouvrières et n'ayant pas assez de calme pour suivre une affaire sérieuse, corporation, cercle, syndicat ou autre? Qui vous empêchait, il y a deux mois, il y a six mois, il y a un an, de me dire : « Monsieur, je voudrais mettre « à profit mes immenses loisirs d'étudiant, pour aller « avec vous me lancer dans la lutte sociale au comité de « l'œuvre des Cercles? » J'en aurais pleuré de joie, vous aimant comme je vous aime, et je vous aurais jeté au milieu des ouvriers, des cercles et des corporations. Or, voici qu'à présent vous dites : « La mêlée sociale était « mon affaire. » Jugez comme vous êtes peu logique! Hier la mêlée sociale s'offrait à vous, et vous avez tourné le dos. Et maintenant vous regrettez le temps passé!... Heureusement vous êtes encore jeune, et vous pouvez tout réparer.

« Ah ! que je vous devine bien ! Il me semble que je vis en vous ! Des rêves et des aspirations. Rien de cette force calme qui donne ici-bas le mérite et la gloire. Et pourtant, quelles belles qualités le bon Dieu vous avait données !

« J'ai peur que vous ne croyiez que la *mêlée sociale* qui vous tente, et je le comprends, ne consiste à écrire quelques articles çà et là dans un journal, paresseusement, entre deux pipes. Erreur énorme, cher ami, et erreur funeste. Pour être utile dans la mêlée sociale, il faut du travail et des connaissances, il faut au moins l'esprit de suite.

« J'avais raison, je le vois, de croire à votre piété. Soyez fidèle à votre chapelet, à votre Imitation, à vos devoirs de chrétien, et vous vous relèverez tôt ou tard. Faites ce que vous voudrez de petites pratiques, mais ne vous en moquez pas. Plus on est près de Dieu, plus on est sûr de ne pas tomber.

« Il y a aussi un point sur lequel je voudrais vous connaître. Dans ce grand combat des sens, n'avez-vous été qu'un imprudent, ou bien êtes-vous un vaincu à relever ? C'est quelquefois le secret des silences divins.

« Vous avez raison de vous reposer surtout sur la bonté de Dieu. Il est si doux de se reposer sur cette bonté infinie. Mais *bonté* ne va pas sans *justice,* et franchement, cher ami, si vous n'êtes pas aussi heureux, aussi calme que d'autres, c'est sans doute parce que vous ne l'avez pas mérité autant qu'eux.

« Mais vous n'avez que vingt ans ! Songez-y donc, heureux homme, vous n'avez que vingt ans ! Toute la vie est devant vous, et elle doit vous paraître bien longue !

Tout peut donc être réparé. Mais il vous faudra faire un véritable effort sur vous-même, chasser la tendance à la paresse, chasser le rêve creux, chasser la mélancolie, et devenir un jeune chrétien vaillant et fort, attaché à son devoir.

« Que ce mot prenne sur vous une puissante signification ! Je vous en prie, cher ami, croyez-moi ; désormais *faites votre devoir,* et non en théorie, mais dès demain, dès après-demain. Dites-vous : « Je travaillerai cinq ou « six heures par jour mon examen de licence, je lirai « l'histoire de l'Église pendant deux ou trois autres « heures, et le reste du temps je me promènerai ou je « vivrai en famille. »

« Avec cela, — et comme c'est simple ! — vous serez reçu en novembre, et Dieu vous aura parlé.

« Défiez-vous, mon ami, d'une chose grave : c'est que, à votre âge, vous avez la conscience claire de vos devoirs et de vos facultés. Si vous ne faites rien et si vous vous perdez lâchement, Dieu sera très sévère pour vous.

« Oh ! que d'hommes sont lâches qui paraissent braves !

« Vous, vous êtes brave au fond et lâche seulement dans la forme. Vous n'avez qu'à vous secouer un peu. Secouez-vous donc, et relevez-vous.

« Voilà une lettre bien grave, et qui sent la pluie d'une lieue. Je n'ai fait que répondre à votre très aimable lettre de vendredi. Une autre fois, j'aborderai d'autres sujets.

« Mes beaux-frères sont venus ouvrir la chasse au Patys. Il y a trente-quatre pièces ce matin au garde-manger. Et quand je pense que si vous aviez été reçu, vous seriez des nôtres, et qu'il y aurait sans doute dix ou vingt pièces de plus dans la carnassière ! Quels regrets !

« Au revoir, cher ami, je vais me remettre au travail en vous exhortant au courage, à la vaillance, à la gaieté sereine et à la force d'âme. »

AU MÊME

« Il faudrait que vous fussiez dans mon cœur, mon cher et pauvre enfant, pour y voir toute la peine que m'a faite votre dernière lettre. Ainsi, comme je le redoutais, vous êtes un vaincu dans cette grande lutte des sens que tout homme doit soutenir. Oh! je vous plains de toute mon âme, et je prie Dieu de vous tendre la main, parce que vous avez encore des sentiments élevés et généreux, avec la foi et le désir de mieux faire à l'avenir.

« Je vous avoue, cher et bon ami, que tout le reste de votre lettre, pourtant si confiante et si pleine, m'a paru peu de chose à côté de cela. Eh ! que sont les examens, l'avenir, la carrière future, les questions d'argent, à côté de cette grande affaire de la pureté et de la dignité de la vie !... Mais quel bonheur! quelle grâce de Dieu ! vous êtes désabusé ; votre foi, que Dieu connaît, vous a fait voir que vous ne trouveriez rien dans le vice qui fût digne de vos aspirations, et vous avez même, dites-vous, fait de beaux rêves après la chute.

« Rêvez, mon ami, puisque votre nature le demande, et que cela peut vous aider à vous relever. Mais quel effort immense il va vous falloir faire désormais pour rester absolument pur et rentrer dans la voie royale, comme Augustin! Songez donc : vous n'avez plus seulement à achever votre droit et à trouver une carrière digne de votre caractère et appropriée à vos facultés; il vous faut encore tenir l'épée en main pour repousser le démon d'impureté qui sans cesse, soyez-en sûr, à toutes les heures de découragement ou d'orgueil, sollicitera votre esprit.

« Vous me dites que je puis désormais être tranquille pour le *travail*. C'est bon. Écrivez-moi à présent que je puis être tranquille sur la question de *vertu*... Mais prenez-y garde! on n'écrit pas ces choses-là à la légère. Si vous n'êtes pas encore sûr de vous, attendez. Vous m'avez témoigné une telle confiance, vous m'avez tellement fait entrer dans votre âme, que vous n'avez plus à craindre de tout me dire. Et j'espère, avec la grâce de Dieu, que votre acte de courage sera récompensé, et qu'en retour de votre héroïque confiance je pourrai vous donner quelques encouragements, quelques conseils qui vous seront précieux.

« Allons donc, mon jeune chevalier, remontez sur votre cheval, et recommencez une nouvelle campagne. Vos premières armes n'ont pas été heureuses. Vous n'avez pas pris le bon sentier, et vous êtes revenu au carrefour, et maintenant vous demandez votre route. Eh bien ! là se trouve un vieil ami, un vieil ami à cheveux blancs qui vous dit : « Voyez-vous bien ce petit chemin
« qui est à droite ? Il est fort étroit et semé de pierres,
« mais c'est pourtant le bon. Prenez-le vaillamment,
« comme ont fait vos aïeux et votre père, et suivez-le.
« Vous y trouverez des secours, des consolations; vous
« y ferez de douces haltes, et quand vous serez rendu au

« bout, vous vous souviendrez de l'ami que vous avez
« rencontré au carrefour de la jeunesse. »

« Au revoir, cher ami, aujourd'hui je m'arrête, parce que je veux encore penser à vous avant d'aller plus loin. Croyez plus que jamais à mon affection. Elle prendra désormais un caractère plus tendre et une apparence plus craintive. Elle aura des timidités. Je tremble pour votre âme, je suis inquiet de l'avenir pour vous. Aussi faut-il que vous me rassuriez un peu. En tout cas, jetez-vous aux pieds de Dieu, cherchez la force et la consolation à la source de la sainteté, et priez du cœur, priez de l'esprit. Pour vous relever, humiliez-vous.

« A bientôt et tout à vous *in Christo*. »

AU MÊME

« Mon cher ami,

« Depuis que vous m'avez écrit je suis allé comme tous les ans faire un pèlerinage chez mon frère, au « pays qui nous a vus naître », et c'est là la raison de mon silence. Mais comme j'ai pensé à vous ! Que de fois j'ai relu votre lettre ! que de fois me suis-je dit : « Oui, c'est bien ; la pensée est bonne, le désir est « fort, le courage paraît grand, mais le temps donnera-« t-il sa sanction à de telles dispositions ? »

« Pendant que je rêvais à vous sous les grands bois de Rousson, il m'est venu une idée que je vous communique. Avant de songer à une carrière, avant de penser au « matériel » de la vie, il faut avant tout, n'est-ce pas, que vous vous attachiez à la pureté avec une force inébranlable ? Oui, avant tout, avant les examens, avant les professions, avant l'argent : être et vivre désormais absolument chaste. Vous êtes de mon avis, et vous me l'avez écrit en très beaux termes.

« Or, cette pureté vous sera très difficile, plus difficile qu'à un autre, en raison de votre nature et de votre passé.

« Donc, — vous voyez que je fais sans le vouloir un véritable syllogisme chrétien, — donc, mon ami, il faut que vous preniez plus de précaution que tout autre, et la meilleure sera de plaire à Dieu et à la sainte Vierge par l'apostolat.

« J'arrive à mon but, et si vous me permettez de vous parler comme le ferait votre père, je vous donne une douce pénitence qui plaira à votre cœur. Mon cher ami, *sauvez une âme*.

« Quand vous aurez vraiment sauvé une âme, quand vous pourrez dire en toute conscience que tel jeune homme, de n'importe quelle situation, a été, par votre entremise, par vos conseils, par votre exemple, par votre courageuse initiative, retiré du bourbier dans lequel il commençait à s'enfoncer, eh bien ! mon cher ami, il arrivera trois choses : Dieu bénira votre vie, vous retrouverez la pure joie de vos quinze ans, et moi je vous tiendrai pour aussi pur, aussi immaculé que si vous n'aviez jamais été vaincu par la passion.

« Allez donc, mon jeune chevalier ; cherchez une âme, âme de riche, âme de pauvre, âme de jeune homme, âme de vieillard, peu importe, et lancez-vous dans cette bataille qui consiste à tenir tête au monde et au diable à la fois, par amour du prochain et de Dieu.

« Je n'ai pas besoin de vous développer les conséquences de ce combat, vous les déduirez vous-même.

« Et, je vous en supplie, ne vous découragez point. Le désespoir vous accablerait, et c'est sans doute par là que Satan vous reprendrait encore. Défiez-vous de ce misérable-là. Il a mille tours dans son sac, et il croyait déjà vous tenir.

« ... Savez-vous bien, je vous dis cela très bas, à nous deux, rien qu'à nous deux, savez-vous bien que, quand je lis certaines phrases de vos lettres, il me semble entendre comme la voix douce et plaintive d'un homme qui aurait été appelé par le Seigneur et qui entendrait encore, dans le lointain, l'écho de l'appel céleste? Je fais erreur, sans nul doute, mais si vous n'avez jamais été convoqué dans la milice divine, à coup sûr vous avez des élans d'apôtre, et je sens, en vous lisant, les coups d'ailes de l'apostolat. Prenez garde à ce beau trésor, ne le perdez pas, attendez que l'heure sonne, elle sonnera certainement tôt ou tard, quand il plaira à Dieu. »

AU MÊME

« Mon cher ami,

« Maintenant causons. Vous êtes dans une situation très grave. Ne vous trompez pas de chemin ou vous êtes perdu. Il faut prier et réfléchir.

« D'abord, d'une façon générale, je suis très satisfait de vos lettres, de vos bonnes paroles, de vos chevaleresques résolutions. C'est très bien. Seulement, vous le confesserai-je? un doute me poursuit malgré moi. J'ai toujours peur que votre esprit ne soit léger, et qu'après un mois, deux mois, six mois de bonne conduite ou même d'apostolat, le démon de la paresse ou de la vie gaie ne vous séduise à nouveau.

« Il faut donc avant tout, mon ami, que vous preniez au sérieux la vie, et que vous ne soyez plus un enfant. Devenez un homme, et acquérez la force nécessaire pour tirer votre chariot de la boue et le remettre sur un bon chemin où il ira droit désormais.

« Votre naissance, votre honneur, votre repentir, votre foi, vos prières, votre piété, la piété de votre père et peut-être même votre intérêt, me font espérer que vous tiendrez les promesses que vous vous faites à vous-même et que vous faites à Dieu, et que vous serez à l'avenir un tout autre homme.

« Je vous félicite d'avoir accepté la douce pénitence de l'apostolat et de m'avoir promis de sauver une âme. Je crois deviner quelles sont les deux que vous visez. Vous aurez du mal, mais votre action, si vous réussissez, n'en sera que plus méritoire. Ne vous rebutez pas trop vite, ce serait encore de la faiblesse. Allez jusqu'au bout. Supportez des affronts, des rebuffades, des impolitesses au besoin, et acceptez-les joyeusement en expiation du passé. Pour vous reblanchir, comme je le rêve, il faut évidemment souffrir un peu d'humiliations.

« Il ne s'agit pas, vous le voyez, de courage matériel, extérieur, d'austérités, de souffrances corporelles, ou, comme vous le dites, de vache enragée. Non, ce qu'il vous faut, c'est le courage moral, intérieur, la patience, la persévérance surtout.

« Vous êtes un jeune arbre qui a grande envie de venir, mais qui demande à être défendu des épines et des mauvaises bêtes. Je vais écrire à votre père, je vais lui dire que je suis loin de désespérer de vous, au contraire, et je vais lui parler de votre future carrière. Ah! que je le plains, et que je le comprends! Dieu! que je souffrirais si mon Jacques faisait un jour ce que vous avez fait cette année! Songez à cela, afin de sauter au cou de votre père si l'occasion s'en offre.

« Au revoir, mon cher ami, ayez du courage, du courage, et encore du courage, et rappelez-vous que la vraie vie chrétienne est faite de travail, de sacrifices, de luttes constantes. C'est avec cela qu'on est heureux, et très heureux. »

AU MÊME

« Mon bien cher ami,

« J'étais prêt à vous écrire quand j'ai reçu votre lettre. Je savais, en effet, que vous auriez besoin d'être consolé. Que voulez-vous, mon cher ami, Dieu vous éprouve! rappelez-vous les années que vous avez passées et humiliez-vous. Il n'y a rien qui grandit, qui ennoblit, qui prépare de beaux succès, comme une épreuve vaillamment et humblement supportée. Il vous fallait cela pour achever ce que j'oserais appeler votre purification morale. Au creuset du chagrin, des ennuis, de l'humiliation, l'or de votre âme va devenir très beau et très rayonnant. Je sais que vous allez avoir une longue et pénible année, mais après ce temps comme vous serez fort pour vous élancer dans la vie!

« Il fallait évidemment de longues, de dures, de cuisantes traverses pour vous arracher à la mollesse, pour vous faire bien voir que la simple facilité et l'étendue naturelle de la pensée ne suffisent point à faire un homme de valeur; qu'un travail acharné, long, persévérant est nécessaire pour aboutir... Au surplus, Dieu vous conduit où il veut, et par des voies que vous ne connaissez pas. Restez son enfant dévoué, et ne vous inquiétez nullement. Gambetta disait d'une injure personnelle : « Ce n'est rien. » Il est encore bien plus vrai de dire de votre déconvenue : Ce n'est rien.

« Pour que nous puissions causer de toutes ces choses, et de bien d'autres encore, pour que nous puissions échanger nos pensées et nos sentiments, venez me voir. Nous causerons. Ce ne sera point du temps perdu, croyez-le bien.

« Je vous embrasse de cœur, comme si vous étiez mon fils. »

AU MÊME

« Mon cher et bon ami,

« Si je ne vous ai pas répondu plus tôt, c'est que j'étais à la retraite de l'œuvre des Cercles à Angers, où nous avons passé de délicieuses journées aux pieds de Dieu, avec l'excellent P. Alet.

« Mais il faut que je vous dise tout de suite à quel point j'ai été heureux, enchanté de votre dernière lettre. Soldat de l'Église! Oui, il faut que vous en soyez un. Peu importe la carrière où Dieu vous mettra; on peut être un soldat armé de la foi dans toutes les positions sociales; peu à peu, tout doucement, humblement, comme il convient, on arrive à faire un bien considérable.

« Comme il y a de quoi aimer la vie à se rapprocher de Jésus-Christ et à combattre pour sa cause !

« Mais pour l'instant, il faut faire des tableaux synoptiques et passer vos examens. C'est l'essentiel ; sitôt que vous serez reçu, nous causerons d'autre chose.

« Et, avant tout, mettons-nous entre les mains de Dieu et abandonnons-nous à sa volonté. Dites-lui : « Mon Dieu, j'ai le désir de faire du bien, de m'em-
« ployer à votre service, de travailler pour votre Église
« et pour mes chers petits frères les ouvriers. Je
« subirai les épreuves et les heures d'attente qu'il vous
« plaira de m'envoyer. Mais je resterai prêt, comme un
« soldat fidèle. Bénissez seulement mes résolutions et
« ma bonne volonté ! »

« Dieu vous entendra, et si vous êtes sincère et ferme, comme je n'en doute pas, il saura bien utiliser votre intelligence et votre cœur.

« Quant à moi, je vous demande une petite place dans vos prières, et je vous embrasse... »

A UN POÈTE

« ... Votre lettre d'hier m'a beaucoup plu. J'y ai trouvé jeunesse, entrain, gaieté et beaucoup de bonté pour votre vieux professeur et ami. Je vous en remercie, et je vous demande de me continuer ces bons sentiments.

« Quant à votre idée, qu'elle est triste, mon Dieu ! Je sais bien que c'est chose d'imagination, mais ne laissez pas votre imagination se traîner dans le triste, comme ceux qui ne sont pas chrétiens, et qui n'ont pas les grandes joies de l'esprit.

« Vous qui les avez, tenez-vous toujours en haut, dans le beau bleu qui vous va si bien.

« Ce que vous écrivez, mon cher ami, est d'un sentiment tout à fait poétique. Il n'y manque qu'une chose, les vers. En prose, certaines idées poétiques perdent une grande partie de leur valeur. En vers, elles brilleraient. Vous êtes poète, mais peut-être Dieu ne vous a-t-il pas donné le luth.

« J'attends impatiemment la nouvelle que vous m'annoncez, mais j'entrevois déjà que la Providence a sur votre plume d'autres desseins que ceux des *Nouvelles*. A un style fort et sobre, d'une pureté et d'une sûreté rares, il faudra des sujets élevés de polémique, de patriotisme ou d'histoire... C'est là que vous bataillerez bien. Demandez-les à Dieu, et vous les rencontrerez.

« Que les saints anges gardiens dont c'est aujourd'hui la fête, que saint François et saint Bruno, que l'Église honore cette semaine, viennent à votre secours ! »

A UN INQUIET

« Je vous dirai bien franchement, mon cher ami, que vous poursuivez une recherche inutile et dangereuse. Inutile, parce que vous ne pouvez pas savoir, à votre âge, ce que Dieu attend de vous. Quand on part en voyage, sait-on ce qui arrivera sur la route ? Et dangereuse, parce qu'en s'étudiant ainsi à la loupe, on perd son temps, on se fatigue, on oublie le côté grave et digne de la vie pour s'absorber dans ces rêveries que l'Église a toujours blâmées chez ses enfants. A quoi vous sert, ami, de regarder en arrière ? Dieu veut que vous deveniez, ou plutôt que vous restiez un brave à toute épreuve. Dieu a ses desseins sur vous, et il se servira de vous pour défendre son Église et ses religieux. Il n'y a point là de profonds mystères, c'est tout simple. Il ne faut pas faire la nuit où est le grand jour. Liez un peu cette folle qui s'agite en vous (mais ne la tuez pas, car elle a son prix), et marchez en avant, comme à la bataille, sans regarder derrière vous. Vous avez besoin de paix : ce n'est ni l'ambition, ni la vanité, ni la richesse, ni la renommée qui vous attirent, n'est-ce pas ? C'est la douce paix du foyer que Dieu donne aux âmes pures et simples comme la vôtre. Vous croyez peut-être que la vie est faite de prose ? détrompez-vous. La vraie poésie réside dans l'amour et dans le dévouement conjugal, et aussi dans les petites têtes roses qui entourent deux jeunes époux. N'ayez donc pas peur de regarder la vie en face : tous ses petits soucis ont leur dignité et, pour un chrétien, leur sens providentiel. »

LETTRE D'EXCUSES

« Mon cher ami,

« Pourquoi ne m'écrivez-vous pas ? Vous ai-je par malheur et surtout par mégarde offensé, blessé ou chagriné dans ma réponse ? Je ne le crois pas, c'était si loin, si loin de ma pensée ! Mais si cela était, oubliez-le et pardonnez-moi. Vous savez que par lettres on est exposé à dire une foule de sottises, même quand on a les meilleures intentions de consoler et de fortifier ses amis. Ne savez-vous pas que je suis maintenant votre frère, que mon âme veut être sœur de la vôtre, que nous souffrons avec vous, et que nous voulons vous rendre heureux. »

A UN JEUNE ÉCRIVAIN

« Je vous félicite d'avoir brûlé les vilaines choses que vous aviez écrites. Il y a là un premier effort dont le bon Dieu vous saura gré. Je n'ai pas besoin de vous dire à quel point vous avez eu raison de vous défaire de cette littérature. L'Église a besoin d'autres livres, d'autres brochures, d'autres écrits, et vous lui en fournirez peut-être avant peu. »

AUTRE LETTRE

« Vous êtes jeune de cœur, vous avez l'esprit aussi frais qu'à dix-huit ans. Je vous en félicite, mon bon, mon cher ami, et je ne vois pas pourquoi vous seriez désolé de cette fraîcheur d'imagination et de ces beaux rêves que vous faites. Dieu n'a pas fixé de limites à ces aspirations... Surtout n'allez pas au mariage comme au supplice.

« Ne vous mariez jamais sans avoir pour votre fiancée un sentiment vif, sinon d'ardente tendresse, au moins d'attachement. La figure n'est rien. Je vous l'ai souvent dit au Patys, je vous le répéterai sans cesse : c'est le cœur qu'il faut aimer. Prenez donc vos loisirs, ne sautez pas le fossé les yeux fermés, mais étudiez l'affaire avec sagesse. Soyez un juge pacifique et clément. Je suis persuadé que Dieu, à l'heure voulue, placera sur votre route la jeune fille rêvée. Ne désespérez point, et surtout ne faites rien par désespoir ou par coup de tête. Pourquoi agiriez-vous ainsi? Le jour de votre mariage, il faut que vous soyez content, sûr de l'avenir, et que vos convives n'aient aucune préoccupation.

« Quand vous aurez trouvé la jeune fille qui vous

promettra ces garanties et mettra votre âme en pleine paix, alors en avant les violons ! »

A UN JEUNE BACHELIER AVANT SON ENTRÉE AU SÉMINAIRE [1]

« Mon jeune et grand ami,

« J'ai vu dans l'*Anjou* que tu étais admissible au baccalauréat. Je suppose qu'à l'heure qu'il est tu es reçu, et que tu vois enfin de tes yeux, sans image et sans voile, le beau port où tu aspires depuis si longtemps. Je t'écris donc pour te féliciter et pour me réjouir avec toi et tes chers parents. Ne t'inquiète pas des épreuves de la vie. Tu es désormais l'enfant du bon Dieu, et tes soucis doivent être uniquement consacrés à l'apostolat. Ne t'inquiète pas surtout de la caserne. D'abord tu n'y iras peut-être pas, et si tu y vas, eh bien ! mon Dieu, tu auras à ton entrée dans la vie une belle occasion de montrer ce qu'est un jeune homme chrétien. La lâcheté générale est si grande, que Dieu ménage à ses lévites les moyens de prouver qu'ils ont du cœur et de l'énergie, et qu'ils savent remplir partout leurs devoirs.

« Sois donc bien calme et bien tranquille, passe de bonnes dernières vacances, fais une retraite en toi-même, sois tout à fait bon et aimable envers tes parents, si dignes d'amour et de respect, et prie pour moi, pour ma femme et pour mes huit enfants. Ah ! que je voudrais que l'un de nos fils te ressemblât !... Voilà qui va te donner de l'orgueil, mais tu sais bien ce que je veux dire.

---

[1] Nous pouvons nommer le destinataire de cette lettre : c'est M. Paul Bas-Madru, aujourd'hui prêtre du diocèse d'Angers.

« Tu me ferais plaisir en venant me voir. Est-ce que tu ne pourrais pas venir au Patys un de ces jours, avec tes chers parents? Tu sais si je les aime! Réfléchis donc, et écris-moi un petit mot.

« Tu sais, fais-y bien attention : il faut être bien sage, très digne, mais il ne faut pas être trop grave, il ne faut pas *pontifier* à ton âge. Rappelle-toi ce joli mot du bon saint François de Sales :

« Un saint triste est un triste saint. »

Des jeunes gens qui trouvaient sur leur route un pareil ami ne pouvaient manquer de l'aimer. C'est ce qu'ils faisaient. La plupart des lettres qu'Hervé-Bazin recevait de ceux qu'il conseillait, fortifiait ou relevait ainsi, sont pleines de témoignages de reconnaissance, d'affection vraie et émue. Et comme chez eux la note du sentiment résonne vite, ils trouvaient, pour le remercier, des mots qui ravissaient Hervé-Bazin. On en rencontrerait un grand nombre, et beaucoup d'un tour original et charmant, dans sa correspondance, si ces lettres de jeunes gens pouvaient être publiées. A titres d'exemples au moins, en voici quelques-unes de date et de provenance très diverses :

« ... Tenez, cher Monsieur, si vous étiez là, je vous serrerais les deux mains à vous les briser, parce que vous êtes bon, et que vous croyez en moi. Dans mes heures d'abattement et de dégoût je relis vos lettres : invariablement cette lecture me ramène vers Dieu. Je prie, et me voilà de nouveau sur pied. Oh! je suis bien heureux de vous avoir connu! »

« ... Je serai à Angers le 30. Tout aussitôt j'irai vous voir. Vous ne sauriez croire tout le bonheur que j'éprouve en pensant à ce jour-là. J'en sauterais jusqu'au plafond, si les plafonds étaient moins élevés. »

« ... Soyez sûr que vous pouvez compter sur le jeune soldat comme il compte sur son capitaine ! »

« ... Ah ! monsieur Hervé, si vous étiez là !... je fais quelquefois tout seul des heures de conversation avec vous ! »

« ... Et parmi les noms que je dis chaque matin au bon Dieu, le vôtre et celui de votre famille reviennent régulièrement. Je vous supplie de recevoir de moi pour toutes choses tant de remerciements et de respectueuses amitiés que vous en pourrez prendre. Encore tout ne sera-t-il pas épuisé. »

« ... Votre lettre m'a fait éprouver le plaisir le plus vif que je puisse ressentir en ce moment : celui de voir quelqu'un ne pas douter de moi, alors que j'en doute moi-même. »

« ... Vous me sauvez la vie, et souvenez-vous bien de ceci : je vous jure devant Dieu que si jamais vous ou les vôtres avez besoin d'un service, et que je sois en situation de vous le rendre, je n'y manquerai pas ! Ah ! cher Monsieur, vous me sauvez l'honneur, vous me rendez l'espérance. Que Dieu vous tienne compte de tout cela ! »

On comprend que les parents ne furent pas insensibles non plus à tant et de si sérieuses preuves d'affection données à leurs enfants. Leur inquiétude de les savoir loin d'eux se diminuait à la pensée de les savoir près d'Hervé-Bazin. Le nom de cet ami de leur fils fut souvent prononcé avec reconnaissance dans plus d'un foyer, où le père et la mère s'entretenaient de l'étudiant envoyé au loin et dont l'esprit se formait parmi tant de hasards du début de la vie :

« Je n'ai pas de paroles, cher Monsieur, écrit un père de famille à Hervé-Bazin, pour vous exprimer toute ma reconnaissance. Je vous connaissais, et vous aimais déjà par ce que j'appellerai, si vous le voulez, votre vie publique; mais que vous dirai-je de cet apostolat auprès des jeunes gens, de cette visite du pauvre à domicile, lorsque surtout ce pauvre est mon fils !... »

« ... J'ai été bien sensible à tout ce que vous me dites de bon et d'encourageant pour mon fils, écrit un autre. Le temps où nous vivons n'est pas très favorable au choix d'une carrière, mais je le remets avec confiance dans les mains de Dieu, qui saura bien lui ouvrir et lui montrer la voie à suivre. Vos fils ont du temps devant eux, mais je suis bien convaincu que vous pourrez chercher beaucoup plus haut l'idéal que vous présenterez à leur imitation. Soyez sûr qu'il y aura des indiscrets, — j'emploie le mot pour ne pas alarmer votre modestie, — qui leur montreront leur père, et leur raconteront ses œuvres. »

XIII

Les *Grandes Journées de la Chrétienté*. — Fondation des premières corporations. — Élections municipales de 1886. — Comment Hervé-Bazin comprenait le rôle de candidat. — Congrès de Lille. Rapport sur la décentralisation. — Assemblée régionale de l'œuvre des Cercles à Angers. — Toast à l'œuvre des Cercles. — Congrès de Nantes.

« J'achève avec amour mes *Grandes Journées de la Chrétienté*, qui se publieront en octobre. Quelle joie de montrer les triomphes de la sainte Église ! Comme elle est supérieure aux joies extérieures et vaniteuses de la politique ! »

Ces lignes, écrites au commencement de l'année 1886, révèlent un sentiment qu'Hervé-Bazin exprimait fréquemment dans la conversation : le bonheur avec lequel il travaillait toutes les fois qu'il croyait faire l'œuvre de Dieu. Quant au but qu'il se proposait en écrivant les *Grandes Journées*, il l'indique lui-même dans la préface du livre.

« Ce livre, dit-il, a pour but de démontrer que dix fois au moins, dans les grandes journées du Pont-Milvius, de Tolbiac, de Poitiers, de Pavie, de Jérusalem, de Las-Navas, de Grenade, de Lépante, de Vienne et de Peterwardein, la chrétienté a sauvé le monde de la barbarie païenne, sarrasine, lombarde ou turque.

« C'est pourquoi je le dédie avec reconnaissance à la Papauté, âme, base et centre de la chrétienté, et spécialement à S. S. Léon XIII, successeur de Pierre, actuellement et glorieusement régnant.

« Et je le remets en toute humilité aux chrétiens d'aujourd'hui, successeurs des croisés d'autrefois, Français, Espagnols, Italiens, Allemands, Anglais, Hongrois, Polonais, etc., qui y retrouveront le récit des exploits de leurs pères, et verront comment, à la voix des Papes, leurs ancêtres partaient et combattaient pour défendre la civilisation occidentale.

« Puisse le souvenir de ces *Grandes Journées* convaincre nos contemporains que le christianisme a le dépôt de la grandeur matérielle et morale de l'Europe, que la Papauté n'a jamais manqué à sa haute mission de tutrice et de gardienne de la paix et de l'honneur des nations, et qu'enfin il est temps, ne serait-ce que pour éloigner les guerres qui se multiplient depuis un siècle et pour arrêter par un commun effort la marche envahissante des barbares de l'intérieur, de reconstituer la chrétienté !

« Puissent aussi ces quelques pages rappeler, à tous ceux qui ont le cœur élevé et les aspirations généreuses, que le service de l'Église catholique leur donnera, de nos jours comme autrefois, le travail le plus noble, les joies les plus vives et les satisfactions de conscience les plus intimes et les plus délicates !

« Dieu veuille enfin pardonner à l'auteur de ce volume les imperfections de style et la faiblesse de la pensée, afin que le bien se fasse et que la lumière se répande en dehors de l'écrivain et pour ainsi dire malgré lui, par le seul effet des enseignements et des leçons qui jailliront de ces récits! »

La pensée maîtresse de l'ouvrage, c'est, comme on le voit, de montrer les triomphes de l'Église, qui furent aussi les triomphes de la civilisation. Hervé-Bazin estimait avec raison que de tels spectacles étaient de nature à la faire aimer et à relever tant de courages abattus. Il savait qu'il y a besoin, pour lutter, d'avoir une espérance au cœur. Il en avait une, lui, une bien grande, que nous avons dite : il croyait à un siècle de triomphe pour l'Église et d'épanouissement pour la France, et volontiers, quand il en avait donné les raisons historiques, il répétait le joli mot d'un de ses amis qui disait, rappelant les apparitions si nombreuses de la sainte Vierge en France :

« Nous serons sauvés, mon ami. Quand on voit la maîtresse de la maison se promener dans son jardin, c'est que la maison n'est pas abandonnée; et la sainte Vierge s'est beaucoup promenée ces temps-ci dans le jardin de la France. »

Le style du livre se ressent de cette vigueur d'espérance. Il est alerte. Il porte aussi le cachet oratoire dont Hervé-Bazin ne pouvait se défaire en écrivant. On dirait qu'il a été parlé avant d'être écrit.

Les *Grandes Journées* furent bien accueillies. L'édition, d'un tirage assez considérable, s'enleva rapidement. Le rêve d'Hervé-Bazin eût été de publier une seconde édition illustrée, en grand format, avec de belles gravures qui eussent mieux fait pénétrer dans l'esprit toutes les leçons d'honneur, de dévouement, d'espérance qu'il avait mises dans le texte. Ce rêve est aujourd'hui réalisé. Les *Grandes Journées* viennent d'être réimprimées en édition de luxe à la librairie Gaume. Mais l'auteur n'est plus là pour goûter cette joie.

L'hiver de 1886 vit également la fondation des premières corporatiens angevines. Hervé-Bazin fut ici l'auxiliaire d'un vieux Père de la compagnie de Jésus, le R. P. Girre, qui avait été aumônier du pénitencier de Cayenne, avait vu beaucoup de misères et beaucoup d'expulsions, ne s'étonnait pas facilement, et croyait peu aux choses impossibles. Le P. Girre s'occupa d'abord de grouper les jardiniers, puis les menuisiers. La troisième corporation fut celle des industries textiles. Il y avait de bien longues années que ce mot de corporation n'avait retenti dans les ateliers. Cependant il n'y était point oublié : il répondait à un trop vif besoin; il se rattachait à de trop anciennes traditions. Il avait survécu à l'institution disparue. Le P. Girre et Hervé-Bazin se mirent en quête des ouvriers et des patrons, jardiniers, menuisiers, filateurs, qui accepteraient l'idée d'une corporation mixte, avec un bureau permanent, des assemblées générales trimestrielles où seraient étudiés les intérêts du métier, et une messe annuelle, à l'occasion de la fête du saint protecteur du métier. Sur cette association élémentaire, il était bien entendu, pour ceux qui en accueilleraient l'idée, que l'on pourrait greffer des institutions économiques, caisse de secours, caisse de retraite, etc. Surtout à côté de la corporation ou syndicat, pour prendre le terme légal, devait toujours exister une confrérie qui rétablirait parmi les ouvriers et les patrons le lien religieux, autrefois si puissant et si bienfaisant, pour la paix du monde du travail. Les efforts tentés rencontrèrent plus de bonne volonté que les promoteurs de l'idée n'avaient osé l'espérer. Hervé-Bazin rédigea les statuts, et fit faire les déclarations légales. L'une après l'autre, les trois corporations s'organisèrent. Évidemment, l'idée rencontrait de l'écho dans le monde ouvrier. Non seulement cette entreprise, qualifiée de chimérique, ne l'était point, mais elle était presque facile. Hervé-Bazin s'en réjouit profondément.

« Nos corporations se développent très bien, écrit-il. Quel bien immense on ferait en en créant partout, si c'était possible ! C'est là l'œuvre véritable, qui porte avec elle cette paix chrétienne des esprits qui fait tant défaut à notre pauvre pays. J'ai touché à beaucoup d'œuvres catholiques, de très près : jamais je n'ai vu le bien se faire aussi clairement que dans cette entreprise de rapprochement de la famille professionnelle. Ceux qui nous ont dirigés vers cette voie, et que, dans le début, on a tant critiqués, ont été bien inspirés. Les bénédictions du saint-père ne laissent plus de place au doute, et l'expérience confirme ces vérités. Continuons donc avec le calme, la paix, la persévérance qui doivent caractériser tout effort chrétien, et si nous ne nous laissons pas rebuter, nous aurons en Anjou, avant quatre ou cinq ans, une dizaine de corporations chrétiennes qui vivront pour la gloire de Dieu.

« Cela vaudra mieux que d'être députés ou conseillers généraux ! à d'autres l'honneur, souvent infécond, à nous le travail pour le bon Dieu, pour notre chère France.

« Que ce Dieu si bon vous donne le courage, mon ami. Nous prions sans cesse pour vous, afin que vos cruelles épreuves soient adoucies[1].

Il écrit à un autre ami :

« Étudions, travaillons, creusons les questions, et surtout *appliquons-les*. C'est en pratiquant, en allant aux ouvriers, qu'on s'instruit le plus sûrement en économie politique, et non pas en faisant de la pure théorie.

« Mais surtout, surtout, soyons dociles à l'Église. Avec cela nous serons toujours unis, comme des enfants qui s'aiment dans le cœur du bon Dieu[2] ».

Aller aux ouvriers, c'est un art difficile. Hervé-Bazin le connaissait, et y réussissait. Il le prouva encore une fois dans les élections municipales qui eurent lieu vers le milieu de cette année 1886. Il a raconté lui-même cet épisode, banal si l'on veut en soi, mais original et instructif par la façon dont Hervé-Bazin comprenait le rôle de candidat. Il avait déjà siégé au Conseil municipal d'Angers, de 1881 à 1884. Il devait y rentrer en 1886 pour jusqu'à la fin de sa vie.

---

[1] Lettre à M. de la Salmonière.
[2] Lettre à M. Alex. Celier.

« J'étais arrivé au Patys, dit-il, heureux de revoir nos chênes et nos carpes, après un été consacré aux corporations et aux *Grandes Journées,* lorsque je reçus, le 22 juillet, une lettre de M. de Tarlé m'invitant à me présenter à l'élection partielle municipale qui devait avoir lieu dans mon ancien quartier du faubourg Bressigny, pour pourvoir au remplacement de M. Comte, démissionnaire.

« J'hésitai d'abord ; puis, après avoir consulté et aligné les raisons pour et contre, selon la méthode des jésuites, j'acceptai.

« Il me semble que cette élection pourra faire du bien, parce qu'elle me mettra en rapport avec beaucoup d'ouvriers. Cela vaut bien le sacrifice de mes vacances[1] ! »

Quand il avait accepté de faire une campagne électorale, il la faisait consciencieusement.

« Mes jambes se raccourcissent, écrit-il ; j'ai vu une foule énorme d'électeurs. Tout le faubourg Bressigny est fait. A demain la rue de la Madeleine. Je me sens vaillant et énergique. Je ferai mon devoir tout entier, et jusqu'au bout. »

Voici comment il remplissait son rôle de candidat. Il parcourait le quartier, surtout la partie ouvrière du quartier, tantôt seul, tantôt avec les autres candidats conservateurs, s'il s'en présentait avec lui. Il entrait dans toutes les maisons, non seulement celles qui ont boutique sur rue, mais dans les ruelles, dans les

---

[1] Lettre à M. Alex. Celier.

cours profondes où habitent les ouvriers qu'on ignore, et qui sont le nombre. Quand il trouvait l'homme, il engageait la conversation, demandait des nouvelles du métier, s'asseyait, et tâchait de glisser une idée juste sur quelque problème du travail, pour que cela du moins demeurât de sa visite. L'ouvrier, un peu étonné d'abord, se laissait vite prendre à la cordialité et à l'évidente loyauté du candidat. Si Hervé-Bazin ne gagnait pas tous ceux qu'il visitait ainsi, il en gagnait beaucoup.

Un tel système doit nécessairement amener d'amusantes surprises. Un jour, le candidat entre, sans le savoir, chez le rédacteur d'un journal radical. Le journaliste était sorti, ce fut la mère qui reçut Hervé-Bazin. Elle lui apprit tout de suite la méprise qu'il avait faite.

« Qu'à cela ne tienne, dit-il, nous pouvons causer quand même, Madame. »

Et quand la visite fut finie, la brave femme, séduite par la franchise du candidat réactionnaire, lui disait en le reconduisant :

« Ah ! Monsieur, quel malheur que vous ne soyez pas du parti ! »

Quand Hervé-Bazin rapportait ce petit fait, il racontait que, dans cette maison de radical, il y avait sur la cheminée un Christ et des images pieuses.

« Comme tous ces gens-là seraient bons, disait-il, s'ils n'étaient pas gâtés par quelques meneurs et par l'ignorance totale des choses religieuses! »

Ce sentiment, du reste, qui exclut toute animosité envers les hommes, Hervé-Bazin l'exprimait souvent. Il avait foi dans la bonté naturelle des gens. Que de fois nous l'avons entendu dire, croisant sur le boulevard quelque collègue de la gauche du conseil municipal, antireligieux par discipline, et farouche seulement dans la vie politique :

« Ah! qu'ils eussent été bons avec un autre état social! En voilà un qui, sans la révolution, aurait été marguillier de sa paroisse! »

Et, revenant encore sur la même pensée, appuyée de l'expérience qu'il avait acquise, il ajoutait :

« Mais oui, mais oui, les hommes sont bien meilleurs qu'on ne croit; j'en connais qui passent pour méchants, et ils m'ont aimé, et je les aime, et j'ai pour eux une certaine estime, et je leur ai fait faire de bonnes actions... Il suffit de toucher la corde sensible et d'oser la presser : que de qualités! que de tendresses au cœur! Il faut répondre au mal par le bien, à la froideur par l'amour. Je le vois et je le sais, et j'espère n'y manquer jamais. »

Ses adversaires sentaient en lui ce fonds d'estime, et l'un d'eux, lorsque Hervé fut mort, pouvait dire en revenant du cimetière où il s'était traîné malade :

« Je n'aurais pas voulu manquer de lui rendre ce dernier honneur... Il n'avait pas un ennemi... C'était un caractère, et les caractères sont rares. »

Les ouvriers lui donnaient à toute occasion de nombreux témoignages de sympathie. Les jours d'élection, il lui arrivait de recevoir les compliments d'humbles amis qu'il s'était faits de la sorte et qui venaient lui serrer les mains en lui disant :

« Vous savez, monsieur Hervé, c'est de tout cœur. »

Ou bien la poste lui apportait, au-dessus d'une signature, trois mots grossièrement écrits :

« Nos félicitations et notre joie! »

Pour dire toute notre pensée, nous croyons que ce succès auprès des ouvriers venait moins encore des qualités personnelles que nous avons signalées chez Hervé-Bazin, de son absence de raideur et de sa sincérité, que du sentiment qui surnaturalisait chez lui les actes les plus ordinaires, et lui montrait dans l'ouvrier, dans l'électeur qu'il visitait, un frère en Jésus-Christ. Or, ce sentiment-là, ceux qui en sont l'objet ne le devinent pas toujours, mais ils n'y résistent pas.

« Au fond, comprenez-le bien, écrit-il dans le *Jeune Homme chrétien*, c'est toujours travailler pour le Christ aussi véritablement qu'au temps des croisades, que de travailler pour l'ouvrier moderne; car l'ouvrier qui revient de son travail, après douze heures de labeur presque continu, pâle et exténué de fatigue, c'est le Christ qui passe, c'est le Christ qui circule au milieu de notre société moderne, comme jadis en Judée, et qui fait appel à notre dévouement! »

« ... Il faut aimer l'ouvrier, répétait-il encore aux jeunes gens. Vous ne lui ferez du bien que si vous l'aimez véritablement. Mais cela est facile, je vous assure. »

Il ne manquait jamais d'ailleurs d'honorer la dignité chrétienne partout où il la rencontrait, et d'en profiter pour faire modestement un retour sur lui-même. Il disait un jour à ses enfants, voyant passer un paysan du Craonnais, type achevé des vieilles mœurs chrétiennes et rudes de la campagne :

« Voilà la vertu, mes enfants, respectez-la. Ce vénérable métayer nous vaut cent fois, vous et moi ! »

Aussi n'hésitait-il pas à demander conseil à tant de simples gens qu'il estimait. Il ne croyait point déroger en allant leur demander, non pour les flatter, mais pour en faire profit, leur avis sur des questions de métier, de travail, d'association, même sur des questions de politique. Plusieurs étaient devenus réellement ses amis, et il se trouva parfois très bien des conseils qu'il reçut d'eux.

Mais retournons à l'élection municipale. Les notes du cahier rouge en indiquent assez bien les phases :

« ... Courage, c'est la devise et l'explication de notre vie. Courage, parce qu'il y a de rudes épreuves à traverser; courage, parce que Dieu envoie de bien douces compensations. C'est une petite tempête,... nous en avons traversé de plus rudes; allons, ferme! haut les cœurs! Je me sens plus vigoureux et plus fort que jamais. A jeudi, et vive Dieu! »

« 26 septembre 1886.

« Ce matin j'ai porté ma circulaire chez l'imprimeur. J'ai ajouté deux mots : « Toute ma vie j'ai demandé « l'union *chrétienne* des ouvriers et des patrons, etc. » Il m'a fallu lutter tantôt contre X..., qui voulait me les faire enlever, mais il me semble juste que, priant Dieu de bénir et de faire réussir mon élection, je fasse quelque chose pour Lui. A présent, le bon Dieu est de moitié dans mes intérêts. »

Les résultats de cette lutte électorale, vivement

engagée de part et d'autre, furent, après un ballottage, l'élection au second tour du candidat catholique.

« ... Et maintenant je rentre au Conseil de notre bonne vieille ville! Me voilà élu; je n'ai heureusement perdu ni mon temps ni mes peines, et je ne puis que louer Dieu si, comme je l'espère, ce titre me donne plus d'autorité et de facilité pour fonder les œuvres et les développer. »

Dès le mois d'octobre, Hervé-Bazin se rend à Lille pour assister au congrès des jurisconsultes catholiques. C'est dans cette assemblée qu'il lit ce rapport sur la décentralisation provinciale dont, jusqu'alors, les circonstances et un sentiment de réserve et de prudence avaient retardé la divulgation. Mais, le roi mort, l'obstacle ne subsistait plus. Produire au jour un travail dont le sens général avait reçu l'approbation du comte de Chambord, ce n'était pas trahir un secret de gouvernement, c'était répandre la pensée d'un règne évanoui. Naturellement les idées que nous avons analysées firent sensation au congrès de Lille. La question, soupçonnée de quelques esprits, n'avait point encore été posée avec cette netteté, surtout on ne l'avait jamais amenée à ce degré si voisin de la mise en œuvre. Un journal, rendant compte des travaux de l'assemblée, s'exprime ainsi au sujet du travail que nous venons de nommer :

« La séance générale de l'après-midi est remplie par un très intéressant rapport sur la réorganisation provinciale de la France.

«... En entendant M. Hervé-Bazin exposer l'économie de cette grande réforme, il n'est douteux pour personne qu'elle apporterait à la province un aliment de vie et de prospérité sans égal, en même temps qu'elle constituerait une force morale et matérielle qui serait pour le pays tout entier une sécurité et au besoin une protection. On en jugera mieux d'ailleurs quand on aura sous les yeux le texte de ce rapport absolument remarquable, et qui sera publié pour saisir le public de cette question vitale, à laquelle tous les membres du congrès ont pris le plus vif intérêt. »

Après deux jours seulement de repos au Patys, Hervé-Bazin revient à Angers, où s'ouvre l'assemblée régionale de l'œuvre des Cercles. Il avait eu, dans la préparation de cette assemblée, et il eut dans la direction des débats, une part naturellement très grande.

« Il prit plusieurs fois la parole, écrit un témoin, racontant dans une lettre ses impressions de congressiste, d'abord sans préparation, avec fermeté, distinction, netteté; ensuite dans un rapport, avec un langage chaud et élevé. Il est vraiment un des soutiens et souvent l'auteur même de ce qui s'est fait de bien à Angers, depuis les corporations jusqu'aux associations de jeunes gens; aussi son nom sort de toutes les bouches et se lit au fond de chaque pensée; mais il est si simple et si modeste qu'il ne semble pas même s'apercevoir de ces honneurs, tantôt apparents, tantôt cachés. Ce qui frappe seulement en lui, c'est la joie d'un vrai chrétien, heureux d'accomplir les œuvres de Dieu. »

Le troisième jour spécialement, il eut à donner lecture et à défendre les conclusions de son rapport sur les corporations ouvrières. Il y exposait les difficultés que rencontrent, à leur début, ces institutions, et montrait ce qu'on peut attendre d'elles. On sait qu'il avait autorité pour traiter ce sujet. Il eut soin de ne parler que des résultats obtenus, sans se mettre lui-même en cause, et la *Semaine religieuse* pouvait dire :

« Il y a une lacune dans le rapport de M. Hervé-Bazin, c'est la part de l'éminent jurisconsulte dans l'œuvre essentielle qui s'est développée si rapidement. Mais quand même sa modestie, qui égale son mérite, ne lui aurait pas inspiré cette réserve, une autre raison aurait été comprise : ce qu'il a fait tout le monde le sait et le proclame. »

Au banquet qui termina ce congrès, Hervé-Bazin prit encore la parole, et prononça ce toast :

« Messieurs,

« Au nom du comité d'Angers, je bois au comité et à l'œuvre des Cercles catholiques d'ouvriers.

« Je bois à ces hommes de cœur et d'énergie qui, après nos désastres, après nos humiliations, n'ont point désespéré de la patrie française.

« La guerre de 1870 était à peine terminée, et le sang coulait encore sur nos sillons et dans les rues de Paris, qu'ils sonnaient de nouveau le clairon et conviaient leurs concitoyens à une nouvelle campagne; mais une campagne de salut, une campagne de restauration sociale, pour ramener tous les Français à ces traditions chrétiennes et nationales qui, pendant tant de siècles, ont maintenu la France à la tête des nations! Honneur à ces hommes qui, les premiers, nous ont indiqué la voie à suivre, et nous ont montré le but à atteindre en prenant pour insignes cette croix qui brille aujourd'hui sur nos poitrines, comme au temps des croisades, et cette inscription constantinienne, *in hoc signo vinces,* que les siècles nous ont léguée comme un gage de salut et de victoire.

« Depuis lors, l'œuvre s'est fondée, et, avec les bénédictions réitérées du saint-siège et de nos évêques, elle a germé comme le gland déposé dans le sol; elle a grandi, elle a étendu partout ses rameaux bienfaisants, et elle est devenue comme un beau chêne sous lequel s'abritent ces hommes, autrefois isolés et perdus dans la foule, aujourd'hui réunis autour de leurs patrons, et qu'on appelle les ouvriers chrétiens!

« Ah! Messieurs, on a critiqué sur tel ou tel point l'œuvre des Cercles, comme on critique toute chose humaine, mais on n'a jamais osé dire qu'elle n'avait pas fait de bien. Or c'est tout ce qu'elle voulait, tout ce qu'elle désirait. Faire du bien! Elle a été à la fois un ciment pour l'union des hommes, un aiguillon pour les classes dirigeantes et une pierre d'attente pour un nouvel édifice social. Que d'hommes qui, avant elle, ne faisaient rien ni pour Dieu ni pour leurs semblables, et qui maintenant travaillent et agissent avec zèle et avec joie! Quand une œuvre a obtenu ce résultat, on peut dire qu'elle a bien mérité de l'Église et de la Patrie!

« Continuez, Messieurs, continuez d'agir et de combattre. La bataille n'est pas encore gagnée, tant s'en faut ! La charge bat toujours, et le bruit de la mêlée retentit à nos oreilles. Il faut vaincre ou mourir dans ce grand combat dont la France est le prix.

« Un jour, au matin d'une grande bataille qui devait décider du sort de la patrie, le maréchal de Saxe fit appeler un de ses lieutenants, et lui montrant de loin un pont établi sur la rivière qui séparait l'armée française de l'ennemi, lui dit :

« — Vous voyez ce pont, là-bas, sur la gauche ? Vous allez vous y rendre avec votre division.

« — Oui, mon général.

« — Vous serez attaqué par des forces supérieures en nombre, mais vous les repousserez.

« — Oui, mon général.

« — Vous serez tué.

« — Oui, mon général.

« — Mais l'ennemi ne passera pas.

« — Mon général, il ne passera que sur mon corps. »

« Le lieutenant se rendit à son poste, il fut tué, comme il l'avait promis, mais son exemple avait électrisé les soldats, l'ennemi ne put franchir ni tourner l'obstacle, et la victoire de Fontenoy rendit à la France sa force et son prestige, et la couvrit d'une gloire immortelle.

« Et sur le corps de son loyal lieutenant, qui avait donné sa vie à la France, le maréchal de Saxe vint déposer lui-même les couronnes de laurier que les dames de Paris avaient envoyées au glorieux vainqueur.

« Ainsi fera l'œuvre des Cercles, Messieurs ; elle s'est placée sur un point où l'ennemi multiplie ses efforts, parce qu'il sait que c'est le cœur de la place et la clef de toutes les positions. Ce point, c'est la question ouvrière, c'est l'ordre économique de la nation. C'est là que nous avons planté notre bannière, et que nous nous sommes serrés autour de nos chefs. L'ennemi viendra en forces supérieures, il se jettera sur nous, il emploiera contre nous tour à tour la violence et les lois, mais nous ne céderons jamais, nous mourrons s'il le faut sur notre position, comme le soldat de Fontenoy, mais l'ennemi ne passera pas!

« A l'œuvre des Cercles, Messieurs! »

A peine le Congrès d'Angers était-il terminé, qu'en novembre 1886 Hervé-Bazin s'échappait entre deux cours pour assister au congrès de Nantes, où il était appelé.

A Nantes, où il avait laissé de si bons souvenirs et de si bons amis, il reçut l'accueil le plus chaleureux, et, comme à Angers, prit sa large part des travaux. C'était la troisième fois, en bien peu de jours, qu'il assistait à une réunion de ce genre. Il ne put s'empêcher d'y faire allusion pour prévenir une objection qu'il avait entendu faire, et qu'il pressentait autour de lui.

« ... De telles réunions sont de plus en plus nécessaires pour que nous puissions nous organiser fortement, échanger nos expériences, nous éclairer sur les meilleurs procédés à suivre, et maintenir entre nous l'union qui mène à la victoire. Je ne suis pas de ceux qui disent : « Il y a trop de congrès! » Ceux-là, savez-vous quels ils sont? ce sont généralement ceux qui n'assistent à aucun, mais qui sont fatigués d'entendre parler de ceux qui travaillent, alors qu'eux-mêmes ne font rien ! Je crois, au contraire, qu'il n'y a pas encore assez de réunions semblables à celles-ci, et qu'il faudrait les multiplier pour atteindre plus vite le but que nous poursuivons.

« Voyez, en effet, Messieurs, quelle est la grande tâche à laquelle sont appelés tous ceux qui ont le patriotisme dans le cœur et la foi chrétienne au fond de l'âme : ressaisir la France, et la rendre à l'Église. Pour un tel rôle, pour une telle mission, ce n'est pas trop de tous nos efforts et de tout notre zèle; ce n'est pas trop de notre union pleine et entière, union des intelligences, union des volontés, sous la direction suprême du grand Pontife que la Providence a placé à la tête de l'Église; ce n'est pas trop enfin de cet enthousiasme chrétien, flamme céleste, fleur des Gaules, qui naît des convictions ardentes, et qui, tant de fois déjà, dans le passé, a conduit la Patrie française à la victoire! »

XIV

Mort de M. Victor Pavie. — Présidence du comité des Cercles. — Fondation de trois nouvelles corporations. — Travail de nuit des femmes. — Le devoir social. — Association des jeunes filles pour le catéchisme. — L'effroi de n'avoir rien fait.

Dans cette fin si féconde de l'année 1886, une nouvelle charge, pleine de responsabilités, vint s'ajouter à celles que portait déjà Hervé-Bazin.

Un des hommes les plus distingués par l'esprit, et des plus saints qu'ait produits l'Anjou en ces dernières années, M. Victor Pavie, venait de mourir[1]. Comme tous ses amis, comme tous ceux qui prenaient intérêt à la vie et au développement des œuvres de charité, Hervé-Bazin sentit douloureusement cette perte. Il exprima cette douleur, et rendit témoignage à l'homme de bien disparu, d'abord en prononçant sur sa tombe un éloge ému, puis dans une lettre qu'il écrivit à l'un des

---

[1] Un choix des œuvres de l'écrivain a été publié en deux volumes : *Victor Pavie, Œuvres choisies*, Paris, librairie académique Didier, 2 vol. in-12, 1884, et sa vie racontée par son frère, Théodore Pavie, l'orientaliste et le voyageur bien connu. (*Victor Pavie, sa jeunesse, ses relations littéraires*, 1 vol. in-12, Angers, Lachèse et Dolbeau, 1887.)

compagnons de sa jeunesse, à l'un des fils de Victor Pavie.

« Mon cher ami,

« Je considère comme un grand honneur pour moi d'avoir été choisi pour exprimer sur la tombe de ton pauvre père les sentiments de l'œuvre des Cercles catholiques d'ouvriers. Car ton père était vraiment l'exemple, le modèle du chrétien à Angers. La nouvelle de sa mort a retenti douloureusement dans mon cœur. Un homme comme lui, les villes n'en ont pas un par siècle, et sa trace restera profonde, lumineuse pour nous et pour nos enfants.

« Ah ! oui, mon cher ami, je comprends votre douleur, parce qu'elle est doublée par le sentiment de ce que valait le père que vous avez perdu. Quelle richesse pour une famille qu'un tel chef dont le grand évêque du diocèse a pu dire : « Il était mon ami ! » Mais, mon cher Georges, il vous a légué sa foi, ses traditions, ses mérites; vous faites le bien partout; on vous aime et on vous estime partout : il n'y a qu'à bénir Dieu et qu'à le prier de vous continuer ses grâces. »

M. Victor Pavie était, depuis de longues années, président, à Angers, du comité de l'œuvre des Cercles; Hervé-Bazin fut désigné pour lui succéder. Ceux qui savent ce qu'il y a de petits et fatigants détails, de démarches à faire, de décisions à prendre, dans la direction d'une œuvre quelconque, apprécieront le surcroît de travail que s'imposa Hervé-Bazin en acceptant cette nouvelle fonction. Malgré cela il se trouvait des loisirs.

« Je suis très heureux de n'être plus directeur de l'*Anjou,* écrivait-il sur son cahier rouge. J'ai ainsi des loisirs que je puis enfin employer aux œuvres et à la revision de mon cours. »

Bien qu'il eût résigné ses fonctions de directeur du journal, il n'en continuait pas moins à l'*Anjou* sa collaboration effective presque quotidienne.

Enfin, admettons ses expressions. S'il eut des loisirs, il les dépensa bien en s'occupant de fonder trois nouvelles corporations : celle des cordonniers, la corporation du bâtiment et celle de la métallurgie, en revisant, comme il le dit, son cours d'économie politique, et enfin en s'occupant davantage des cercles catholiques d'ouvriers.

La présidence du comité des Cercles lui ménageait d'ailleurs de vraies joies et de celles qu'il aimait pardessus toutes, en le mêlant plus intimement à la vie et aux intérêts des ouvriers. Il avait pour eux plus que du dévouement, une tendresse véritable.

Il aimait à causer avec eux de leurs intérêts et de leurs aspirations. C'est aux hommes de métier eux-mêmes qu'il aimait à demander des renseignements. C'est sur leur avis qu'il voulait appuyer ses convictions. Dans toutes les circonstances où il se trouvait en contact avec des ouvriers, par exemple quand il assistait à des réunions de corporations, son grand désir et son grand art aussi était de mettre l'ouvrier à l'aise, de le faire sortir de sa timidité et de sa défiance, et de l'amener à parler librement sur ce qu'il connaît bien : son métier, sa famille, ses besoins.

Un de ses amis le rencontra, un soir, qui revenait, tout animé, d'une réunion de ce genre :

« Qu'avez-vous ? lui demanda-t-il.

— Ah! mon cher, je viens de présider les corporations, ou plutôt d'entendre les ouvriers des corporations discuter certaines questions du travail... Ah! si vous saviez combien c'est intéressant, passionnant !

— Et quel était l'objet de la discussion ?

— Le travail de nuit des femmes.

— L'admettaient-ils ?

— Assurément non, plusieurs ont eu des mots d'une vraie éloquence pour s'élever contre cette destruction de la famille.

« — J'aime mieux ne manger que mon pain, disait l'un, que de devoir mon rôti au travail qui épuise ma femme. »

« Un autre disait :

« — Est-ce que nous pouvons vivre sans famille ? Est-ce que c'est une vie, quand la ménagère rentre à dix ou onze heures chez elle ? Et savez-vous ce qui en résulte ? On nous dit que c'est du travail de plus et que nous y gagnons. Mais si nous y laissons la santé ? On nous dit encore que c'est une richesse de plus pour la France, qui produira davantage. Mais c'est tout le contraire. Cela finit en une lourde charge pour elle. Car que peuvent être les enfants de ces femmes exténuées, dont trop de travail et trop de veilles ont miné le sang ? Des rachitiques, des malingres, des infirmes, qui ne rendront aucun service, et qui tomberont tôt ou tard à la charge de l'assistance publique. Voilà à quoi l'on aboutit avec le travail de nuit des femmes ! »

« Ah! concluait Hervé-Bazin, si vous aviez été là, si vous aviez entendu avec quelle rudesse, mais quelle sincérité aussi de sentiment ils disaient ces choses! Que j'aurais voulu voir là les hommes qui peuvent quelque chose pour la législation ouvrière! »

L'intérêt qu'il leur portait lui valait la reconnaissance et l'affection des ouvriers.

« Oui, disait l'un d'eux au directeur d'un des Cercles d'Angers, quand j'ai reçu une poignée de main de M. Hervé-Bazin j'en ai pour huit jours à être content! »

Il y avait donc joie des deux côtés lorsque Hervé-Bazin se trouvait appelé, par sa nouvelle charge ou par beaucoup d'autres causes, dans un des groupes ouvriers d'Angers. Et Hervé-Bazin consignait le souvenir de ces rencontres dans son journal intime. Il écrit ainsi le 13 décembre 1886 :

« Bien bonne journée hier au Cercle de l'Immaculée-Conception. C'était la fête patronale et l'adoration du saint Sacrement. J'y ai passé presque tout mon dimanche. A cinq heures et demie avait lieu un banquet de cent vingt couverts, à la fin duquel les abbés directeurs et les ouvriers portèrent des toasts à leur nouveau président. Ah! les braves gens! comme ils battaient des mains! comme leurs bonnes figures s'épanouissaient! L'un d'eux, un jardinier, m'apporta un superbe bouquet, fait de fleurs rares. Je l'ai embrassé, et ils ont applaudi de nouveau. Plusieurs même se sont levés de table, et sont venus à moi la main tendue :

« — Monsieur Hervé-Bazin, je voudrais vous serrer la main. »

« Je les ai remerciés de mon mieux.

« — Eh bien, me disait M. Michel en sortant de la salle, vous pouvez dire que voilà des gens qui vous aiment !

« — C'est vrai ; mais moi aussi je leur montrerai que je les aime. »

Voici le toast qui avait provoqué cet enthousiasme :

« Mes chers amis, si je me lève ce soir pour vous adresser quelques paroles, ce n'est pas seulement parce que je suis, depuis de longues années déjà, l'ami dévoué de l'œuvre des Cercles et des ouvriers, mais encore parce que, mercredi dernier, le comité d'Angers a commis une faute peut-être irréparable. J'aurais bien mauvaise grâce à m'en plaindre certainement, mais il faut pourtant que je l'accuse devant vous. Le comité, ayant à nommer un président, a choisi qui ?... Hélas ! vous l'avez deviné ! Je n'ai pas besoin de vous le dire.

« Mais, *puisqu'à présent les choses sont ainsi*, comme disaient nos pères, il n'y a plus qu'à nous efforcer de part et d'autre d'en tirer le meilleur parti possible. Pour cela, mes chers amis, permettez-moi de vous demander une chose : c'est de me donner toute votre confiance, et plus que votre confiance, votre amitié personnelle. Je vous la promets de mon côté tout entière et sans réserve.

« C'est à cette condition seulement que nous pourrons réaliser le but de l'Œuvre, qui est de faire de nous des frères chrétiens, des fils de Notre-Seigneur Jésus-Christ. Brisons entre nous toute glace, toute crainte, toute timidité. Soyons des amis, et si jamais vous êtes dans l'embarras, si vous traversez une épreuve, si vous avez quelque souci, venez nous les confier. Nous n'avons point remèdes à tous les maux, mais il y a une chose que nous pourrons toujours vous donner, parce que Dieu l'a mise en nos cœurs : c'est une profonde et ardente sympathie.

« Que ces fêtes de l'Œuvre sont charmantes et douces ! comme on y sent la vraie fraternité, la cordialité sincère ! Ici point de sot orgueil, point d'arrière-pensée, point d'envie ni de jalousie, rien autre chose que le délassement du corps et le rapprochement des cœurs dans un esprit chrétien !

« Ah ! Dieu veuille, Messieurs, qu'il en soit toujours ainsi ! Dieu veuille que nous nous aimions toujours de la sorte, que les bienfaits qui nous sont accordés soient donnés à d'autres, que nos rangs s'élargissent, que notre nombre soit doublé de bons sociétaires, afin que la foi progresse, que la guerre sociale ait un terme, et que notre chère patrie retrouve la grandeur et la paix d'autrefois.

« Pour atteindre ce but, Messieurs, buvons à l'Église, notre mère, source de toutes les énergies et de tous les courages, et à son chef actuel, S. S. Léon XIII ! Buvons aussi à ceux qui sont au milieu de nous ce soir ses représentants, à M. le curé de la Trinité, à votre cher directeur, à votre excellent aumônier, au R. P. Girre, et puissent les Cercles catholiques se développer sans cesse sous l'œil de Dieu ! »

Même parmi les catholiques, on n'est que trop généralement porté à ne voir dans les Œuvres, spécialement dans les œuvres sociales, que l'exercice d'un zèle débordant, d'une activité qui ne peut se contenir, exercice d'ailleurs permis, louable même, mais plus admirable qu'imitable pour tous ceux qui ont des enfants et des occupations. On dirait que les œuvres ne sont que le luxe de la piété. C'est une idée fausse, croyons-nous. Après le devoir d'état, pour ceux qui ont des loisirs, — et le nombre en est grand, — il reste quelque chose à faire, un dévouement à exercer, un devoir social, en un mot, qui peut se présenter sous mille formes et se remplir de mille manières, mais qui s'impose aussi. C'est un peu comme l'aumône pour les riches. Chacun est libre de donner à qui il veut, et comme il veut, mais chacun doit donner. Hervé-Bazin le comprenait ainsi. Il attachait l'importance d'un devoir aux charges qu'il remplissait dans les Œuvres. A cause d'elles, bien souvent, il ne pouvait quitter Angers à l'heure dite pour rejoindre sa famille au Patys, et il écrivait alors à sa femme des lettres d'excuse comme celle-ci :

« Vous avez dû avoir une grande déception en voyant la voiture revenir vide ! Je suis resté pour obéir au cri de ma conscience. Je n'ai jamais pu faire aujourd'hui ce dont j'étais chargé, et si j'étais retourné au Patys dans ces conditions, j'y serais retourné avec des remords et avec des inquiétudes.

« Voilà pourquoi, après bien des hésitations, je suis resté. Et maintenant il faut que je vous donne l'emploi de ma journée. Ce matin à huit heures j'étais aux bureaux de l'*Anjou*, où je trouvai une lettre de Monseigneur sur la question grecque. A neuf heures, je partais à mon cours. A onze heures, je déjeunais chez René ; à midi et quart, je recevais un avocat de *** qui a bavardé une heure avec moi « pour avoir l'honneur de me connaître ». Le pauvre homme! A une heure et demie M. G*** m'apportait un article. A deux heures et quart, départ pour Bellefontaine, où j'ai causé pendant près d'une heure avec la charmante Mlle de Vezins, notre nouvelle provinciale de l'œuvre des Cercles. A quatre heures chez le P. Girre, pour l'œuvre des Cercles. Il est cinq heures et je vous écris. Après dîner, je voudrais à la fois aller à ma conférence de Saint-Vincent de Paul, à Notre-Dame où il y a un magnifique mois de Marie, et chez M. L***. Comment faire?

« A jeudi. Ma pensée s'envole vers ce doux asile que Dieu a peuplé avec tant de bonté. Travaillons pour lui! »

Parmi les idées dont il poursuivait, vers cette époque, la réalisation, se trouve celle d'une association de jeunes filles qui enseigneraient, tous les jeudis et tous les dimanches, le catéchisme aux petites filles des écoles laïques. L'œuvre ne se fonda qu'au début de l'année 1887, mais les premières démarches furent faites en cette année 1886, déjà si riche en bonnes initiatives. Bien souvent Hervé-Bazin avait entendu des prêtres se plaindre que ces petits enfants arrivassent sans aucune préparation aux catéchismes des paroisses. Si les jeunes filles voulaient bien entreprendre cette œuvre si nécessaire! Elles ont la générosité, et elles ont le loisir! Elles seraient aimables, elles seraient patientes avec ces petits. Elles leur apprendraient la lettre et mieux encore l'esprit du catéchisme. Elles se feraient aimer d'eux. Il y aurait, par ce moyen, plus de premières communions bien faites, plus de futures ouvrières instruites de leur devoir.

Hervé-Bazin s'ouvrit de son projet au R. P. Gaudicheau, de la Compagnie de Jésus, puis à une chrétienne éminente, d'un esprit judicieux et zélé, Mme Charles Richou, enfin à M. l'abbé Malsou, curé de la Trinité.

L'idée fut tout de suite accueillie, et bientôt mise en pratique.

Grâce aux nombreux dévouements qu'elle a suscités de toutes parts parmi les jeunes filles de la société angevine, l'œuvre, rattachée à l'œuvre des Cercles catholiques d'ouvriers comme une de ses nombreuses fondations, compte déjà cinq patronages populaires, où une trentaine de jeunes filles du monde enseignent plus de deux cent cinquante petites filles, dont beaucoup seraient, sans elles, à peu près étrangères à toute notion religieuse.

Tous ces travaux, à mesure qu'ils se multipliaient, attachaient davantage Hervé-Bazin à sa chère ville d'Angers.

« Plus je quitte Angers, écrivait-il, plus j'ai envie d'y revenir, et plus je vieillirai, plus j'y resterai. Il est évident, comme la lumière de ce beau soleil, que nous devons porter tous nos efforts à maintenir notre union de famille, à l'orner de plus en plus, à nous faire une vie intellectuelle, à nous occuper de nos enfants, à retenir auprès de nous nos frères et nos sœurs. Je commence à entrevoir la vraie vie, telle que Dieu et son

Église nous l'enseignent : c'est la vie chez soi, avec des amis intelligents.

« Je ne sais pas pourquoi, disait-il encore, quand je rêve quelque chose de beau, je le rêve à Angers. J'aime tout à Angers, j'aime jusqu'aux maisons, jusqu'aux arbres des boulevards, et quand je vois de loin l'Université, en me rendant à mon cours, je me sens fier pour elle. Honneur soit à notre bonne vieille ville! »

A la fin de cette période si laborieuse et si féconde, nous retrouvons chez Hervé-Bazin un sentiment dont nous avons déjà rencontré l'expression : l'effroi de n'avoir rien fait. Il n'y a que ceux qui agissent beaucoup pour avoir de ces terreurs-là.

« Que de choses, mon ami, écrit-il, que de choses nous avons à nous dire! Ces deux dernières années ont été si dures, politiquement parlant, que j'ai vieilli de dix ans, et que vous ne me reconnaîtrez peut-être pas! Il faut absolument que nous fassions à nouveau connaissance avant qu'aient sonné nos quarante ans.

« Quarante ans! La moitié de la vie, et rien derrière soi! Rien ou à peu près rien! Je suis furieux contre moi-même! Comment ai-je donc dirigé mon existence et mes travaux? Ah! mon pauvre ami, qu'il est difficile de se rendre utile et de faire le bien!

« Et ne vous semble-t-il pas qu'il y ait devant nous une gueule de four? On n'y voit, en tout cas, pas plus clair qu'en plein minuit. Que faire? Par où aller? Où est le devoir? A quoi s'occuper? A quoi se prendre? Heureusement, dans cette horrible nuit, la croix brille encore, et cela suffit. C'est évidemment du côté des œuvres chrétiennes qu'il faut tourner notre activité.

« Ma famille vit au Patys dans la paix. Moi je suis tous les jours ou à peu près en chemin de fer, de Segré à Angers. Dans ces conditions, ma vie est un peu dure, mais je jouis du repos que goûtent les miens, et cette pensée me donne des forces[1]. »

« Comme la vie est faite! tout fuit devant nous; les projets les plus chers s'évanouissent les uns après les autres; rien ne tient, rien n'est solide.

« Vous avez raison, mon cher ami, de souligner nos quarante ans. C'est un coup de cloche de la Providence, qui en frappe comme cela plusieurs dans la vie des hommes, à différentes époques. Le coup de quarante ans est terrible. La moitié de la vie! Adieu, jeunesse! Mais qu'avons-nous fait en ces quarante ans? Hélas! mon cher Jean, je suis tout effrayé en y songeant. Rien, rien, rien! Rien pour Dieu, rien pour l'Église, rien pour la France! Tout est à refaire, ou plutôt tout est à faire. Il faut s'y mettre avec courage, sans quoi la cloche de la cinquantaine nous surprendrait encore, et il ne serait plus guère temps de réparer le passé[2]. »

Puis, sur le cahier rouge, ce petit examen de conscience qui clôt la dernière journée de l'année finissante :

« Dans quelques heures, l'année 1886 sera plongée dans la grande nuit de l'oubli; mais, avant qu'elle ne disparaisse, saluons-la, et rendons grâces à Dieu. Nous

[1] A M. Paul de Monvallier.
[2] A M. le marquis de Moussac.

avons été heureux, nos enfants se sont bien portés, et tous, nous avons fait, je crois, quelques progrès dans la piété.

« Je suis très heureux de ma présidence des Cercles, et j'y puise des joies fécondes. La fondation de la conférence Saint-Louis remonte à trois semaines. Elle comprend quinze jeunes gens charmants. Nous allons chez les Frères tous les huit jours. Les trois séances ont été déjà très intéressantes : saint Louis, la Geste de Roland, l'État social chrétien. Je crois cette œuvre appelée à donner de bons résultats. Que Dieu soit béni!

« Les *Grandes Journées* vont très bien. Je suis bien content de ce volume.

« Je ferai une conférence, le 15 janvier, à Poitiers, pour les Cercles, sur les corporations. Notre vie est assez calme en ce moment. Que Dieu en soit loué! »

Toujours Dieu!

XV

Conférences de Poitiers et de Montmorillon. — Mort de M. Mongazon. — Première attaque de congestion. — Plan des *Grands Ordres* et du *Jeune Homme chrétien*. — Lettre à ses amis. — Retraite à l'Université. — Congrès de la Jeunesse catholique. — Procession de la Fête-Dieu. — Lettre d'un ouvrier. — Lettre d'un curé. — Hervé-Bazin et les ouvriers des Cercles. — Naissance de Michel. — Lettre à M. Alex. Celier.

Hervé-Bazin travaillait donc beaucoup; il travaillait trop : l'effort l'épuisait.

Il fit cependant, le 19 janvier 1887, à Poitiers, une conférence sur les corporations ouvrières, à laquelle assistaient Mgr de Poitiers, et Mgr Sébaux, évêque d'Angoulême.

Le lendemain, nouvelle conférence à Montmorillon, où Hervé-Bazin avait été appelé par son ami, le marquis de Moussac.

Il eut alors le pressentiment que ses forces allaient le trahir. Il écrit à sa femme :

« Je vous écris de Montmorillon, toujours soufflant, toujours courant, quelle vie! Hier soir, j'ai fait une conférence décousue et faible. J'ai été mauvais; je l'ai bien senti. Je n'aurais pas dû accepter, car je me sens à bout de forces. Ils ont pourtant applaudi. Quels bons cœurs! Aujourd'hui, je suis mieux. D'ailleurs tout cela est pour le bon Dieu. Trotte, mon ami; quand tu seras usé, un autre te remplacera.

« Jean est toujours le même. C'est le meilleur des amis. Il a l'air content de sa réunion d'hier; tant mieux, mon Dieu! Je voudrais bien lui avoir fait plaisir! »

De Montmorillon, excursion rapide à Confolens, où l'appelait un autre de ses meilleurs amis, M. de Monvallier.

« Chers enfants, écrit-il, me voici à Confolens, aux confins du Limousin, du Poitou et de la Marche. Regardez cela sur la carte. Il ne faut jamais perdre une occasion de s'instruire. Hier soir, arrivée à six heures et causerie à trois jusqu'à minuit. Une véritable débauche d'amitié. »

De retour à Angers, il y retrouva la lourde tâche habituelle, et s'occupa activement de l'organisation d'un concert au profit de l'œuvre des Cercles, et de la création, — toujours comme auxiliaire du P. Girre, — de deux nouvelles corporations, celle des tailleurs, qui a pour patron saint Homobon, et celle des épiciers, qui se recommande de saint Nicolas.

« Cher Monseigneur, écrivait-il à Mgr de Kernaëret[1], je vous envoie en hâte une petite statistique de ce qui s'est fait à Angers depuis un an pour les corporations. Chacune d'elle s'organise peu à peu. Vous avez assisté au début des jardiniers. Les autres groupes naissent de

[1] Lettre à Mgr de Kernaëret, 2 mars 1887.

la même façon. Il y a à peu près chaque jour une réunion chez moi, pour faire les statuts des caisses de secours ou les règlements intérieurs. Le syndicat agricole nous donne en ce moment beaucoup de mal.

« Notre petite Françoise, qui a été si souffrante, est rétablie depuis le jour où nous avons fait un vœu à la sainte Vierge. »

A ce moment, mourait un de ses compagnons de jeunesse, qui avait fait son droit avec lui à Paris, l'un des huit qui se groupaient dans ces conférences hebdomadaires dont nous avons parlé au début. Arthur Loir-Mongazon disparaissait à trente-huit ans. Il était devenu le collègue d'Hervé-Bazin à l'Université catholique, où il occupait avec distinction la chaire d'histoire de l'art. Esprit délicat et original, d'un goût naturellement pur, que l'étude avait affiné et rendu difficile plus encore pour ses propres œuvres que pour celles d'autrui, il venait de publier un livre : *Fleurs et peinture de fleurs*[1], où beaucoup de poésie encadre beaucoup d'érudition.

Arthur Mongazon s'était toujours montré le fidèle ami d'Hervé-Bazin. Celui-ci voulut lui rendre un suprême témoignage d'affection. Le jour des obsèques, au cimetière de l'Est, il prononça l'éloge du jeune professeur. Et, par une touchante coïncidence, cet hommage rendu à l'un de ses amis de jeunesse fut le dernier écho de la parole publique d'Hervé-Bazin avant la grave maladie qui allait le frapper[2].

[1] Un volume. Paris, librairie académique.
[2] 20 février 1887.

En effet, le lundi 14 mars 1887, en sortant de la salle du Conseil municipal, à onze heures du soir, le froid vif de la nuit le saisit, et il se sentit atteint d'un commencement de congestion cérébrale. Un ami, M. Dru, lui donnait le bras. Hervé-Bazin ne lui dit rien du trouble qu'il éprouvait, s'efforça de causer, arriva à la porte de sa maison, monta péniblement l'escalier, et entra dans la chambre de sa femme à laquelle il dit le plus doucement possible, car même en un pareil moment il pensait plus à ceux qu'il aimait qu'à lui-même :

« Je me sens paralysé du côté droit. »

On courut chercher son beau-frère, le docteur Bricard. Pendant ce temps, Hervé-Bazin resta étendu dans un fauteuil, se rendant compte du danger, se recueillant et répétant son acte de contrition. Pas un instant il ne perdit connaissance; en ce moment solennel, son âme, profondément chrétienne, s'élevait tout droit vers Dieu, et, sans refuser aucun des soins qu'on lui donnait, il était cependant aisé de voir que sa plus grande préoccupation était de se tenir prêt à la mort qui pouvait venir.

« Laissez, laissez, » disait-il doucement, en écartant de la main ceux qui voulaient l'embrasser, et ses lèvres à demi paralysées murmuraient une prière.

La paralysie n'étant pas complète, on put croire d'abord à une congestion légère; ce ne fut que plus tard, et par l'altération générale de sa santé, qu'on reconnut combien fortement il avait été frappé. Sa parole resta embarrassée plusieurs semaines, sa jambe droite très faible, et sa main droite lui refusa pendant quelque temps tout service. Il ne pouvait écrire, ce qui devint pour lui une épreuve particulièrement pénible.

La nouvelle de cette maladie, tout à coup répandue, causa une vive émotion dans cette ville d'Angers où il était si aimé; ses amis se pressaient à sa porte, demandant instamment à le voir; les étudiants accouraient prendre de ses nouvelles; la conférence Saint-Louis fit immédiatement dire une messe. Plusieurs de ces jeunes gens, qui avaient pour leur professeur une affection vraiment touchante, venaient tous les jours à la maison demander s'il y avait un peu de mieux.

Le R. P. Girre, le dévoué collaborateur d'Hervé-Bazin, pleurait en annonçant cette maladie aux autres Pères de la résidence. Chacun répétait :

« Il s'est trop dépensé, il a trop donné de son grand cœur, de son esprit et de sa santé. »

Pour lui, il était admirable de courage, de patience et de simplicité. Ce coup l'atteignait en plein bonheur, en pleine activité, au milieu d'une foule de projets qu'il formait pour le bien de sa famille et des œuvres. Néanmoins ni la douceur ni la sérénité de sa nature n'en furent troublées. On peut même dire qu'il ne s'en étonna point. Hervé-Bazin avait pris le bonheur si complet que Dieu lui avait jusqu'alors donné comme une chose exquise dont il fallait remercier, mais sur la durée de laquelle il ne fallait pas compter. Il savait que l'épreuve viendrait, et, quand elle vint, elle ne le fit point défaillir : il l'attendait.

Cette force de résignation, il la puisait surtout dans le calme de sa conscience.

« Que c'est bon, disait-il à sa femme, de pouvoir se dire en face de la mort : j'étais prêt. »

Son frère était accouru de Tours; son cousin, ses

beaux-frères et belles-sœurs l'entouraient. Il se montrait doucement surpris de se voir si aimé, et s'efforçait de sourire à tous.

Ses amis du loin s'empressaient également. De tous côtés les lettres arrivaient, affectueuses et inquiètes. Parmi ces lettres, il y en a de très touchantes en ce qu'elles montrent la vivacité de l'amitié qu'Hervé-Bazin avait su inspirer autour de lui.

« ... Bien chère Madame, écrivait l'un, votre petit mot m'a enlevé un gros poids. Ma pensée n'a pas quitté le chevet du lit de votre cher malade, de mon très cher ami : il a fallu une impossibilité absolue pour m'empêcher d'aller hier à Angers entre les deux trains du soir. J'y serais certainement allé ce soir, sans les meilleures nouvelles que vous me donnez. J'en attends d'autres impatiemment. Toute la journée j'ai travaillé en communion d'idée avec lui. »

« ... Comme je suis désolé, mon bien cher ami, écrivait un autre, de vous savoir malade! Permettez-moi de vous dire que ce qui vous arrive n'est autre chose que l'effet d'un surmenage qu'on ne peut supporter impunément. Évidemment vous n'en faites pas trop pour le succès de nos œuvres, car vous avez obtenu des merveilles que vous n'auriez pas obtenues probablement si vous ne vous étiez pas dépensé autant; mais il n'y a pas de forces humaines qui puissent tenir à un pareil travail.

« Reposez-vous maintenant, mon cher ami, pour votre femme, pour vos enfants et pour vos amis. Donnez-moi de vos nouvelles. Vous pouvez compter sur mes prières, mon bon ami, elles ne vous feront pas défaut. C'est aujourd'hui la séance du comité de l'Œuvre, et je télégraphie pour qu'il y soit prié pour vous. Il sera également prié à Notre-Dame du Chêne, et le bon Dieu ainsi sollicité de tous côtés redonnera bientôt la santé à notre ami. »

Un ouvrier, et ce ne fut pas le seul, écrivait de son côté :

« ...J'espère que votre santé devient de plus en plus florissante. Vous nous êtes si nécessaire à Angers pour nos corporations, que Dieu ne permettra pas que l'épreuve que vous avez supportée se prolonge trop longtemps, et cet hiver vous serez à notre tête pour nous guider... Merci beaucoup, je ne peux oublier votre empressement à chercher ce qui peut m'être agréable. »

Hervé-Bazin se remettait lentement, et c'était, pour un homme habitué à tant d'activité, l'épreuve la plus pénible du monde de ne pouvoir reprendre ses travaux.

Mais, dès le début même, sa gaieté n'en fut point atteinte. Au bout de quelques jours, quand il put se lever, il voulut essayer d'écrire, faisant chaque matin ce qu'il appelait « son cahier d'écriture », pauvres caractères informes et tremblés, mais qui ne révèlent pas une âme abattue, bien au contraire, car il plaisantait la faiblesse de sa main.

« Quand Rouget le braconnier, écrit-il, eut vu son camarade arrêter la barque d'une main plus ferme que la mienne... »

D'ailleurs, et par une grâce dont il remercia Dieu dès le principe, l'intelligence d'Hervé-Bazin ne fut pas atteinte par la maladie qui atteignait ses membres. Elle demeura intacte. Son activité ni sa lucidité ne furent diminuées. Il n'avait point eu peur de la mort, mais il aurait eu une peur affreuse de rester inutile sur la terre. Le travail lui fut bien quelque temps interdit, mais il ne cessa pas un instant de penser à ses travaux, de faire de nouveaux projets. Il était encore couché, au lendemain de cette attaque de congestion, quand il appela une de ses filles et lui dit :

« Prends une plume, je vais te dicter le plan de deux ouvrages auxquels je viens de penser. »

Et il dicta le titre et la division par chapitres de deux livres que Dieu lui permit d'achever : *Les Grands Ordres et Congrégations de femmes*, et *Le Jeune Homme chrétien*.

« J'écrirai le premier pour mes filles, dit-il, et l'autre pour mes fils. »

Et quand il disait ses fils, il ne pensait pas seulement à sa famille, mais aux jeunes gens de la conférence Saint-Louis, à ses étudiants, auxquels il voulait laisser comme un portrait idéal de la jeunesse chrétienne.

Quand il fut remis, autant qu'on peut l'être après de pareilles secousses, l'épreuve continua sous une autre forme : ce n'était plus la souffrance, mais l'obligation de se soigner quand même. Lui qui n'avait jamais connu ni régime ni précautions, il dut suivre les prescriptions médicales les plus minutieuses, régler ses repas, ne plus fumer, épreuve rude pour qui l'a tentée, sortir à des heures régulières par n'importe quel temps. Pendant les deux ans qu'il vécut encore, sa vie fut une gêne continuelle. Par tempérament il était aussi rebelle que possible à toutes ces entraves, qui sont plus dures que le mal physique pour des natures vives et ardentes. Cependant il s'y soumit avec un abandon d'enfant. Il supporta également sans se plaindre la difficulté qu'il avait d'écrire. Une lettre lui demandait le double du temps qu'il y mettait autrefois. Il ne s'en impatientait pas. Nul autour de lui n'eut à supporter une part quelconque des sacrifices continuels que lui imposait sa santé... Un soir seulement, qu'il se promenait avec sa femme, il lui avoua qu'il n'était jamais sans souffrir depuis qu'il avait été frappé : ce fut la seule fois. Même il s'efforçait de redoubler de gaieté et de dissimuler ce qu'il pouvait éprouver de pénible. Il jouait avec ses enfants plus volontiers que jamais; il cherchait à embellir son cher Patys.

« Je me sens plus gai que je ne l'ai été depuis longtemps, » disait-il.

Et c'était vrai, et cette gaieté-là ne venait pas de la terre. Les siens, qui n'avaient pas la même résignation, ne pouvaient quelquefois s'empêcher de se montrer tristes auprès de lui. Il devinait alors leurs inquiétudes et leurs larmes, et les en reprenait doucement :

« Ne pleurez pas, disait-il, vous finiriez par me troubler. »

Le cahier rouge, confident de ses pensées intimes, montre en effet cette âme plus que jamais possédée du besoin de se dévouer et de louer Dieu.

« Quarante ans, écrivait-il le 17 juin 1887, ce sont

les deux tiers de la vie, en moyenne. Je jette un coup d'œil sur ces deux tiers : comme ils ont vite passé, et comme j'en ai peu profité!

« Pendant le premier tiers, jusqu'à vingt ans, j'ai vu mourir tous mes parents, père, mère, grand-père et grand'mère, et à dix-huit ans je me suis trouvé seul, mûri par les chagrins du Lycée. Mais alors s'est levée mon étoile, que la bonne sainte Vierge m'a envoyée, et rien qu'à l'entrevoir ma vie s'est illuminée.

« Le second tiers, c'est mon mariage, union bénie, fertile, ravissante; ce sont mes sept enfants, bientôt huit; je remercie le ciel à mains jointes de les avoir donnés à moi : qu'ai-je fait pour mériter de tels trésors?

« A côté de cela, tout le reste n'est rien. Cours, conférences, luttes politiques, articles de journaux, livres, brochures ou nouvelles, tout cela c'est la menue monnaie de la vie.

« J'ai failli, le 14 mars dernier, arrêter ma course au deuxième tiers de la vie... Dieu ne l'a pas permis, et il m'a relevé. Je le bénis de m'avoir laissé au milieu des miens, auprès de ma femme et de mes enfants, qui ont encore besoin de moi, et si je le prie de me rendre tout à fait le libre usage de la main et de la parole, c'est avec cette restriction que je ne les emploierai jamais qu'à son service et au service de la France.

« Faites, ô mon Dieu, que je reste chrétien fidèle pendant le dernier tiers de ma vie. Jésus, Marie, Joseph! que je vive et que je meure en votre sainte compagnie! »

Vers le même temps, comme il était question, un

matin, à déjeuner, du regret plus ou moins vif de chacun pour la jeunesse qui s'en va, Hervé se prit à dire :

« Oh! non, je ne voudrais pas rajeunir, je ne voudrais pas retourner à dix-huit ans! C'est trop dangereux! J'aurais peur de faire encore plus mal que je n'ai fait. Voyez-vous, mes enfants, quand on est arrivé à quarante ans en essayant de servir Dieu, quand on a la conscience que si on mourait, on s'en irait en purgatoire, mais pas en enfer, on n'a pas la moindre envie de retourner en arrière! »

Quelques extraits de lettres adressées par lui à ses amis montreront, mieux que nous ne le saurions faire, ce même état d'une âme qui grandissait dans l'épreuve.

« Avril 1887.

« Cher ami,

« Je veux moi-même vous remercier, vous embrasser, et vous dire que je vais un peu mieux, mais que ma main est toujours rebelle et faible. Vous êtes un bon ami. Continuez à prier pour moi.

« C'est encore vous, sans doute, qui avez organisé ce pèlerinage, et qui l'avez mené à bonne fin. Provincial modèle, vous remuez vos comités, et vous poussez les hommes vers Dieu. C'est bien, c'est très bien, et j'envie votre ardeur. Priez pour que Dieu m'en envoie une semblable[1]. »

« 27 août 1887 [2].

« Bravo ! et encore bravo ! Les doctrines économiques

[1] Lettre au marquis de Moussac.
[2] Lettre à M. de Monvallier.

de l'œuvre des Cercles! Quel sujet! quel succès! quelle belle fête! que je vous félicite et que je vous embrasse!

« J'ai été doublement et simplement ravi. Le *travail,* le *sujet,* le *succès* de mon ami Paul m'ont enchanté. J'ai été heureux à la pensée de savoir que vous ne vous engourdissiez pas, heureux de voir que, malgré les petites critiques de forme que vous adressiez à l'œuvre des Cercles, vous n'en aimiez pas moins les œuvres de l'œuvre, heureux enfin de savoir que vous aviez pleinement réussi, et que votre labeur avait été récompensé. Continuez, cher ami, continuez, et ne vous arrêtez pas en si bonne voie.

« Quant à moi, je vais mieux. Voici que je commence à écrire plus facilement. Ma congestion s'efface, et déjà je prépare un ouvrage sur les principaux ordres de femmes, leur histoire, leurs fondations, à l'usage des pères ayant, comme moi, de nombreuses filles. — Après quoi, si Dieu me prête vie, je ferai le *Jeune Homme chrétien,* à l'usage de mes jeunes gens de la conférence Saint-Louis. »

« Août 1887.

« Mon cher ami[1],

« Je me réjouis d'avance à la pensée de vous revoir au mois de novembre, car j'espère bien qu'alors la Faculté ne s'opposera pas à ce voyage, et je vous remercie de l'aimable hospitalité que vous voulez bien m'offrir. Les jours de soleil, c'est-à-dire les jours joyeux de l'amitié et du travail en commun, pour Dieu et la France, sont si rares maintenant!

« Je me félicite aussi de pouvoir enfin faire quelque

[1] Lettre de M. Alex. Celier.

chose pour cette œuvre de la *Réforme sociale,* qui est bonne, et qui séduit beaucoup d'esprits désireux de se tourner vers les études sociales, comme préface au christianisme. Au reste, il n'y a pas à s'y méprendre aujourd'hui : l'œuvre est chrétienne, et si elle ne parle pas toujours, du moins elle agit toujours chrétiennement. On peut donc l'aider de tout cœur.

« Oui, mon cher ami, je vais mieux, mais pas encore très bien. La main droite est toujours rebelle, et j'écris avec quelque difficulté. C'est une épreuve, et une bonne. Oh! mon cher ami, qu'il est bon de penser qu'on a été à quelques minutes de la mort! Comme on y pense ensuite, et comme on est porté à s'y mieux préparer! Au reste, le bon Dieu nous comble, car nous sommes tous en bonne santé maintenant, et en plein repos au Patys. René et sa famille sont à la campagne près d'Angers, et notre regret est d'être éloignés l'un de l'autre, car vous savez qu'une grande amitié nous unit.

« Je travaille à un nouveau livre. Je veux écrire une étude sur les principaux *Ordres et Congrégations de femmes,* leur histoire, leurs fondatrices, leur état actuel, en un seul volume semblable aux *Grandes Journées,* et toujours dans le même but : faire aimer l'Église en faisant connaître partout, — et surtout aux familles modestes de nos campagnes et de nos corporations, — ses beautés, ses gloires et ses fleurs.

« Que pensez-vous de mon idée? Dieu veuille me donner la force d'aller jusqu'au bout!

« Au revoir, cher bon ami. A votre tour, parlez-moi de vous, de vos enfants, de votre santé, de vos projets. Tout ce qui vous touche m'intéresse et me charme. »

« 29 août 1887 [1].

« Je vous envoie ce que j'ai fait jusqu'ici, le chapitre sur les religieuses, les Basiliennes et les Augustines, ne pouvant vous les porter moi-même à Dieusie, parce que je serai, quand vous recevrez ce paquet, au service de la mère de mon jeune ami d'A..., près Évron, et que je passerai près de lui, en cette douloureuse circonstance, les 30 et 31 août.

« J'ai fait de mon mieux ces premiers chapitres, dans l'espoir qu'ils feront du bien, et je suis maintenant plongé dans l'étude des Bénédictines, étude qui m'épouvante.

« Mais ce qui me soutient, c'est la pensée que mon livre, si je parviens à l'achever, pourra servir l'Église, même après ma mort. Or, faire du bien, même après la mort, ne fût-ce qu'à une seule âme, m'a toujours paru un idéal de félicité. »

Il écrivait encore, pendant une retraite fermée qu'il voulut faire à l'Université catholique, malgré sa santé toujours chancelante :

« Je suis délicieusement ici, en face du bon Dieu. Nous sommes douze à coucher, vingt à vingt-cinq aux conférences du soir. Le Père est parfait, ma santé est bonne. Au milieu de ces braves chrétiens, qui s'isolent pendant quelques jours des préoccupations et des tracas du monde pour penser à leur âme et se rapprocher du bon Dieu, on se sent en pleine paix, et dans la jouissance que donne la douce pensée des choses du ciel. Se

[1] Lettre à Mgr de Kernaëret.

rapprocher de Dieu ! c'est là le secret du bonheur, de la paix, de l'espérance, le secret qui embaume ma vie pourtant bien chargée, et qui est à la portée de tout le monde. »

Au milieu de l'année il pouvait déjà assister à la première assemblée générale, convoquée à Angers par l'Association catholique de la Jeunesse française. Cette réunion[1], ouverte par un discours de Mgr Freppel, fut extrêmement animée et brillante. Plus de deux cents jeunes gens s'y étaient rendus de tous les coins de la France.

Naturellement les étudiants de la conférence Saint-Louis prirent leur grande part des travaux. L'un d'eux, achevant son rapport sur l'histoire et les progrès de l'œuvre, termina par un éloge du directeur « tombé en ces derniers temps dangereusement malade et que les ferventes prières de ses jeunes amis ont sans doute contribué à rendre à la santé ».

Hervé-Bazin assistait à cette séance. Des applaudissements réitérés saluèrent ces paroles.

« L'assemblée tout entière, disait un journal d'Angers, voulait ainsi témoigner à M. Hervé-Bazin la sympathie irrésistible qu'inspire tout homme qui, comme lui, joint à un grand savoir et à une grande éloquence les vertus de l'homme privé et la plus parfaite aménité dans les relations.

« M. Hervé-Bazin a répondu avec émotion que, s'il demandait à Dieu de recouvrer complètement la santé,

[1] Octobre 1887.

c'était dans l'espoir de continuer à servir de son mieux l'Église et la Patrie. »

Cette année-là on put remarquer pour la première fois à la procession de la Fête-Dieu, qui se célèbre à Angers avec une grande solennité, un élément nouveau, plus de trois cents ouvriers, groupés autour des drapeaux des corporations : cordonniers, métallurgistes, maçons et couvreurs, menuisiers, jardiniers, tisserands et teilleurs de chanvre. On se montrait du doigt les chefs-d'œuvre et les torches de chaque métier, portés par quatre, huit ou dix hommes, un navire avec tous ses cordages, flottant sur la mer dont des étoffes drapées figuraient les vagues, les corbeilles merveilleuses des jardiniers, etc.

C'était l'œuvre du R. P. Girre et d'Hervé-Bazin, qui s'affirmait vivante aux yeux de tous; c'était l'ouvrier qui reprenait l'ancienne tradition et retrouvait sa place corporative dans les cérémonies publiques, son rang parmi les puissances de la cité.

Ce spectacle provoqua un peu d'étonnement, mais surtout un vif mouvement de sympathie.

Le lendemain de cette solennité, 13 juin 1887, l'*Anjou* publiait une lettre adressée par un contremaître ouvrier à Hervé-Bazin :

« M. Hervé-Bazin étant absent d'Angers, nous en profitons pour publier la lettre suivante que son auteur nous communique avant de la lui adresser, et que la modestie du destinataire ne nous permettrait pas de reproduire, si nous lui en demandions l'autorisation.

« Monsieur Hervé-Bazin,

« J'ai eu l'honneur de vous écrire le 15 mai 1884, pour vous remercier de votre énergie à défendre les corporations ouvrières. Je vous disais alors : « Courage ! « travaillez au rétablissement de ces corporations. Vous « réussirez plus tôt que vous ne l'espérez. Les ouvriers « voient de quel côté sont leurs vrais amis, et n'at- « tendent qu'une occasion pour s'unir. »

« Je n'étais pas faux prophète. Je parlais avec certitude. Je connaissais trop le cœur de mes braves camarades d'atelier pour craindre de me tromper.

« Merci pour le courage et la persévérance que vous avez dépensés afin de nous aider à la formation de ces corporations. Vous devez être heureux de voir le succès répondre à vos espérances. Qu'elles étaient belles, ces six corporations qui étaient hier à la procession ! Vous pouviez dire avec raison : « Voilà des ouvriers et des « patrons chrétiens qui ne se connaissaient pas. Je les « ai réunis sous la même bannière, pour soutenir et « défendre leurs intérêts communs. »

« Nous étions hier six corporations, mais l'année prochaine nous serons plus nombreux; d'autres corporations se formeront encore. Croyez-en un vieux roublard du tour de France : l'élan est donné ! Les ouvriers des métiers qui ne sont pas encore mis en corporation nous demandent souvent : « Eh bien ! êtes-vous contents de « vos corporations catholiques ? Qu'est-ce que c'est que « cette histoire de syndicats de patrons et d'ouvriers « réunis ? Est-il possible de s'y entendre ? Les patrons « et les ouvriers font-ils bon ménage aux réunions ? »

« Les renseignements et les explications sont toujours donnés avec plaisir; le questionneur comprend l'avantage qui peut résulter de ce genre d'association, et il se dit en se grattant l'oreille : « Diable! ce n'est
« point si bête que cela; qu'est-ce que l'on nous
« chantait donc qu'il fallait toujours faire des réunions
« d'ouvriers et se défier des patrons, car si l'on s'unis-
« sait à eux, ils nous mangeraient la laine sur le dos?
« Allons! encore un tas de farceurs qui voulaient nous
« enjôler! Dis donc, puisque tu es d'une corporation,
« quand tu entendras dire qu'il s'en forme une pour
« mon métier, n'oublie pas de me le faire savoir. Tu
« sais, on a aussi bonne tête et bonne volonté dans
« mon métier que dans le tien. »

« Honneur aux braves camarades qui n'ont pas craint de donner l'exemple en s'affirmant vaillamment catholiques à la procession. J'y ai revu avec plaisir des vieilles moustaches que j'avais connues pendant mon tour de France. Nous étions heureux de voir rétablies les anciennes coutumes de nos corporations. Nous nous étions souvent demandé quand on pourrait revoir nos chefs-d'œuvre portés à l'église et la messe célébrée à l'occasion de nos fêtes de métiers. Aussi avec quelle joie, avant le départ de la procession, on se serrait la main en se disant : « Voilà nos désirs réalisés, nous
« sommes unis sous la même bannière pour défendre
« nos intérêts communs. Remercions donc celui qui
« a lutté avec tant d'ardeur pour fonder ces corpo-
« rations qui seront notre soutien et notre lien d'amitié
« et d'union! »

« Ah! monsieur Hervé-Bazin, que les ouvriers vous

sont reconnaissants de ce que vous avez fait pour eux! Vous connaissiez bien nos besoins, et votre cœur vous guidait bien pour fonder ces belles associations.

« Vous avez beaucoup travaillé, la lutte a été dure, mais le bon droit et la raison étaient pour vous. Aussi, quelle belle récompense c'est pour vous que l'amour et la reconnaissance de tous ces ouvriers!

« Nous ne sommes pas instruits, nous ne savons pas faire de longues phrases; nous faisons plus facilement du tapage quand on nous ennuie que de beaux discours pour remercier ceux qui nous aident. Mais nous avons des cœurs qui n'ont jamais connu l'ingratitude, et qui savent apprécier le dévouement.

« Vous avez reçu des éloges et des compliments dans les grandes assemblées, dans les congrès auxquels vous avez assisté. Ils étaient bien mérités, et n'étaient que l'expression juste de ce qui vous était dû. Mais je vous affirme que rien n'est plus franc et plus sincère que le simple « merci » que vous adresse aujourd'hui un ouvrier.

« Merci donc pour tout ce que vous avez fait pour nous, vous, le principal fondateur des corporations catholiques à Angers. Merci à tous ceux qui vous ont prêté leur concours pour cette fondation. Vous vous êtes tous prodigués pour défendre notre cause, Dieu vous en récompensera, et notre dévouement ne vous fera jamais défaut.

« Comptez sur nous comme vous nous avez appris à compter sur vous!

« Un vieux compagnon du Tour de France,
« membre d'une corporation catholique d'Angers. »

Hervé-Bazin, qui ne pouvait, par ordre des médecins, accepter encore de recommencer ses conférences publiques, se donnait, en effet, avec plus d'ardeur que jamais à ses associations ouvrières. Tous les mercredis, sa présidence du comité des Cercles l'appelait place de Lorraine, à la maison corporative. Il s'y rendait régulièrement. Les réunions qu'il dirigeait se ressentaient toujours, malgré la maladie, de l'entrain qui l'animait. Il préparait avec soin les ordres du jour; il savait provoquer une discussion et écouter une réponse. Il savait surtout maintenir, dans les relations extérieures de l'œuvre avec le clergé paroissial, la plus cordiale entente. Dès qu'une difficulté légère pouvait se soulever, dès qu'une susceptibilité pouvait être en jeu, il s'employait à l'aplanir ou à la calmer, et il y mettait tant de bonne foi, tant de bon vouloir, qu'il y réussissait toujours. Son désir du bien et de l'entente étaient si évidents que devant lui les préventions tombaient.

« Bien cher monsieur, lui écrivait un curé d'une des paroisses d'Angers, si tous ceux qui s'occupent de nos œuvres avaient comme vous l'intelligence du bien, les corporations et les cercles ne donneraient aucun ennui aux curés, qu'elles ne cesseraient au contraire d'aider puissamment... Si j'avais su que vous aviez sur l'ensemble de nos œuvres le pouvoir modérateur dont vous venez si heureusement de faire preuve, je vous aurais certainement parlé de mes appréhensions. Aujourd'hui, je n'ai plus qu'à vous remercier et à vous promettre d'avoir recours à votre obligeance, puisque vous voulez bien m'y engager, toutes les fois que surgira une difficulté intéressant les œuvres dont vous êtes l'admirable providence. »

Chaque deuxième vendredi du mois, Hervé-Bazin présidait le comité des Dames patronesses. Chaque mois aussi, sauf en été, il réunissait les bureaux des corporations. Aucune réunion ne l'intéressait autant que celle-là. Il avait attiré dans le comité des Cercles plusieurs jeunes gens de la conférence Saint-Louis. L'un d'eux lui servait de secrétaire, et prenait note de ces discussions familières auxquelles Hervé-Bazin se plaisait extrêmement. Hervé revenait toujours ravi de ce qu'il avait entendu et de ce qu'il avait appris de la bouche de ses chers ouvriers.

« Je vous assure, disait-il à ses amis, qu'ils sont étonnants, admirables de franchise, admirables de cœur et remarquablement intelligents dans leurs affaires. Je compte les soirées que je passe avec eux parmi mes meilleures soirées. »

Il retrouvait encore les ouvriers dans les cercles catholiques fondés à Angers. Il allait souvent les voir, causer et même jouer avec eux. Un prêtre, directeur de l'un des cercles, nous écrit à ce sujet :

« M. Hervé-Bazin venait fréquemment nous voir, et là, dans des entretiens pleins de charme, il faisait passer dans nos cœurs ce zèle, cet amour du bien qui débordaient à flots de son âme. Oh! comme nos ouvriers aimaient à l'entendre! Ils n'auraient pour rien au monde manqué une fête présidée par lui; et quand nous avions la bonne fortune de pouvoir leur annoncer qu'une conférence serait donnée par M. Hervé-Bazin, notre vaste salle, si difficile à remplir en toute autre circonstance, se trouvait ce jour-là trop étroite.

« Je ne vous apprendrai rien en disant que ce qui avait contribué, plus encore que son éloquence, à le rendre sympathique aux classes ouvrières, c'était cet amour vrai, cet amour sincère qu'il professait pour l'artisan, pour le travailleur. Voyant des amis, plus que cela, des frères, dans ceux qu'il appelait si souvent « ses chers ouvriers », il aimait à leur donner de cordiales poignées de mains, à s'asseoir à leurs côtés et à prendre part à leurs jeux; et ce n'était pas, comme le font malheureusement quelques-uns, avec une sorte d'ennui visible, de résignation marquée; loin de là, c'était toujours avec une joie, une gaieté, un entrain qui lui gagnaient tous les cœurs. Aussi, dès qu'il apparaissait au cercle, les jeux étaient suspendus un instant, on s'avançait, que dis-je? on courait à lui, on l'entourait, on ne voulait perdre aucune de ses bonnes et affectueuses paroles, on se disputait l'honneur de jouer avec lui... On se souviendra longtemps au Cercle de l'Immaculée-Conception des bonnes parties de boules qu'il aimait à y faire avant que la maladie l'eût si cruellement frappé. Ah! si tous les membres de la classe dirigeante comprenaient ainsi leur devoir, les préjugés tomberaient vite, les différentes classes de la société se rapprocheraient, la question sociale serait résolue. »

Même après la première atteinte qui avait altéré sa santé, il se fit un devoir de toujours assister aux fêtes ou aux banquets organisés par les cercles et par les corporations, dût-il pour cela manquer à cette tradition, devenue plus chère encore avec les années, du dîner de famille le dimanche.

« Que voulez-vous, disait-il à ses beaux-frères qui se plaignaient quelquefois de ses absences, je ne puis pas venir, mes bons amis, il y a banquet au cercle. »

Ce qui le préoccupait surtout, à la fin de sa vie, pour les corporations, c'était de trouver un moyen de développer en elles et par elles l'intérêt professionnel, et de les asseoir en quelque sorte sur cette base solide. Il méditait sans cesse pour arriver à ce résultat, il en causait avec les hommes de métier les plus éclairés, et nous allons le voir, dans son désir de se rapprocher plus encore des ouvriers, les inviter à sa propre table, au milieu de ses enfants.

Il désira recevoir ainsi, séparément, chacun des bureaux des corporations. C'était pour lui l'occasion de causer plus intimement avec eux, de les attacher plus fortement à la corporation, et de leur montrer, — il pouvait l'avouer avec un légitime orgueil, — le spectacle d'une famille chrétienne.

« Je reçois ce soir sainte Anne ou saint Éloi, » disait-il gaiement à son entourage.

Quoi d'étonnant si, dans cet exercice continuel de la charité et du sacrifice, la vertu d'Hervé-Bazin progressait rapidement? A mesure qu'il acquérait de nouveaux mérites, sa modestie et sa simplicité grandissaient. Sa douceur envers tous le prouvait bien, et aussi des mots touchants qui lui échappaient. Il écrivait un jour, racontant comment il avait été accueilli par un homme du monde, qui le voyait pour la première fois :

« M. de X... s'avance à ma rencontre, et me salue profondément, comme si j'étais quelqu'un! »

Dans l'été de 1887, une de ses filles tomba malade. On la crut perdue; Hervé-Bazin eut recours à l'intercession du P. de la Colombière, et l'enfant fut sauvée. Peu de temps après, comme il se promenait avec elle, il se prit à dire :

« N'est-ce pas, petite, maintenant que nous renaissons tous deux à la vie, nous sommes curieux de tout? »

Ses joies prenaient un caractère de reconnaissance plus vive envers Dieu. Il en eut une grande cette année-là, et voici comment il l'exprime dans son journal intime.

« 22 décembre 1887, midi.

« Michel Hervé-Bazin.

« Il est né ce cher petit Michel, tant souhaité, tant sollicité du bon Dieu par l'entremise de saint Michel. Quand j'entendis son premier cri, je pensai au pèlerinage que nous avions fait il y a deux ans, à la basilique du mont Saint-Michel, et, m'agenouillant dans la chambre de mes filles, je promis à Dieu d'élever chrétiennement le petit enfant qu'il nous envoyait, afin qu'il devînt un jour la consolation de l'Église et de la France.

« O mon Dieu, prenez acte de cette promesse et ratifiez-la! Elle n'a eu ici-bas d'autre témoin que Thérèse, mais vous l'avez entendue, et je vous supplie de l'avoir pour agréable.

« Nous voici donc avec huit enfants, dont je me plais à énumérer lentement les noms dans mes prières, deux fois par jour. J'en suis fier, j'en suis heureux, et nullement inquiet, parce que la Providence saura bien les protéger. Je les donne à Dieu, qui les sauvera.

« Et toi, Michel, n'oublie jamais ta vocation. Tu as été demandé à saint Michel, tu es né sous les auspices du grand archange, et il me semble encore que tu es moins à moi que ne le fut à sa naissance le petit Jacques, et que tu appartiens d'une façon plus particulière qu'aucun autre de mes enfants au patron de la France, et par lui à la France et à Dieu. Que ces faits restent toute ta vie présents à ta pensée. Je les consigne ici pour que tu ne puisses pas les ignorer. Je tâcherai de faire de toi un enfant chrétien, instruit et fort. Mais toi seul pourras plus tard réaliser nos promesses sur le rocher du mont de Normandie, et dégager la parole de ton père et de ta mère. Lors donc que tu auras âge d'homme, tu devras être un bon, un vaillant, un courageux Français, et, soldat du xxe siècle, il faudra que tu aides la France à se relever et à retourner vers Dieu.

« Dans ce but, mon cher enfant, ton père te bénit. Puisses-tu être un jour comme ton parrain, M. de la Salmonière, fidèle à l'Église et fidèle au Roi, soldat du Pape, soldat de Charette et soldat de la Patrie. »

Et plus loin, résumant, selon son habitude, l'année écoulée, il écrit ces lignes.

« 31 décembre 1887, dix heures du soir.

« Je viens de relire notre cahier de 1887, et, assis au coin du feu, je bénis Dieu pour toutes les bontés dont il nous a comblés cette année. Les épreuves même de cette année ont servi à notre bien. Les souffrances et les soucis sont oubliés, et il ne reste en notre cœur que l'amour de Dieu, la reconnaissance pour ses bienfaits, et le désir de le mieux servir en 1888 qu'en 1887. »

Oui, cette âme s'épurait, et s'élevait encore. La correspondance d'Hervé-Bazin en témoigne aussi bien que son journal. Voici la belle lettre qu'il écrivait, le 8 janvier 1888, un an jour pour jour avant sa mort, à l'un de ses amis dont le nom s'est déjà rencontré plusieurs fois dans ces pages[1] :

« Oui, nous avons un huitième enfant depuis le 22 décembre, et c'est un fils, grande joie, un fils que nous appelons Michel parce qu'en ce moment la France a grand besoin de la protection du grand archange. En visitant, il y a quelques années, la basilique du mont Saint-Michel, nous avions été tellement affligés de l'affreux état dans lequel les agents révolutionnaires laissaient le célèbre monument, que nous avions fait la promesse, s'il nous venait un fils, de le vouer à saint Michel d'une façon toute particulière.

« Le bon Dieu nous a exaucés, et nous avons tenu notre promesse. Dieu veuille qu'un jour ce petit Michel travaille fortement pour la patrie française.

« Ah! la pauvre patrie! est-elle éprouvée! Je ne puis écrire ce nom sans me sentir ému jusqu'aux entrailles. J'avais fait de si beaux rêves pour elle! Vous les partagiez, et comme moi vous devez souffrir!

« Pour l'instant, j'ai complètement délaissé la politique pour deux causes spéciales : les corporations et la jeunesse de notre Université. Là sont mes joies et mes

---

[1] Lettre à M. Alex. Celier, 8 janvier 1888.

consolations. Ma santé se rétablit peu à peu, et je puis écrire mon cher livre sur les *Religieuses*. Je n'ai donc de toutes façons qu'à bénir le bon Dieu et à le remercier nuit et jour.

« Fin mars, nous partirons pour la campagne avec bonheur. C'est là que je voudrais enfin vous voir et causer longuement avec vous. Je déplore que les hasards de la vie nous aient séparés. J'ai la conviction, la certitude que nos âmes sont sœurs et qu'elles auraient été heureuses de vivre l'une près de l'autre. La sympathie qui m'entraîne si vivement vers vous ne peut s'expliquer autrement.

« Mais pour les chrétiens l'espoir est au ciel! C'est là que nous pourrons nous aimer devant Dieu! Le paradis n'aurait que ces joies qu'il serait déjà délicieux et digne d'une vie et même de plusieurs vies d'épreuves; mais, en outre, il y aura Dieu!...

« Au revoir, mon cher ami, je me jette en vos bras et vous souhaite une bonne, une sainte et une heureuse année 1888. »

XVI

Conférence du Havre. — Dernière allocution au cercle de l'Immaculée-Conception. — Les *Grands Ordres et Congrégations de femmes*. — Le *Jeune homme chrétien*. — Le secrétariat de la zone de l'Ouest. — Lettres de félicitations. — Lettres du nouveau secrétaire de zone. — Un mot du R. P. Alet. — Dernière retraite d'Hervé-Bazin à l'Université.

Bien souvent, depuis que la santé lui était à peu près rendue, Hervé-Bazin s'était vu sollicité de reprendre ses conférences, mais il avait dû refuser, devant l'ordre formel du médecin. On craignait une rechute, d'autant plus qu'une nouvelle campagne pour les élections au conseil municipal, ouverte au cours de l'été 1888, et dans laquelle il lui avait fallu, pour ne pas se séparer de ses collègues de la minorité, soutenir de nouveau le rôle de candidat, l'avait extrêmement fatigué. Cependant, le 5 octobre 1888, comme il paraissait presque complètement rétabli, il crut pouvoir accepter de prendre la parole au Havre.

Ce fut pour lui une grande joie de préparer ce discours, le dernier, hélas! qu'il lui fut donné de prononcer devant un auditoire considérable. N'y avait-il pas, dans l'autorisation de reprendre une œuvre qu'il aimait, la plus évidente preuve qu'on le considérait comme guéri, et que la maladie n'avait été qu'une alerte?

Il partit très heureux du Patys. Sa femme l'accompagnait.

« Tenez, lui disait-il, à l'une des premières stations, en lui montrant la ville à demi voilée à l'horizon, c'est de là que je saluais Angers, quand j'arrivais de Paris étant étudiant. Quelle joie c'était! »

Les souvenirs heureux nous reviennent si volontiers aux heures d'espérance! On dirait que cette maîtresse de la vie les a tous en sa garde, même les plus lointains, et qu'ils s'offrent à nous comme une cour autour d'elle!

D'autres fois, regardant les paysans qui travaillaient au loin dans les champs :

« C'est partout la même chose en ce monde! partout les hommes sont occupés à gratter la terre. Oh! que peu de chose nous sommes! »

Il ne fit que traverser rapidement Paris. Comme il sortait de l'hôtel pour prendre un train matinal, il eut ce mot charmant :

« Avez-vous fait votre prière à l'hôtel? demanda-t-il à sa femme.

— Oui.

— Tant mieux, parce qu'il faut prier dans ces hôtels où Dieu est si peu prié. »

« Mes chères petites, écrivait-il en arrivant, nous voici à Montivilliers, ayant fait, par la grâce de Dieu, un excellent voyage. Votre mère est un peu fatiguée, et se repose; pour moi, qui suis le *malade,* je me porte à ravir, et je crois que je ferais dix conférences de suite.

En attendant j'en retiens neuf pour l'avenir, et j'en fais une ce soir, à huit heures et demie. Tout se prépare très bien pour la séance. Les gens sont excellents, et M. et Mme Ravot, chez qui nous sommes descendus, nous reçoivent à bras ouverts, avec une simplicité qui nous ravit.

« Soyez gentilles et gentils, filles et garçons, obéissez à tout ce que vous dira votre aînée; priez bien le bon Dieu à l'adoration de Marans, priez-le pour vous et pour nous; écrivez à votre mère, et calmez ses sollicitudes maternelles.

« Nous vous écrirons plus longuement demain. Pour aujourd'hui, votre père et votre mère vous embrassent à la ronde. »

La conférence eut lieu dans la vaste salle de l'Élysée, à l'occasion de l'assemblée générale des anciens élèves des Frères.

Le sujet qu'avait choisi Hervé-Bazin lui tenait spécialement à cœur. C'était le résumé de son expérience et de son amour pour les jeunes gens : le *Jeune homme chrétien*. En disant ce qu'il savait si bien, ce que doit être la jeunesse chrétienne de notre temps, et devant un auditoire composé en majorité des anciens élèves des Frères, il devait être éloquent. Il le fut. Dès la deuxième phrase de son discours, les applaudissements éclataient : sa parole évoquait si heureusement toute la noblesse des âmes jeunes !

« Il y a quelques jours, je relisais les *Souvenirs du régiment des zouaves pontificaux*, et je considérais les photographies de tous ces jeunes gens qui se sont fait tuer pour la papauté à Castelfidardo ou à Mentana, et pour la France à Patay, à Loigny ou au Mans. Ce sont tous ou presque tous des fronts de vingt ans, des sourires d'enfants qui accueillaient la vie avec abandon, des fils de gentilshommes ou des fils d'artisans qui coururent à la mort la main dans la main, frères dans leur dévouement, frères dans leur enthousiasme, et, en voyant ces fleurs de France fauchées avant l'heure, en contemplant ces visages où la pureté le disputait à l'honneur, je sentais des larmes de regret patriotique monter à mes yeux, et je me disais : Le voilà, le jeune homme chrétien, le voilà dans toute sa grandeur et dans toute sa beauté ! »

Le dernier mot de ce discours, qui débutait ainsi par une allusion patriotique, ce fut Dieu. La dernière conférence d'Hervé-Bazin s'acheva sur cette phrase :

« *Deus! Deus ipse triumphat!* C'est par Dieu, c'est par Dieu seul que nous voulons atteindre la victoire et le salut. »

Le succès fut grand. Hervé-Bazin voulut l'écrire de suite à toute la petite couvée qui attendait, dans le nid du Patys, des nouvelles du Havre, et il leur envoya ce billet :

« Mes petits enfants,

« C'est fini, fini, fini! et bien fini. Votre père a été applaudi comme il ne l'avait jamais été.

« Ce soir le banquet. Demain, départ pour Paris.

« Je vous quitte en hâte, et vous embrasse depuis Thérèse jusqu'à Michel. — Huit échelons, huit baisers. »

Cette conférence, toute pleine de fraîcheur, d'élévation, d'enthousiasme, était l'abrégé et comme l'essai sur le public du livre qu'écrivait en ce moment Hervé-Bazin, et dont nous parlerons tout à l'heure.

« L'*Univers* reproduit en entier ce matin, lui écrit un de ses amis, cet émouvant discours, sorti du plus intime de votre cœur, et où vous vous peignez vous-même comme vous connaissent vos amis, défenseur de l'Église et de la France chrétienne, et souhaitant de voir revivre le règne du Christ[1]. »

Le mois suivant il prenait encore la parole, mais dans une circonstance moins solennelle, et devant un public beaucoup moins nombreux. Il s'agissait de fêter, au cercle de l'Immaculée-Conception, M. le baron de Villebois-Mareuil, si dévoué à toutes les œuvres, ami personnel d'Hervé-Bazin, et qui venait d'être nommé secrétaire diocésain de l'œuvre des Cercles.

Quand le punch, prétexte de la réunion, eut été servi, les ouvriers virent avec joie se lever leur président. Hervé-Bazin avait emmené son fils avec lui.

« Il est bon que ces souvenirs lui restent, » avait-il dit à sa femme en partant.

Les assistants remarquèrent qu'il était plus ému que de coutume. Son petit discours fut, en effet, tout d'émotion et de sentiment, comme si, par une disposition providentielle, cet adieu, dont nul ne se doutait, dût revêtir le caractère touchant qui l'a fait demeurer et vivre dans le souvenir.

Recherchant quelle devait être la leçon de cette fête :

---

[1] Lettre de M. de la Loge.

« Je ne crois pas me tromper, disait-il, en affirmant que ce doit être l'union et l'amitié chrétiennes.

« Oui, l'union et l'amitié entre nous tous qui sommes, au même titre, des fils de la France blessée au cœur par l'épée d'un vainqueur cruel, en même temps que frappée dans sa vieille probité et dans sa foi par les sectaires de la franc-maçonnerie ou les affamés du jacobinisme, et que, tous ensemble, d'un même effort, nous voulons rendre à la paix et à l'honneur, en la rendant à Dieu!

« Oui, l'union et l'amitié entre vous tous, messieurs les patrons et les ouvriers des métiers français, entre vous qui mettez tous la main à la même œuvre, qui prenez part au même travail, qui enrichissez ensemble la nation, qui ensemble vivez, souffrez tous les jours de votre vie, qui partagez les mêmes épreuves, qui éprouvez les mêmes joies et les mêmes consolations, et qui n'avez au cœur que les mêmes amours, l'amour de l'Église, l'amour de la France, l'amour de vos familles et de vos métiers, quatre amours qui, en se pénétrant sous l'œil de Dieu, font germer le bon citoyen.

« Oui, enfin, union et amitié entre nous et vous ; entre nous qui bataillons avec notre plume et notre parole pour ramener la France à ses traditions séculaires, et vous qui donnez vaillamment l'exemple du devoir accompli et des vertus chrétiennes à ceux qui, moins heureux, encore égarés par des mensonges et des préjugés révolutionnaires, ne prennent point part à cette belle fête, et vivent encore loin de nous! Ah! oui, Messieurs, nous devons nous aimer, que dis-je, nous devons nous entr'aider les uns les autres, car nous prenons part à la même œuvre, à la même entreprise, et bien que nos armes soient différentes, elles sont également nobles, votre outil vaut notre plume, et notre but est le même. Les rivages vers lesquels nous nous dirigeons sont les rivages de la mère patrie, nous montons la même barque, et nous résistons aux mêmes tempêtes. Si nous triomphons un jour, et Dieu le veuille! nous pourrons nous jeter dans les bras les uns des autres, et nous aurons le droit de nous embrasser fraternellement, car ensemble nous aurons combattu le bon combat!

« Buvons donc à cette amitié solide, éternelle, mes chers amis, et plaçons-la sous la sauvegarde de Dieu. Emportons de ces courts instants une virile résolution : celle de ne nous laisser arrêter par aucun obstacle, par aucune difficulté, pas même par l'apathie et l'indolence qui caractérisent la fin du xixe siècle, pour faire peu à peu progresser nos corporations et nos cercles.

« Faisons quelque chose pour l'Église, et, afin que notre travail soit fructueux, ayons sans cesse les yeux levés vers cette belle étoile, dont l'éclat a pâli en ces dernières années, mais qui reparaîtra bientôt à l'horizon, l'étoile de la France, surmontée de la croix de Constantin! »

Cette reprise de la parole publique, vers la fin de sa vie, fut une des plus douces joies d'Hervé-Bazin, joie si vive qu'elle semblait lui rendre des forces et consolider sa santé. Lui-même le pensait :

« Le meilleur remède est encore le remède surnaturel du dévouement à la classe ouvrière, » écrivait-il au comte de Romanet.

Il achevait en même temps son livre sur *les Grands Ordres et Congrégations de femmes*[1]. Il avait entrepris ce travail avec l'idée simplement de faire connaître aux familles chrétiennes quelques traits de la constitution des grands ordres et congrégations monastiques de femmes.

« ... Au fur et à mesure, écrit-il, que les documents consignés par l'histoire passaient devant mes yeux pour l'exécution de mon dessein, mon premier plan s'élargissait, et, semblable au voyageur qui ne veut aller qu'en un lieu peu éloigné, mais que les séductions de la route emmènent au loin, je me sentis entraîné à écrire l'histoire abrégée de tous ces grands ordres et de toutes ces congrégations de femmes qui sont une des principales beautés de l'Église, et qui ont rendu tant de services à l'humanité.

« Ce livre se présente donc à la fois comme un mémoire adressé aux persécuteurs modernes, pour les éclairer sur la profondeur de leurs crimes et réclamer d'eux, sinon la reconnaissance, au moins la justice, et comme un hommage aux familles chrétiennes de notre pays, pour les faire jouir d'une fierté légitime en leur racontant la naissance et les développements de ces ordres religieux dont on a trop oublié les services.

« Le chrétien de nos jours, surtout en France, doit poursuivre sans relâche un grand but : faire connaître l'Église, et l'un des moyens les meilleurs d'atteindre ce but est l'exposé historique, simple et impartial de la vie et des œuvres de l'Église. Heureux enfants qui n'avons,

---

[1] Un volume in-8º, Paris, Victor Lecoffre.

pour faire éclater les mérites de notre sainte Mère, qu'à dire comment elle a vécu jusqu'ici, et comment elle vit encore au milieu de nous. Quelle mission pourrait être plus douce? »

C'est avec cette pensée toujours présente, avec une émotion que renouvelle à chaque instant la découverte d'une nouvelle beauté dans son sujet, qu'Hervé-Bazin étudie successivement : les premiers monastères et les premières religieuses, les Basiliennes, les Augustines, les Bénédictines, les Clarisses, les Dominicaines, les Carmélites, les Ursulines, les Visitandines, les sœurs de Saint-Joseph, les Filles de la Charité, les sœurs de la Doctrine chrétienne, les Dames de Sainte-Maur, les Filles de la Sagesse, les Filles de la Providence, les Filles de la Croix, les Dames du Sacré-Cœur. A propos de chacune de ces congrégations, il rappelle les origines, le but spécial de la fondation, et analyse l'esprit particulier de la règle. On sent qu'en écrivant chaque chapitre, il a successivement aimé d'un amour de préférence chaque ordre qu'il étudiait.

Hervé-Bazin eut le temps de corriger les épreuves de ce volume, et il venait de donner le bon à tirer de la dernière feuille lorsque la mort vint l'enlever.

Un second ouvrage encore était prêt: *le Jeune homme chrétien*, et les derniers feuillets en furent trouvés simplement écrits au crayon et à la hâte, sur le bureau de travail de l'auteur.

Le Jeune homme chrétien! C'est bien par ce livre que devait finir la carrière littéraire d'Hervé-Bazin. Toutes ses convictions d'homme, qui n'étaient que des amours de jeunesse épanouis, toute son ardeur d'apôtre, qui n'était que le développement de ce premier zèle déjà remarqué pendant les années d'étudiant, l'enthousiasme qui n'avait cessé de vivre et de croître en lui, il mit tout cela dans cette œuvre de prédilection : œuvre suave, originale, où, plus que dans aucune autre, il s'est montré lui-même. C'est à propos d'elle surtout qu'on peut parler de la poésie et de l'imagination enthousiaste d'Hervé-Bazin. Oui, ce sont presque des chants continuels de haute et pure poésie ces chapitres sur la piété, l'enthousiasme, le courage, la distinction, l'honneur, l'apostolat du jeune homme. Tout ce qu'aimait Hervé y trouve naturellement sa place ; c'est sa jeunesse à lui-même qu'il revit, et qui lui dicte ces pages si ardentes et si jeunes. Par les exemples qu'il cite, on devine les livres qu'il aimait le mieux, les hommes qu'il s'était à lui-même proposés pour modèles. On devine également qu'il parle d'expérience des luttes qu'il faut engager, et aussi de la douceur de vaincre, car cette poésie est pratique ; elle s'adresse à un public que l'auteur connaît bien, dont il a vécu entouré, qu'il a sans cesse étudié, par devoir et par goût, et dont l'image lui est sans cesse présente. Il écrit pour toute la jeunesse, mais dans cette jeunesse il aperçoit ses deux fils, qu'il savait bien devoir quitter avant le temps, et il leur dédie sans doute en secret ces affections de son âme.

« Oh ! s'écrie-t-il, dans le chapitre de la piété, qu'il fait bon prier en cette chapelle de la Vierge, à Saint-Sulpice ! Le silence y est mystérieux ; la lumière qui tombe d'en haut sur la Vierge y est douce, et Marie paraît si bonne à la jeunesse chrétienne! Que de jeunes gens y ont affermi leur foi chancelante! Que d'autres y ont sauvé leur pureté compromise! Combien y ont prié pour des amis en péril! Combien y ont trouvé le secret de leurs succès! Combien y ont jeté les cris joyeux de la reconnaissance! O Marie, vous êtes la dépositaire de tous les secrets charmants des jeunes gens chrétiens, et vous leur distribuez avec abondance les grâces de votre amour. »

S'il veut, dans le chapitre de l'honneur, encourager les jeunes gens à s'occuper d'œuvres ouvrières, de quel accent pénétré, avec quelle conviction chaleureuse il le fait!

« Il y a, dit-il, deux grandes victimes dans ce siècle : l'Église et l'ouvrier. »

Et, après avoir montré la persécution religieuse, passant à l'ouvrier :

« La cause de l'ouvrier offre aussi un champ immense à votre soif de dévouement. Regardez bien à travers le monde, et écoutez : entendez-vous ces cris sauvages, ces fureurs de la grève, ces folles déclamations contre l'état social? N'ayez pas peur, n'écoutez pas ceux qui se bouchent, de parti pris, les oreilles, ou qui ferment obstinément les yeux, et approchez-vous des masses ouvrières. Que voyez-vous? Une foule immense de familles populaires, entassées les unes sur les autres, livrées à mille souffrances matérielles, et manquant surtout de la foi en Dieu. Elles ne croient plus à rien, ni au ciel ni à l'enfer; elles ne veulent plus savoir que la terre est pour tous un lieu d'épreuves; elles s'imaginent que les riches sont heureux parce qu'ils sont riches; elles ne connaissent plus les joies du paradis promises à ceux qui auront été justes, et elles veulent avoir dès ici-bas leur part de jouissance et de volupté! Le danger était-il plus grand pour la civilisation universelle, aux jours où l'empire romain était aux prises avec les barbares? Il est permis d'en douter. Un grand devoir, dans tous les cas, s'impose à tous les jeunes gens qui ont du cœur, de l'honneur et de la foi. Il leur faut s'élancer dans la grande bataille moderne et servir la cause de Dieu au milieu des foules ouvrières; mais pour cela il leur faut d'abord aimer l'ouvrier.

« Oui, mes jeunes amis, je ne retire pas le mot, au contraire, je l'accentue. Oui, pour être utile dans le service de la cause sociale; oui, pour faire du bien pendant votre vie; oui, pour exercer votre esprit chevaleresque, il vous faudra aimer de cœur l'ouvrier, il vous faudra aller à lui, et non pas seulement aller à lui par devoir strict, mais aller à lui par attrait, par affection. Je vous assure que l'ouvrier est digne de votre respect et de votre amour. C'est un grand enfant trompé depuis un siècle par les sectaires de l'impiété (alors que nous vivions loin de lui); mais il est bon, généreux, reconnaissant, il a l'enthousiasme et les élans faciles! N'en soyez pas étonnés. Si vous saviez comme l'ouvrier était pieux, brave, intelligent, fidèle à Dieu et au Roi avant 1789! Mais la Révolution l'a séparé de nous; il a chancelé un instant, puis il est tombé à gauche où il n'a trouvé que tristesses, souffrances et colères. Ne sommes-nous pas un peu coupables de sa chute? Notre égoïsme ne nous a-t-il pas tenus trop longtemps loin de l'ouvrier? N'avons-nous pas laissé les ennemis de la foi meurtrir tranquillement et ravager son âme? Ah! mes chers amis, courons réparer ces longs oublis, courons prendre au foyer du peuple la place des scélérats de l'athéisme; courons sauver tant d'âmes abandonnées, et épargner à l'Europe un effroyable et prochain cataclysme. Grâce à Dieu, le mode d'action est tout trouvé. Depuis plus d'un demi-siècle l'Église travaille avec une persévérance et une ardeur admirables. Les conférences de Saint-Vincent-de-Paul se sont d'abord formées pour pénétrer dans la mansarde de l'ouvrier. Faites partie des conférences de Saint-Vincent-de-Paul. Les patronages se sont ensuite élevés pour attirer et préserver les enfants du peuple. Allez dans les patronages et mêlez-vous aux enfants du peuple. Et enfin, voici qu'une œuvre se dresse pour tendre la main aux ouvriers adultes, pour leur ouvrir des cercles, pour les grouper en des corporations où l'ouvrier se retrouve lui-même, en même temps qu'il y rencontre des amis, et que la foi renaît ou s'agrandit. Jeunes gens, je vous en conjure, inscrivez-vous dans les rangs de l'œuvre des Cercles catholiques, et prenez part à cette nouvelle croisade où la papauté et l'épiscopat vous convient... »

Et il ajoute :

« L'esprit d'apostolat est l'exercice de la vertu de charité arrivé à un certain degré, et son résultat, dans celui qui se livre aux œuvres apostoliques, c'est de rendre toutes les autres vertus plus solides et plus glorieuses. O jeunes gens, vous que j'aime non seulement à cause du charme particulier qui est en vous, mais surtout à cause du bien que vous êtes appelés à faire un jour, connaissez-vous rien qui soit plus doux que de faire du bien à un homme, que de le rendre meilleur, que de ramener son âme à la connaissance et au respect de la vérité? »

Parle-t-il de l'enthousiasme?

« L'enthousiasme est une ardeur que donne la plénitude d'une conviction et la grandeur d'un amour pour une noble cause.

« Avoir de l'enthousiasme, c'est s'attacher aux épaules deux ailes blanches, avec lesquelles on vole, comme la colombe, bien au-dessus du sol, vers les horizons célestes.

« Celui qui a de l'enthousiasme ne s'arrête point, en effet, aux misères d'ici-bas. Son esprit est sans cesse attaché à sa mission sublime. Il se considère comme un fermier du Christ, et ne porte intérêt qu'à la moisson qu'il s'est chargé de récolter et d'enjaveler pour son maître. »

Eh bien! ces pages tour à tour si élevées et si charmantes, elles ont été improvisées. Elles sont sorties telles quelles du cœur de cet homme de bien, éloquentes et poétiques, parce qu'il ne fut jamais plus lui-même qu'en les écrivant. Uniquement préoccupé des idées qu'il exprimait et du dévouement qu'il voulait inspirer, il s'oubliait lui-même, et c'est en s'oubliant qu'on se donne tout entier. Il avait un petit carnet sur lequel il notait au crayon les exemples qu'il mettrait dans son livre et les idées qui lui venaient. Sur la première page, il avait mis :

« O mon Dieu, faites que ce livre soit utile aux jeunes gens!
« Saint Louis de Gonzague, priez pour nous!
« Saint Stanislas Kostka, priez pour nous!
« Saint Jean Berchmans, priez pour nous! »

Rentré chez lui, quand il trouvait un peu de loisir, il s'asseyait à son bureau, ouvrait son carnet, et, sans autre guide, tout enflammé de son sujet, il écrivait avec une abondance extraordinaire, sans se reprendre, sans raturer.

« Ah! que j'ai de regrets, disait-il, que ma plume ne puisse pas aller aussi vite que ma pensée! »

Grâce à ce travail rapide, il eut le temps de tout écrire, et il se trouve que cet ouvrage était le meilleur de tous les siens, le plus vivant, et qu'il pouvait être imprimé sans avoir été relu[1].

Ce fut au milieu de ce travail de composition qu'Hervé-Bazin fut sollicité d'accepter une nouvelle et très importante fonction dans l'œuvre des Cercles catholiques d'ouvriers. M. de la Guillonnière lui demanda de prendre la direction de l'œuvre dans la région de l'Ouest, à la place du regretté comte de Bélizal.

Pour comprendre ce qu'étaient les fonctions que l'on proposait à Hervé-Bazin, il faut savoir que, pour la bonne répartition du travail entre ses membres,

---

[1] La première édition du *Jeune homme chrétien*, tirée à 2.000 exemplaires, en juin 1889, a été rapidement épuisée. La seconde a paru au début de l'année 1891.

l'œuvre des Cercles a divisé la France en sept zones, ayant chacune à leur tête un secrétaire de zone. Chaque zone renferme six provinces; celle de l'Ouest, par exemple, comprend la Haute et la Basse-Normandie, la Haute et la Basse-Bretagne, le Maine, l'Anjou et la Vendée. Le secrétaire de zone a pour mission de correspondre avec les secrétaires provinciaux, de s'entendre avec eux sur tout ce qui concerne l'Œuvre, de visiter les diverses fondations de chaque département, d'en promouvoir de nouvelles et de renseigner exactement chaque semaine le comité général de Paris sur les progrès à faire ou accomplis, sur les difficultés survenues, etc. Ce simple énoncé montre que la situation d'un secrétaire de zone n'est en aucune façon une sinécure, qu'elle entraîne avec elle une grande responsabilité et des obligations considérables de déplacements et de correspondances.

Hervé-Bazin, surpris dans son habituelle modestie et un peu effrayé qu'on lui offrît une des charges les plus importantes de cette œuvre, à laquelle il s'était dévoué, hésita beaucoup, pria, demanda des prières, examina les raisons d'accepter et celles de refuser, et, parmi ces dernières, l'une surtout le touchait : en devenant secrétaire de zone, il lui serait impossible de demeurer président du comité local des Cercles. Quitter ses chères réunions, abandonner pour d'autres fonctions plus élevées, et sans doute plus utiles, puisqu'on lui demandait instamment de les prendre, les relations intimes, fréquentes, où il se plaisait tant, avec ses collègues du comité d'Angers, devenir plus universel et moins angevin, c'était un gros sacrifice pour lui.

Il consulta ses amis, comme il le faisait toujours dans les circonstances importantes : habitude que nous avons déjà maintes fois constatée chez lui, et qui satisfaisait à la fois son cœur et son humilité. Tous lui conseillèrent d'accepter, si sa santé le lui permettait.

« Mon bon ami, lui répondait l'un d'eux, de tout mon cœur je m'unis à votre triduum, je communierai demain à vos intentions. En toute franchise, et devant Dieu, voici ma réponse à vos questions : Je crois qu'une action sur quinze départements est plus utile que l'action sur une seule ville, quelle que soit d'ailleurs l'importance de cette action et de cette ville, sauf peut-être pour Paris, et encore!.. Nous, catholiques, nous sommes *beaucoup trop peu catholiques,* puisque nous sommes toujours portés à particulariser, à localiser notre action, au lieu de la généraliser : ma paroisse, tout au plus mon diocèse... Ce n'est pourtant pas toute l'Église, pas même toute la France. Ce sentiment et cette habitude, très communs aujourd'hui, me paraissent une des formes de l'individualisme révolutionnaire. Rien n'est plus affaiblissant. Nos ennemis se gardent bien d'employer cette méthode : Maçonnerie, Ligue de l'Enseignement, etc... toujours des associations générales, le plus souvent internationales. »

Hervé-Bazin crut de son devoir d'accepter. Quand on le sut au comité des Cercles d'Angers, ce fut une désolation. Qu'Hervé-Bazin consentît à être chef de zone, fort bien, mais qu'il abandonnât la présidence du comité, cela ne se pouvait pas. Les regrets prirent d'abord la forme d'une vraie protestation, presque d'un reproche.

Un des vicaires généraux d'Angers, M. l'abbé Grimault, venait d'être nommé protecteur de l'œuvre des Cercles dans le diocèse. Assailli de réclamations, il vint trouver le nouveau secrétaire de zone, lui représenta qu'il avait reçu plusieurs députations, le priant d'empêcher le président du comité de se démettre, que, de l'avis général, les ouvriers accepteraient difficilement une pareille détermination, attachés qu'ils étaient à leur président; que les membres du comité n'avaient pas pour lui une moindre affection, et que la vivacité de ces amitiés était telle, de part et d'autre, qu'on en appellerait à l'intervention de l'évêque plutôt que de laisser s'accomplir un si fâcheux départ.

Il ajoutait :

« On m'a fait valoir encore une autre raison :

« Il y a des ouvriers dans nos Cercles qui avaient oublié leurs prières depuis longtemps, et qui les ont retrouvées l'année dernière, quand vous êtes tombé malade. Pouvez-vous les abandonner après qu'ils ont prié pour vous ? »

Hervé-Bazin, extrêmement touché de cette démarche et des sentiments dont elle faisait preuve, promit volontiers de continuer, comme par le passé, à s'occuper des corporations et de leurs réunions de bureaux. Mais il devait rester quand même fidèle à la résolution qu'il avait prise, et il arriva, comme bien souvent d'ailleurs, qu'un homme de mérite et de dévouement se trouva juste à point pour recueillir la succession d'Hervé-Bazin au comité : M. Couscher de Champfleury.

En dehors d'Angers, au contraire, les membres de l'Œuvre, qui se considèrent et qui sont en effet comme une famille très unie, exprimaient leur joie. Hervé recevait de tous côtés des lettres enthousiastes.

« Cher ami, je ne sais s'il y a dans la zone quelqu'un de plus content que moi de vous voir prendre la succession de Bélizal; j'en doute! » disait l'un.

« Vive Dieu! vous m'aurez pour second! » écrivait un autre.

Mgr Freppel.

«... Mon cher ami, je mets sous la protection de Marie immaculée ma première épitre au nouveau secrétaire de la zone de l'Ouest. Et d'abord, je veux vous dire la joie que m'a causée mercredi matin, à Paris, l'arrivée de votre lettre. Armé de la bonne nouvelle, je suis allé à la séance du comité, où j'ai immédiatement proposé votre nomination. Vous savez que le règlement exige une remise à quinzaine, mais, sans vouloir offenser votre modestie, je puis vous dire que l'accueil fait par les membres présents au prononcé de votre nom m'autorise à vous considérer dès à présent comme investi de vos fonctions, et je viens, par le même courrier, d'en aviser tous nos secrétaires de provinces, en les priant de vous adresser désormais leurs rapports, et, pour commencer, de vous renseigner exactement sur la situation de leurs provinces respectives. »

L'une de ces lettres de félicitations est particulièrement touchante, car celui qui l'écrivit, nommé secrétaire de la zone du Sud-Oues presque au même moment où Hervé-Bazin entrait en charge, dans la zone voisine, devait mourir comme lui à quelques jours de distance. L'*Association catholique* annonça dans le même article nécrologique la perte de ces deux bons serviteurs de l'Œuvre.

« Mon bien cher Confrère,

« J'ai appris avec bonheur votre nomination à la zone de l'Ouest, et me suis félicité pour l'Œuvre qu'elle ait fait un si beau choix. Merci donc de votre salut confraternel : soyez sûr que je l'apprécie à sa juste valeur, et que je suis prêt à vous rendre sympathie pour sympathie... Je crois comme vous que nous ne sommes pas assez hommes de prière et de dévouement : celui-ci surtout fait trop défaut, et s'amoindrit tous les jours en certains pays. Vous voyez que nous sommes absolument d'accord, et que si nous n'obtenons pas grand'chose, ce ne sera pas faute d'entente. Marchons donc en nous serrant les coudes et ensemble faisons violence aux hommes, en faisant violence au ciel...

« F. DE CARRIÈRE. »

Hervé-Bazin jouissait profondément de toutes ces amitiés débordantes qui venaient à lui. Sa préoccupation principale, son but en acceptant cette nouvelle charge, était d'imprimer à l'Œuvre une marche en avant. Il voulut d'abord se rendre compte exactement de la situation de la zone, et, sans retard, se mit en rapport avec les principaux membres de l'Œuvre dans les provinces de l'Ouest. Les lettres échangées sont de la plus parfaite simplicité et humilité. Il y a bien loin de cette correspondance à la correspondance ordinaire entre hommes du monde. Mais comme cela sort de la banalité, du convenu et de l'inutile de tant de lettres!

Il écrit à son chef hiérarchique, M. de la Guillonnière :

« Cher ami,

« Je vous ai fait écrire avant-hier par ma fille que j'acceptais le poste que vous m'avez proposé. Je m'efforcerai de le remplir pour le mieux, avec la grâce de Dieu. Je ne vous promets point de faire merveille, je vous promets seulement de faire mon possible. J'espère, d'ailleurs, que vous voudrez bien m'aider, vous et les provinciaux et diocésains, dans l'œuvre d'organisation et de marche en avant que nous allons entreprendre.

« Je vous envoie mes trois *questions,* en vous priant de les relire et de me dire très franchement si elles conviennent. Vous comprenez que je suis très neuf.

« De même pour les sous-questions. J'ai peut-être dit et fait des sottises. Corrigez-moi, et reprenez-moi.

« Comme en entrant dans une maison il est bon de dresser un état de lieu, je dresserai, et vous enverrai prochainement, ainsi qu'au comité, un état descriptif et estimatif de la région qui m'est confiée, et je copierai pour cela les données de mes provinciaux et diocésains.

« Ce sera officiel, mais non public.

« Je tiens beaucoup à ce procès-verbal de constat avant d'entrer en charge.

« Tout a parfaitement marché à Angers. M. Couscher de Champfleury a été élu à l'unanimité président, et M. de Geoffre secrétaire général. Deux Saumurois! Vive Saumur! »

Quelques jours plus tard, voyant croître indéfiniment le nombre de lettres qu'il avait à écrire ou à répondre, et sentant mieux le poids de la charge qu'il avait prise :

« Que j'ai bonne envie de vous faire une querelle, écrivait-il au même correspondant. Ah! vous m'aviez dit que la direction de la zone était beaucoup plus douce que la présidence d'Angers! J'en suis revenu. Tous les jours... tous les jours... et toujours de plus en plus!

« Mais vous êtes un si aimable et si charmant entraîneur que l'on n'est pas tenté de se plaindre.

« Et puis vous ne vous ménagez pas vous-même.

« Je commence à voir un demi jour dans ma zone.

« Merci de vos vœux pour 1889, l'année du grand combat. Nous nous reposerons en 90, mais il nous faut un Austerlitz d'ici là. »

Cette marche en avant que voulait Hervé-Bazin, c'était

surtout la diffusion, dans toute la zone qui lui était confiée, de l'association professionnelle :

« Faisons partout des syndicats. » répétait-il.

Et unissant dans un même plan les deux réorganisations qui lui étaient chères, il écrivit au marquis de la Tour du Pin sa pensée tout entière :

« La restauration de la *province* et celle de la *corporation* l'une par l'autre. »

« Hervé-Bazin était peut-être de tous les serviteurs de l'Œuvre, disait plus tard M. de la Tour du Pin, dans l'*Association catholique,* celui qui avait le mieux compris le lien qui existe entre ses doctrines sociales et ses fondations locales. »

Nous allons le voir indiquer quelques-uns de ses projets dans une série de lettres, les dernières de sa vie, et qui sont des modèles de cordialité et de simplicité chrétiennes.

A M. MILCENT

« 26 décembre 1888.

« Cher confrère et ami,

« Je vous remercie de tout mon cœur de vos renseignements. Nous travaillerons ensemble, et si le bon Dieu veut bien nous aider, nous réussirons. Je connais la plupart de vos présidents de comités, à cause des conférences que j'ai faites en Normandie. Cela me donnera une porte d'entrée facile pour vous aider autant que je le pourrai. J'espère pouvoir, cette année, faire le tour de la Normandie et y voir toutes vos fondations.

« Nous porterons tous nos efforts, si vous le voulez bien, sur les syndicats professionnels.

« Je tiens beaucoup à votre opinion avant de commencer mes travaux. Tâchez donc de venir à Nantes; nous avons tant à causer. »

« 29 décembre 1888.

« Mon cher monsieur Harmel,

« On vient de me nommer chef de la zone de l'Ouest, et je viens, à ce titre, vous apporter le salut du frère d'armes et vous demander un conseil.

« J'ai écrit à tous mes lieutenants que je désirais obtenir dans toute la zone ce que nous avons obtenu à Angers, au moins en partie :

« 1º L'estime et l'appui de l'épiscopat et du clergé;

« 2º Augmenter la piété dans nos institutions;

« 3º Pénétrer plus avant que par le passé au milieu des masses ouvrières.

« Ces trois points se résument en trois vertus chrétiennes :

« L'humilité nous donnera le premier;

« La piété nous donnera le deuxième;

« La confiance en Dieu nous mènera au troisième.

« N'est-ce pas votre pensée?

« Le pèlerinage de Rome fera l'objet de toutes mes recherches et de toutes mes énergies, car il sera justement la source des trois vertus qui nous manquent si souvent.

« ... Par quoi me conseillez-vous de commencer? La tâche est si grande qu'elle m'effraye un peu. Mais je sens combien elle est belle.

« Pour moi, les *associations professionnelles*, les *syndicats*, sont *l'avenir actuel de l'Œuvre*. C'est donc à la *constitution de syndicats (urbains ou ruraux)* que je vais pousser tout le monde.

« Je ne me suis pas borné à écrire à tous mes provinciaux, mais encore aux diocésains, et j'ai l'intention de pénétrer jusqu'aux présidents de comités locaux. Il faut que la marche en avant soit parallèle. On m'objectera la règle, mais la règle est faite pour *aider au bien* et non pour l'entraver. Je m'appuierai du reste sur les *provinciaux* pour seconder l'action générale.

« Je vous demande pour demain un mot de prière, mon bien cher confrère et ami ; j'ai demandé à Dieu ce matin l'indulgence plénière à laquelle le bref de 1877 me donne droit (si je la mérite, hélas !) et je l'ai supplié de m'accorder la foi, la persévérance et la douceur nécessaires pour réussir dans ma nouvelle mission.

« Ne m'oubliez pas auprès de Lui, et donnez-moi, je vous prie, un conseil, une direction. J'en ai grand besoin. »

A M. DE LA SALMONIÈRE

« 3 janvier 1889. »

« Mon cher ami,

« Merci de vos vœux, merci de vos renseignements, merci enfin de votre bonne et excellente lettre, qui m'a pénétré et réchauffé le cœur. A mon tour de vous présenter mes meilleurs vœux pour vous, votre chère femme, tous vos enfants et même pour celui qui doit venir et que j'aime déjà beaucoup parce que vous en êtes le père.

« J'espère que l'année 1889 sera pour nous tous une

bonne et sainte année. Oui, cher ami, nous ne devons avoir qu'un but dans l'Œuvre, et lorsqu'on n'a qu'un but on le poursuit plus facilement : faire connaître et aimer Dieu de nos chers ouvriers.

« Puisque, par le moyen de notre Œuvre, nous avons quelques ouvriers autour de nous, n'oublions jamais d'employer toute notre influence à les rapprocher de la sainte Église. Vous faites cela depuis l'origine, cher ami; vous serez mon modèle et mon guide, et, dans l'exercice difficile et délicat de mes nouvelles fonctions, je compte m'appuyer fortement sur votre amitié.

« Dans une admirable lettre que je reçois ce matin, et que je vous communiquerai plus tard, Harmel résume ainsi l'Œuvre : *Dieu, la famille, le métier!* Ce sont bien là nos trois objectifs.

« De la première ligne à la dernière, du premier mot au dernier de votre excellente lettre, je suis en plein accord avec vous. En vous lisant je croyais me lire, sauf que je n'aurais jamais si bien dit.

A UN JEUNE HOMME

« 7 janvier 1889.

« Cher ami,

« Moi aussi, je vous réponds à la hâte.

« Le problème social consiste à remettre Notre-Seigneur Jésus sur le trône de France.

« C'est-à-dire à le faire régner de nouveau sur la *famille* et le *métier*.

« C'est à quoi s'emploie l'œuvre des Cercles, qui, faute de s'être bien expliquée, a vu beaucoup de gens entrer en défiance contre elle.

« Le moyen qu'elle a employé d'abord était le *cercle avec sa chapelle.* C'était excellent, mais exigu. Cela n'a pas été très bien compris. Et puis beaucoup de cercles ont été fermés arbitrairement par les préfets..

« Alors est venue une meilleure conception :

« *L'association dans les métiers.*

« Peu importe le nom que prendra l'association, syndicat, confrérie, etc.; ce qui est certain et démontré par l'expérience, soit dans la grande industrie (Val des Bois), soit dans la petite (Angers), c'est que la réunion des patrons et des ouvriers, ayant pour objet la défense et le développement de leurs intérêts communs sous la direction d'un prêtre, amène peu à peu la paix, l'ordre, l'esprit chrétien, dans les relations des travailleurs.

« Ce n'est pas là du *socialisme* ni du *communisme;* nous respectons profondément la propriété de chacun. Le mot fâcheux *socialisme chrétien* est venu d'Allemagne, où il veut dire : étude des questions sociales, et n'implique aucune doctrine.

« L'œuvre des Cercles est la fille la plus soumise du pape et des évêques. Or cela garantit absolument ses membres contre toute idée de *socialisme d'État.*

« Nos corporations angevines et autres ne sont pas rien que des *corporations pieuses,* elles le sont même très peu, n'allant à l'église qu'une fois par an, le jour de la fête patronale; mais ce sont des syndicats professionnels, comprenant des hommes du même métier, — patrons et ouvriers mêlés, — qui ont fondé entre eux une société de secours, une caisse de retraite, un dispensaire, etc., et qui commencent à aborder les intérêts professionnels.

« Voilà ce qu'il faut, voilà ce que je voudrais chez vous, et soyez mon second, je vous en prie.

« Allez-y d'ailleurs avec la prudence nécessaire à toute entreprise grave. Voulez-vous?

« Votre lettre était charmante, mon cher ami, comme elles le sont toutes. Je vous en remercie du fond du cœur. »

A M. DE LAMANDÉ

« 7 janvier 1889.

« Mon cher ami,

« Nous sommes complètement d'accord...

« La marche en avant doit désormais se faire par les *syndicats* et les *confréries*, dont l'ensemble constitue la *corporation*.

« En certains endroits on commence par la confrérie, comme à Angers; en d'autres, par le syndicat, comme à Nantes. Il faut se garder de blâmer l'une ou l'autre méthode. Je les ai entendu blâmer l'une et l'autre à tort. Ayons, mon ami, un très grand esprit d'humilité et de discipline, et laissons faire le bien autour de nous autrement que nous ne le faisons nous-mêmes. L'essentiel est qu'il se fasse.

« Je suis d'ailleurs de votre opinion, mais je sais qu'en certains milieux il *faut* commencer par le syndicat.

« Le syndicat n'embrasse pas *tout le métier*, tout le *corps de métier* d'une ville. Tant s'en faut. Le syndicat est lui-même un tri. Il n'y entre que des braves gens, et il n'y a pas à craindre que les créations deviennent mauvaises. Il est même de plus en plus nécessaire d'élargir nos cadres pour ne pas périr faute d'air.

« En résumé, cher ami, marchons vers les *confréries* et les *syndicats*. La confrérie seule est trop vague. Le syndicat seul est trop peu chrétien. Il faut les deux et le plus tôt possible. Mettez-vous devant Dieu, réfléchissez à fond, et puis dites-moi très simplement ce qui vous viendra à l'esprit. Je tiens beaucoup à votre avis, car je sais que vous êtes un bon chrétien et que le bon Dieu doit vous aimer. A vous de tout cœur. »

AU DOCTEUR PETIT

« Je suis un pauvre zonier tout neuf, n'ayant encore que sa bonne volonté.

« Donnez-moi des détails sur votre école professionnelle, je les désire ardemment. Idée parfaite.

« Notre première préoccupation devra être d'introduire de plus en plus la pensée du ciel au cœur de toutes nos institutions ouvrières. Nous serions indignes des grâces que Dieu a répandues à pleines mains sur notre chère Œuvre si nous ne cherchions pas à faire aimer le Christ par les ouvriers.

« Cette entreprise, la seule digne d'hommes qui se disent et qui sont les enfants dévoués et vaillants de l'Église, devrait être facile dans notre Ouest chrétien. Le peuple y est bon, généreux ; s'il s'est écarté de l'Église en trop d'endroits, c'est d'une part qu'il a été trompé par les sectes, et, d'autre part, il faut l'avouer, qu'on ne s'est pas assez occupé de lui, et qu'on lui a même souvent donné de mauvais exemples. Ayons un vif sentiment de notre devoir de charge et de notre responsabilité devant Dieu. Avec cela et un joyeux entrain nous sommes bien sûrs de marcher : nous nous reposerons au ciel. »

Ces lettres contiennent l'expression des derniers vœux d'Hervé-Bazin au sujet de la question ouvrière, ses derniers conseils aux amis qui en cherchaient avec lui la solution. Elles appartiennent à l'œuvre qui les a inspirées et c'est à ce titre encore, comme le dernier hommage d'un dévouement jusqu'au bout si fervent, que nous avons voulu les reproduire ici[1]. La plume qui les avait écrites est brisée, le cœur qui les avait pensées a cessé de battre : peut-être serviront-elles d'exemple et de direction à ceux qui les liront.

Elles sont enfin tout près de la mort, tout près de l'éternité qui donne aux dernières paroles de l'homme une autorité mystérieuse; elles sont une affirmation d'espérance, et toute parole en ce sens, dans le temps troublé que nous traversons, est une semence trop précieuse pour n'être pas recueillie.

En les lisant, si l'on remarque que quelques-unes portent la date du jour même où Hervé-Bazin fut frappé à mort, on comprendra le mot du R. P. Alet, qui pouvait dire à la veille de partir lui-même pour un monde meilleur, parlant pour la dernière fois au comité des Dames patronnesses de l'Œuvre, à Paris :

« Il y a déjà deux hommes qui ont donné leur vie pour l'Œuvre : Robert de Mun et Hervé-Bazin. »

Et puisque nous venons de prononcer le nom de l'éminent religieux qui fut plusieurs années aumônier de l'œuvre des Cercles, qu'on nous permette encore ce

---

[1] Les fonctions de secrétaire de la zone de l'Ouest passèrent après la mort d'Hervé-Bazin entre les mains de M. Jacques Barthélemy, de Rouen, qui vient d'épouser tout récemment la fille aînée de notre ami, Mlle Thérèse Hervé-Bazin.

souvenir. Le P. Alet connaissait et appréciait depuis longtemps Hervé-Bazin. Il l'avait rencontré une dernière fois en juillet 1888, à Angers, où il prêchait une retraite, et il avait été vivement impressionné du redoublement de ferveur, du progrès de son ami dans les voies spirituelles. Aussi, peu de mois après, en apprenant la fin prématurée d'Hervé-Bazin, il écrivit ces lignes consolantes :

« Je l'avais intimement connu et particulièrement aimé. Il m'est infiniment doux de vous redire ici, Madame, quelle profonde estime et quelle tendre affection je lui avais vouées. A cette dernière retraite de la fin de juillet j'avais été singulièrement frappé de son avancement dans les voies de Dieu, de sa ferveur sensiblement accrue, de son détachement plus absolu de la terre et de toute préoccupation personnelle. Je sais que d'autres encore firent la même remarque. Par une faveur que Dieu accorde parfois à ses intimes amis et plus vaillants serviteurs, Notre-Seigneur achevait de purifier sa belle âme et de la préparer au grand passage.

XVII

Derniers traits. — Dernières paroles à la conférence Saint-Louis. — La mort. — Testament d'Hervé-Bazin.

Moins de quinze jours avant que Dieu ne l'appelât à Lui, Hervé-Bazin réunissait dans son salon d'Angers, autour de lui, de sa femme et de ses huit enfants, tous ses collègues des Facultés de théologie, de droit, des lettres et des sciences d'Angers.

Il les reçut avec son affabilité et sa gaieté ordinaires, et l'on sentait à son accueil, à son visage, à l'expression de sa voix, qu'il était heureux de leur présenter à tous, et tout entière, la jeune famille dont il était le chef. Il avait fait répéter à ses enfants plusieurs chœurs, et, avec son entrain d'autrefois il voulut chanter avec eux. La cordialité de cette soirée est encore présente au souvenir de tous ceux qui y assistaient, et la physionomie d'Hervé-Bazin, dans cette dernière rencontre, leur apparaît souriante.

C'est sous une impression semblable que nous voudrions laisser le lecteur de ce livre. Au moment où la figure que nous traçons va nous échapper à nous-mêmes, nous voudrions la replacer dans son cadre naturel, dans la vie intime, parmi les siens, et, la dégageant des faits qui détournent l'attention, la montrer sous son vrai jour, qui fut plein de sérénité, de charité et d'abandon.

Aussi recueillons-nous ici tout simplement des mots, des traits épars, qui se rapportent aux derniers temps de sa vie : ils en seront l'expression fidèle.

A mesure qu'il s'avançait vers le terme, Hervé-Bazin donnait l'exemple d'une vertu plus parfaite. Il grandissait aux yeux de ceux qui l'observaient : la délicatesse de ses sentiments lui inspirait toutes sortes d'attentions ingénieuses pour rendre agréable et sans trouble la vie de ceux qui l'entouraient. Depuis qu'il avait été malade, il avait soin, dès qu'il rentrait chez lui, de chanter pour s'annoncer et pour montrer plus vite, à ceux qui l'attendaient, qu'il était joyeux et vaillant. Il avait, comme disait l'un de ses amis, « la gaieté héroïque. »

Sa grande joie était de se trouver au Patys, où il passa une grande partie de l'été de 1888, dans cette nature pleinement agreste qu'il aimait, au milieu de cette population qui lui rappelait des temps meilleurs que le nôtre. Là il admirait volontiers, comme un enfant, ou plutôt comme un homme, mais avec la facilité de bonheur et d'expansion de la jeunesse. Quand l'Angélus commençait à tinter dans la campagne, par-dessus les haies, et qu'il se promenait avec sa femme ou ses enfants, il s'arrêtait et disait :

« Écoutez un instant. C'est si joli ! Oh ! que c'est poétique, que c'est charmant ! »

Puis, l'Angélus récité, il écoutait encore, et racontait à ses enfants quelqu'une de ses histoires de prédilection :

« Quel malheur! dit-il un jour de septembre, que les paysans ne récitent plus l'Angélus! Il faudra que j'en parle à quelques-uns d'entre eux... Oh! si je voyais les paysans se mettre à genoux et réciter leur Angélus au son de la cloche, que je serais heureux! Il faut arriver là! »

Les pratiques de piété entretenaient en lui cette émotion douce. Il tenait à ce que sa maison eût cette parfaite discipline des anciens âges de foi. Au commencement et à la fin des repas, il avait demandé à sa femme de réciter à haute voix le Bénédicité et les Grâces. Quelquefois, s'il y avait du monde et qu'elle hésitât, il disait simplement :

« Je crois que vous oubliez le Bénédicité, Marie. C'est une tradition de la maison, ajoutait-il en se tournant vers l'ami, vous ne nous en voudrez pas? »

Chaque jour il allait le matin à l'église, s'il était à Angers, ou, s'il était à la campagne, à la petite chapelle de la maison, et récitait sa prière et les douze Pater, douze Ave et douze Gloria du tiers ordre. Il s'y attardait assez souvent, et une fois sa femme, entrant dans la chapelle du Patys pendant qu'il priait, le vit se prosterner et baiser humblement la terre avant de sortir. Apercevant alors sa femme, il lui sourit, et elle devina qu'il avait coutume de faire cet acte d'humilité. Les conversations avec ses enfants portaient l'empreinte de cette grande piété. Sans prendre le ton dogmatique, sermonneur et ennuyeux, il aimait à leur parler des choses religieuses, à leur citer un trait de la vie des saints. Quand paraissait une encyclique du Pape, il la faisait lire et la commentait aux aînés de ses enfants. Le soir, quand le petit Jacques était couché :

« Il faut lui faire faire une petite prière, disait-il. Il faut lui donner l'habitude de toujours prier en s'endormant. »

Et alors il se penchait sur le lit de son fils, les bras étendus, tenant les deux côtés du petit lit, et lui murmurait une prière que l'enfant répétait. Il lui faisait redire surtout la prière de sa propre enfance :

« Mon Dieu, je vous donne mon cœur et mon âme; remplissez-les de votre sainte grâce et de votre saint amour. »

Un matin, Ferdinand appelle Jacques dans son cabinet, et lui parle assez longuement :

« Que t'a dit papa, mon petit Jacques? lui demanda sa mère en le voyant revenir tout ému.

— Papa m'a raconté la vie de saint Louis de Gonzague et de saint Stanislas Kostka, et m'a fait faire une prière pour que je leur ressemble quand je serai grand. »

L'amour de Dieu débordait en lui. Il s'abandonnait à la Providence avec une tendre confiance, et jusqu'à la fin de sa vie il répétait souvent :

« Nous sommes des enfants, portés entre les bras du bon Dieu. »

S'il parlait de l'avenir de sa famille, des vocations diverses, et notamment des vocations religieuses que Dieu pouvait y semer, avec quelle foi il disait :

« Les vrais chefs de famille sont ceux qui vont au couvent. Ce sont eux qui lèvent les difficultés, eux qui gouvernent. Laissons Dieu agir. Nos enfants sont à Lui, et pas à nous. »

Le dimanche, il assistait régulièrement aux vêpres. Même au temps de la chasse, il rentrait pour l'office. Ce jour-là aussi, il disait tout son rosaire. Il récitait encore son rosaire toutes les fois qu'il faisait un trajet un peu long, soit en voiture, soit en chemin de fer. Les fêtes et les pompes de l'Église le ravissaient, les processions entre toutes les autres. A Marans, même aux derniers temps de sa vie, on le voyait les suivre, son chapelet à la main, tête nue, sans écouter ceux qui blâmaient cette ferveur comme une imprudence.

Son enthousiasme pour les choses religieuses, et en général pour ce qui était beau et pur, augmentait à mesure qu'il s'avançait vers le terme prochain de ses jours. N'ayant plus qu'un nombre limité de bienfaits à recevoir de Dieu sur la terre, il semblait n'en pas vouloir laisser passer un sans remerciements. Les moindres choses prenaient pour lui une suavité nouvelle. Il écrivait au mois d'août :

« Je me suis fait au Patys, cette année, plus que jamais. Je me suis fait à tous les arbres. C'est presque comme si j'y étais né ! Oh ! le délicieux été ! oh ! le délicieux mois ! »

« Que je trouve tout cela joli, disait-il encore. Voyez ce pommier chargé de pommes rouges, est-ce beau ? sommes-nous heureux de voir de si belles choses ! Nous avons passé un beau mois d'août, un des plus beaux de notre vie... »

Puis il ajoutait :

« Bien pieux, car il n'y a que là qu'on trouve le bonheur. »

Il écrivait gaiement à son ami de Moussac :

« J'ai donné ma démission du journal. Je n'ai plus que trois ou quatre devoirs d'état que j'énumère chaque matin au bon Dieu, et pour lesquels je demande les lumières et les forces du Saint-Esprit. »

Ce mois d'août ramenait le dix-neuvième anniversaire de son mariage. Le cahier rouge ne l'oublie pas.

« 9 août 1888.

« Dix-neuf ans de mariage! nous nous aimons comme aux premiers jours, plus encore et mieux encore peut-être, et nous remercions Dieu des grâces dont il nous a comblés depuis le 9 août 1869.

« Nous travaillons toujours, et saint Joseph a la charge de nos intérêts, qui ne peuvent être en meilleures mains.

« J'ai beaucoup de dégoût actuellement pour la politique, et j'attends l'heure de Dieu. J'espère aussi que Dieu me gardera mes forces.

« Nous vivons au Patys dans une retraite profonde, et nous essayons de faire de nos enfants de bons chrétiens. Deux de nos filles sont absentes, l'une à Saint-Lunaire, l'autre à Royat, et les lettres que nous en recevons prouvent que leurs âmes sont pures et que leur piété est vive et sincère.

« Dieu soit béni de nous avoir donné de tels enfants.

« Dieu soit béni de m'avoir donné une telle compagne.

« Dieu soit béni de nous avoir donné de tels frères et sœurs.

« Dieu soit béni de nous avoir donné de tels amis.

« Dieu soit béni de nous avoir donné le Patys.

« Dieu soit béni surtout de nous avoir donné la foi.

« Dieu soit béni de tout et toujours! »

Ce bonheur, au milieu d'inquiétudes causées par une santé chancelante et l'avenir de sa nombreuse famille, il le devait à sa grande simplicité et à la parfaite tranquillité de sa conscience :

« Il ne tient qu'à vous, disait-il à sa femme, de rendre votre maison encore plus chrétienne; je vous suivrai toujours. »

« Combien j'admire, écrivait-il encore, le grand rôle que la Providence vous a donné! Que Dieu vous donne la santé et la force d'âme qui vous sont nécessaires... Quant à moi, je suis comme presque tous les hommes un inutile, un embarras, un paresseux. Je flâne, selon l'ordre du médecin, qui ne m'a rien prescrit de nouveau, mais qui m'a recommandé le calme et le repos. »

Le service de porcelaine du Patys était vieux et légèrement écorné. Hervé-Bazin en riait, et disait :
« C'est parfait. Voilà bien les assiettes de vrais enfants de saint François. »

S'il remarquait autour de lui un meuble élégant, un objet quelconque à son usage, qui sortît de la médiocrité :

« C'est trop beau pour nous, » disait-il.

En piété comme dans les choses humaines, il aimait le courage. Il aimait beaucoup la fête de saint Maurice, « la fête des vaillants. »

Un saint religieux qui avait bien connu son âme disait de lui :

« Avec M. Hervé-Bazin, on n'avait pas besoin de ménagements. On pouvait lui conseiller l'héroïsme. »

Dès qu'il se sentait le moindre poids sur la conscience,

il prenait le chemin de Marans, la paroisse distante d'environ un kilomètre du Patys.

« Je le voyais arriver au presbytère avec ses grandes bottes, racontait M. le curé de Marans. Je savais ce que cela voulait dire. Après un petit bonjour, il me disait :

« — Monsieur le curé, je viens me confesser. »

« Et quand il s'était confessé, il s'en allait content. C'était une conscience bien délicate. Aussi comme il était joyeux ! comme il riait de bon cœur quand on lui racontait une histoire ; comme on voyait, en le rencontrant au milieu de sa famille, qu'il s'y trouvait pleinement heureux. A la mission qui fut donnée à ce moment-là dans la paroisse, il était content d'amener tout son monde :

« — La maison, disait-il, attend le soir avec impatience pour venir à l'office. Ce P. Roux est un si bon prédicateur, et il fait tant de bien ! »

« M. Hervé-Bazin se réjouissait vraiment du bien qui se faisait dans les âmes. »

Oui, cela était vrai, le souci des âmes se développait de plus en plus chez lui. A la campagne, où il pouvait moins qu'à la ville exercer son esprit d'apostolat, il ne manquait pas néanmoins les occasions qui s'offraient à lui de détourner un homme du mal et de le porter au bien. Ses avis n'étaient pas sans fermeté. Un jour, attristé d'entendre un de ses voisins qui travaillait le dimanche, il alla le trouver seul à seul, entre deux haies.

« Voyez quel exemple vous donnez à vos enfants ! Comment voulez-vous qu'ils respectent la loi de Dieu, si leur père ne la respecte pas ? La preuve que vous vous sentez en faute, c'est que vous vous cachez quand j'arrive. Et, ce qui est plus grave, vous avez aposté votre enfant à la barrière pour venir vous prévenir quand j'approcherai. Ne voyez-vous pas que vous lui apprenez ainsi le mensonge et la dissimulation ? Vous n'y aviez pas pensé. Mais ne faites plus cela, mon ami. Le bon Dieu ne vous bénirait pas. »

Un autre jour, entrant dans un magasin à Segré, il trouve un mauvais journal :

« Vous vendez cela ? dit-il à la demoiselle de magasin.

— Mais oui, Monsieur, il le faut bien.

— Combien en vendez-vous de numéros?

— Deux par semaine.

— Et pour deux numéros, deux sous par semaine, vous risquez votre âme ! »

« Cher bon ami, écrivait-il, que votre dernière lettre m'a apporté de joie ! J'y ai songé cent fois depuis ! vous m'avez dit en effet des choses qui sont allées droit à mon cœur.

« Vous sentez que votre âme est en progrès et se rapproche du bon Dieu. Quel bonheur ! Nulle récompense ne vous sera plus précieuse et plus douce. Je ne suis pas surpris de ce résultat, je l'attendais, et j'en profite pour vous demander avec plus d'entrain de prier pour nous tous les jours ce bon Dieu qui vous aime, et qui vous tend les mains. Tout indigne que je sois, je ne vous oublie point, et chaque matin et chaque soir votre nom, auquel j'associe celui de votre femme et ceux de vos enfants, s'échappe de mes lèvres et jaillit de ma pensée pour monter au ciel[1]. »

[1] Lettre à M. le marquis de Moussac.

« Marans, 26 août 1886. »

« Cher monsieur et ami, écrivait-il encore à M. le comte Joseph de la Bouillerie, en apprenant l'affreuse nouvelle, nous avons pleuré avec vous et prié pour vous de tout notre cœur. Les chrétiens ont ainsi le moyen d'adoucir surnaturellement, par le concours de Dieu qui compte les prières, la douleur de leurs amis. Puis, nous avons pensé qu'il fallait que le bon Dieu vous aimât bien pour vous envoyer tant d'épreuves répétées, multipliées, de plus en plus douloureuses. Mais je sais bien que déjà vos yeux se sont levés vers le ciel, et vous y avez aperçu votre cher enfant dans la gloire que ses jeunes vertus lui ont méritée. Vous restez seul sans doute, et c'est bien dur, mais il est au ciel, il voit Dieu, il est heureux, et n'est-ce pas pour ce but unique que vous l'avez aimé, caressé, béni et élevé pendant de si longues années! Dieu lui a envoyé prématurément la couronne et vous a, vous aussi, récompensé prématurément. Vous souffrez de la séparation, mais la vie est courte, et bientôt vous retrouverez vos chers enfants, qui vous attendront là-haut, et vous reverrez leur bon sourire, qui était le reflet de la pureté et de la dignité de leur âme...

« Oh! que les consolations de la foi sont grandes! Comme toutes ces vérités, aussi incontestables que la lumière du jour, sont pleines de force! Cher monsieur, quelle perte nous avons faite, nous aussi, en perdant votre fils! Il était un des espoirs de la patrie, un de ces jeunes gens chrétiens dont le nombre est si petit, et qui pourtant sont l'avenir de la France et de l'Église en France. Aussi nos regrets se joignent-ils aux vôtres, et nous ne pouvons que prier pour celui qui n'est plus, pour vous, pour Mme de la Bouillerie, et pour l'infortunée jeune veuve, à laquelle je vous prie de présenter nos profonds hommages de respect et de chrétienne sympathie. Le bon Dieu a voulu adoucir sa douleur, il lui a laissé un précieux souvenir; elle fera de son fils un chrétien, un vaillant, un chevalier du Christ, comme l'était le père, et comme l'est le grand-père.

« Cher monsieur, permettez-moi d'appuyer mon cœur contre le vôtre et de vous embrasser chrétiennement. Soyez fort, soyez courageux, et puissent les ardentes sympathies de ceux qui vous aiment adoucir un peu votre douleur. »

Cette pensée continuelle de Dieu, qui nous élève au-dessus de nous-même, fait rencontrer à Hervé-Bazin, pour demander un service, un bonheur d'expression et je ne sais quelle tendresse de style qui sont exquis dans ce billet :

« Cher monsieur l'abbé[1],

« Je ne veux vous écrire que deux mots, au moment de partir pour la campagne jusqu'à lundi.

« C'est pour vous dire que je désire, et que le comité désire plus ardemment que jamais que vous veuilliez bien, M. l'abbé Arthuis et vous, prendre la direction de la corporation des Épiciers.

« Chargez et surchargez vos épaules. Quand vous aurez deux *croix* à porter, Patronage et Corporation, le bon Dieu se dira : « C'est trop pour un seul homme. « Moi, je n'en ai porté qu'une. Il faut que j'aide le bon « M. Fournier ! »

[1] Lettre à M. l'abbé Fournier, novembre 1888.

« Et alors les deux croix vous paraîtront si légères, que les porter sera une joie et une récompense en attendant mieux encore là-haut.

« Cher monsieur l'abbé, vous aimez tant les ouvriers! En leur nom, je vous en supplie, ainsi que votre bon confrère, venez à eux pour les sauver de la division et de l'impiété.

« Votre ami,

« Hervé-Bazin. »

Celui qui écrivait ces lignes pouvait dire en toute vérité à sa femme :

« J'ai pris tant de goût à l'apostolat, que s'il fallait maintenant vivre inutile sans rien faire pour les autres, j'aimerais bien mieux mourir tout de suite... Ce que je vous dis là, je ne le dirais pas à d'autres... j'aurais l'air de poser... mais c'est le fond de mon cœur. »

Il pouvait dire encore :

« Ah! nous sommes dans le beau de notre vie. C'est le plus beau moment : tous nos enfants autour de nous, sans un seul de moins. Nous avons une belle vie, une vie utile. Il faut toujours chercher à avoir une vie utile. Mais il me semble que la nôtre l'est bien. »

Le 8 novembre 1888, il écrit au journal *la Croix* :

« Je vous prie de vouloir bien nous inscrire, ma femme, mes huit enfants et moi, dans la ligue de l'*Ave Maria*, afin de grossir ainsi le nombre de ceux qui demandent publiquement le relèvement de la France et son salut par la prière. L'heure est grave, et vous avez raison de nous convoquer tous auprès de la Vierge Marie, pour aller avec elle à Jésus-Christ. »

Ses projets étaient empreints du même esprit. Il écrivait à sa femme :

« Je commence à entrevoir la seconde partie de ma vie. Le *Jeune homme chrétien* et l'étude sur *M. de Villèle* en sont la préparation. Si Dieu veut ensuite m'en donner les moyens, je consacrerai ma vie à Dieu et à la patrie. Je vous supplie alors de m'aider à avoir le courage civil et de ne m'arrêter par aucune considération de danger. Quand on a donné sa vie, qu'importe! Mourir à son poste, c'est tout ce qu'il y a de plus beau. Nous ne craindrons ni la séparation ni rien autre chose. Il me semble que l'affection ne doit pas en être diminuée. Ah! cette vie-là en cheveux blancs, ce serait trop beau!

« Je sais que je suis faible, mais pourtant quand j'ai été dans ma voie, je n'ai jamais reculé. Dans mes conférences, au comité légitimiste, j'ai souvent tenu tête aux hommes et soutenu mon avis contre eux. Avec la grâce de Dieu, je pourrais devenir un homme ferme, le sentiment de la justice dominant alors celui de la bonté. »

Il faisait des projets parce que l'homme en fait tant qu'une étincelle de vie l'anime, parce qu'il n'y a point une heure de notre vie où nous ne vivions pas quelque peu dans l'avenir. Et cependant la pensée de la mort, par une contradiction explicable et humaine, lui était présente aussi. Il songeait à ce grand passage dont il s'était vu si proche déjà, et il s'y préparait. Beaucoup de mots ou de petits traits de la fin de sa vie sont là pour le prouver.

« Ma chère femme, disait-il souvent, je vous aime beaucoup, je vous aime par les bons et par les mauvais jours, et comme je compte être avec vous au ciel, par la grâce de Dieu, je n'ai peur de rien... Il y a des grâces providentielles dont un homme doit remercier Dieu tous les jours de sa vie ! Courage et confiance en Dieu. Les épreuves de la vie ne sont rien, puisqu'après la vie il y aura l'éternité où tous les deux, j'espère, nous serons admis. »

Et encore :

« Je n'ai jamais vu une plus profonde et plus chrétienne union que la nôtre. La vie ainsi comprise est une belle et grande chose... Mais la vie n'est qu'une toute petite préface, un petit préambule au grand livre que nous écrirons au ciel. »

Le cadeau de fête qu'il fit à sa femme, le 15 août 1888, fut un crucifix dont il voulut qu'on ornât le salon.

Une autre fois, tenant son fils Jacques sur ses genoux, et l'embrassant :

« Mon petit continuateur, murmura-t-il...; tu reprendras mes conférences où je les aurai laissées. »

Le cahier rouge témoigne de cette constante pensée. Hervé-Bazin y écrit[1] :

« Il me faut à tout prix de l'expansion. Il faut que je me dépense pour faire le bien. Par la plume, j'atteins ceux que je ne pourrais atteindre autrement. Je suis poursuivi de l'idée de faire le bien après ma mort. C'est ce que j'espère par le livre que je fais en ce moment et par ceux que je veux faire. »

Même en dehors de sa famille, il laissait quelquefois percer cette idée, qui n'était point une crainte, de sa fin

---

[1] 9 novembre 1888.

prochaine. Ayant rencontré l'excellent curé de Brain-sur-l'Authion, qu'il aimait beaucoup, celui-ci, après un instant, lui demanda :

« Vous travaillez toujours, monsieur Hervé-Bazin?

— Oui, monsieur le curé, tant que je peux.

— Espérez-vous le triomphe de vos idées? »

Hervé-Bazin répondit avec un accent qui frappa son interlocuteur :

« Monsieur le curé, j'espère qu'elles triompheront un jour. Je crois, en tout cas, que je ne le verrai pas. Ce que je fais, c'est pour le bon Dieu, c'est pour le ciel. »

Et comme, chez lui, la gaieté se mêlait même aux pensées qui ont un envers si cruel, un autre jour, parlant de cette seconde vie qui maintenant l'occupait plus que l'autre, ou plutôt sur laquelle il réglait toute l'autre :

« Ah! disait-il, puisqu'on garde ses facultés au ciel, j'en ferai des voyages! Quand il suffira de penser à un pays pour y être rendu, j'en ferai du chemin! »

Cette pensée si fréquente du ciel chez un homme jeune, heureux, et qu'aucun signe ne semblait encore destiner à une mort immédiate, peut passer pour un avertissement de Dieu. Hervé-Bazin était par le cœur détaché de la terre. Il en goûtait les joies, mais il était prêt à les quitter. Déjà il vivait au delà, et, chose remarquable, dans ce travail intime, dans cet acheminement vers la perfection, la souffrance l'avait peu aidé. Sans doute elle est le moyen ordinaire dont la Providence se sert. Mais, par une grâce de choix, quelques âmes se détachent d'elles-mêmes du monde, au sein de la joie qui les enveloppe. Et il était de celles-là.

Quand il fallut quitter le Patys, à la fin de l'automne,

le sentiment d'amertume qui accompagnait le départ, chaque année, fut cette fois plus pénétrant que d'ordinaire. Hervé-Bazin l'éprouva ; sa femme encore plus vivement que lui. Il leur semblait à tous deux que ce regard empreint de tristesse, que nous jetons aux choses dont nous nous séparons pour un temps, était un regard d'adieu. Ni l'un ni l'autre, ils ne se communiquaient cette impression. Cependant, à l'une de ces dernières heures, comme ils se promenaient sur le bord de la rivière, par un après-midi de soleil brumeux et voilé :

« A quoi pensez-vous ? demanda Mme Hervé-Bazin.

— A notre vie. Elle court en train express vers le ciel ou vers le purgatoire. »

Puis, s'apercevant que ce mot, échapppé à sa vigilance habituelle, avait affecté celle qu'il aimait tant, il reprit :

« Vous aussi, vous cherchez à faire pour le mieux, Marie; vous êtes de bonne volonté et de bonne foi. »

Et celle qui écrivait pour elle-même ce souvenir, ajoutait :

« O mon Dieu, comme le premier vide qui se fera parmi nous sera profond ! En voyant que jusqu'ici Dieu nous a épargné la suprême séparation, nous nous serrons les uns contre les autres, et nous écrions : « Pas encore, « mon Dieu, pas encore ! »

Ce pressentiment de la mort était si vif chez Hervé-Bazin, qu'il s'en ouvrit à son frère. Déjà une première fois, au lendemain de la première atteinte du mal en 1887, il avait pris à part M. Henri Hervé, et l'avait emmené dans les allées du Patys :

« Henri, lui avait-il dit, si je ne dois pas vivre longtemps je te recommande Marie et mes enfants. »

Une seconde fois, à cette date de Noël 1888, où eut lieu leur dernière entrevue, dans une longue et intime causerie avec son frère et sa belle-sœur, Hervé-Bazin renouvela la même recommandation, avec l'évidente pensée que sa fin devait être prochaine.

« Mon cher ami, dit-il, je sais qu'après moi mes enfants ne seront point abandonnés ; ils trouveront d'autres appuis et d'autres affections encore parmi ceux qui sont nos proches et dont je connais le cœur, dans notre famille et dans celle de leur mère, mais je te les confie à toi particulièrement. »

Nous avons raconté de quels travaux multiples, dus à de nouvelles fonctions vaillamment acceptées, furent remplies ces dernières semaines qui s'écoulèrent de novembre 1888 au 7 janvier 1889. Nous n'y reviendrons pas. Il ne nous reste plus qu'à noter les dernières pensées, les derniers battements de ce cœur généreux. Le cahier rouge s'arrête à la date du 31 décembre 1888, sur ces lignes bien dignes de clore une vie chrétienne :

« Mon Dieu, donnez-nous l'amour de votre sainte volonté. Donnez-nous d'accepter tout avec abandon, avec suavité. »

Et, tout à la fin, avec cette date :

« Du coin de notre feu, dix heures du soir.

« Nos grandes filles viennent de nous quitter en nous embrassant. Jacques dort près de nous. Nous venons de méditer sur l'année qui meurt ce soir. Que Dieu soit béni pour tous les bienfaits dont il nous a comblés en l'année 1888. »

Le lendemain il commençait l'année 1889 en recevant la sainte communion. Au retour de la messe il dit à sa femme :

« J'ai pensé que je donnerais aujourd'hui même ma bénédiction à mes enfants. Ce seront mes grandes étrennes, ce soir, en revenant de Rezeau. »

Il passa en effet cet après-midi avec sa femme, son fils aîné et une de ses filles, chez son cousin, M. Pierre Hervé.

Ce même jour, comme sa fille Catherine lui montrait un crucifix qui lui avait été donné pour ses étrennes, il baisa le christ et le rendit à sa fille en disant :

« Tiens, mon enfant, il aura été embrassé par ton père. »

D'où venaient ces allusions répétées à sa fin prochaine, il ne l'aurait pas su peut-être lui-même. Sa santé n'avait pas reçu de nouvelles secousses. Il se sentait même assez bien. Le dimanche 6 janvier, jour des Rois, il chassa avec ses beaux-frères, René et Ambroise, auprès de Saint-Barthélemy, et la chasse, comme de coutume, fut surtout entre eux une longue et joyeuse causerie que le soir n'interrompit pas, puisque toute la famille se trouva réunie chez l'un des beaux-frères, et célébra, sans se douter du lendemain, la fête des Rois.

Le lendemain, lundi, 7 janvier, il eut une journée très active, s'occupa de l'œuvre des Cercles, fit pour le service de l'œuvre plusieurs courses à l'hôtel corporatif de la place de Lorraine et ailleurs, écrivit d'assez nombreuses lettres, et le soir, à quatre heures, se rendit à la conférence Saint-Louis, dont la réunion se tenait le lundi de chaque semaine.

La séance était faite entre toutes pour l'intéresser et l'inspirer. L'un des jeunes gens, M. Mac-Avoy, y lut une étude sur les corporations, puis Hervé-Bazin, selon sa coutume, prit la parole pour résumer le travail et la discussion qui l'avait suivi. Mais à propos des corporations il se sentit porté par un attrait singulier à parler de toute l'œuvre des Cercles catholiques d'ouvriers, de l'influence qu'elle aurait sur la solution future des problèmes sociaux. Il fit un véritable discours, dont la mémoire des auditeurs a pieusement conservé le texte, et qui se terminait par ces mots :

« Il faut l'espérer, le XXe siècle sera un siècle de reconstitution chrétienne. Car vous, qui avez vingt ans, vous serez bien les hommes du XXe siècle. Vous verrez ces efforts couronnés de succès, la paix rendue à l'Église, l'ordre et l'honneur à notre pays, les corporations ouvrières dont on vient de si bien parler en pleine prospérité... Pour nous, ajouta-t-il en se tournant vers le révérend Père aumônier, il est probable que nous ne le verrons pas... Mais vous penserez à nous, mes chers amis, à nous qui avons travaillé pendant les moments d'angoisse, et, dans la tombe, nos ossements tressailliront d'allégresse. »

Pendant le salut qui suivit cette réunion, le R. P. Ory, aumônier de la conférence, remarqua qu'il priait avec une grande ferveur. Revenu chez lui, Hervé-Bazin dîna gaiement au milieu de tous ses enfants, fit une courte promenade, puis se mit à causer, au coin du feu, des chers intérêts de la zone qui lui était confiée. Il fut longuement question de la prochaine assemblée des cercles catholiques à Nantes, des voyages qu'il comptait faire, pendant l'été, pour visiter les diverses fondations qui désormais relevaient de lui, de la façon dont il voulait s'entretenir avec les ouvriers et les directeurs des Cercles.

« Je n'écrirai plus mes discours, disait-il, je parlerai très simplement, d'abondance. Je connais mon sujet. Cela vaudra ce que cela vaudra. Ce seront des causeries, mais qui feront peut-être plus de bien.

« Ah! quel plaisir de révolutionner un coin de la France! Comme ça me va! Comme c'est intéressant! Il y a bien à faire, mais je ne me découragerai pas. »

Il continua de s'entretenir de ces questions. Au moment où il allait se mettre au lit, vers dix heures un quart, il fut soudain frappé de congestion cérébrale. Ses dernières paroles intelligibles se rapportaient encore à ce cher objet de l'Œuvre qu'il aimait :

« Je ne pourrai pas, dans le diocèse... je ne pourrai pas. »

Sa femme, s'apercevant qu'il s'arrêtait tout à coup de parler, courut à lui. Il fléchissait sur le côté droit. Aidé par elle, il eut encore la force de s'étendre sur son lit. Une domestique entrait en ce moment :

« Courez chercher le médecin, » dit Mme Hervé-Bazin.

Hervé-Bazin, qui avait encore le libre mouvement de sa main gauche, fit un signe de dénégation.

« Mais demandez auparavant M. le curé, » ajouta-t-elle.

Hervé fit un signe d'assentiment. Il ne semblait pas beaucoup souffrir, et, bien qu'il eût perdu rapidement toute possibilité de s'exprimer, il comprenait encore tout ce qui se disait autour de lui.

Quand sa femme lui disait :

« Faites des actes d'amour de Dieu, dites : « Mon Dieu, « pardon! Mon Dieu, je vous aime! » il passait sur la physionomie du mourant un reflet fugitif qui indiquait sans doute son union intérieure à de pareils sentiments.

M. le curé de Saint-Laud, accouru en hâte, lui administra l'extrême-onction et lui donna à plusieurs reprises l'absolution, dans les moments où il supposait que le malade avait encore une lueur de connaissance.

Un examen rapide avait immédiatement révélé au médecin, M. le docteur Bricard, son beau-frère, qu'Hervé-Bazin était perdu. Les meilleurs soins, en effet, les siens et ceux de M. le docteur Gripat qu'on était allé chercher et qui était accouru près de son ami, n'obtinrent aucun résultat, et ne purent faire revenir à lui le mourant, dont les yeux demeuraient fermés et dont la respiration se ralentissait de plus en plus.

On eut le temps d'aller prévenir la belle-mère, les beaux-frères et belles-sœurs du malade, qui arrivèrent au milieu de la nuit. Son cousin, M. Guillaume Bodinier, se joignit bientôt à eux. Tous, réunis autour de Mme Hervé-Bazin et de ses enfants, se mirent en prière, récitant le rosaire et les prières des agonisants.

Vers six heures du matin, après une courte agonie, et portant sur son cœur une parcelle de la vraie croix, Hervé-Bazin rendait son âme à Dieu.

C'était le mardi 8 janvier 1889.

Il n'avait pas encore quarante-deux ans.

A peine venait-il d'expirer, que le R. P. Césaire, du couvent des capucins d'Angers, prévenu de l'affreuse nouvelle qui commençait à se répandre avec le jour, accourut, pensant pouvoir donner encore à cette âme qu'il aimait tendrement une dernière bénédiction. Il ne trouva que la mort, et le deuil poignant qui la suit. Ce fut le premier qui pria auprès du lit funèbre. Ce devoir accompli, le P. Césaire alla chercher la robe de Franciscain, la ceinture de corde et le rosaire, avec lesquels Hervé-Bazin avait déclaré vouloir être enseveli. Il en revêtit lui-même le corps de son ami et de son frère en saint François. On passa autour du cou d'Hervé-Bazin le ruban et la croix de commandeur de Saint-Grégoire-le-Grand, on attacha sur sa poitrine deux autres décorations, qu'il aimait aussi : la petite croix de la conférence Saint-Louis et celle de chef de zone de l'œuvre des Cercles, que lui avait envoyée, bien peu de jours avant, M. de la Guillonnière.

Avant de quitter la chambre où il venait d'accomplir ce pieux office, le P. Césaire dit à Mme Hervé-Bazin :

« Je n'ai point d'inquiétude sur l'âme de M. Hervé-Bazin, Madame. C'est une des plus pures que j'aie connues. »

Ce fut le même Père qui annonça ce coup imprévu à Mgr l'évêque d'Angers. Mgr Freppel partait en ce moment pour Paris, et montait en chemin de fer. La même exclamation sortit de ses lèvres :

« Oh ! s'écria-t-il, je n'ai pas d'inquiétude sur son âme ! »

Le lendemain même il écrivait à Mme Hervé-Bazin une lettre de condoléance, où cette pensée de confiance se mêlait aux regrets émus pour celui auquel il décernait ce magnifique éloge :

« Je n'avais pas eu de collaborateur plus dévoué dans mes œuvres d'instruction et de charité. »

Hervé-Bazin était partout connu, partout aimé. La nouvelle de sa mort se répandit avec une rapidité incroyable.

Alors commença un long pèlerinage qui dura deux jours entiers. On peut dire qu'une grande partie de la ville passa et pria dans cette chambre où reposait le corps d'Hervé-Bazin : prêtres des paroisses d'Angers, religieux et religieuses de tous les ordres, amis de toutes les conditions, professeurs et étudiants de l'Université, membres des cercles ou des corporations, chacun voulait revoir une dernière fois les traits de cet homme de bien, de ce grand chrétien, qui pendant sa vie les avait édifiés, consolés, servis. Et chacun se retirait frappé du calme profond, de la majesté que la mort avait mis sur le visage d'Hervé-Bazin, qui semblait souriant et comme rajeuni. La plupart ne pouvaient retenir leurs larmes :

« Laissez-moi pleurer, disait l'un, je l'aimais comme mon père! »

On vit ces jeunes gens, pendant les deux nuits qui suivirent, réciter tous ensemble le chapelet de huit à onze heures du soir, auprès du corps de leur directeur, puis se diviser par escouades et former ainsi une garde d'honneur et de prières jusqu'au matin. Les professeurs, ses collègues, se succédaient autour de son lit, et passaient de longues heures à contempler celui qu'ils avaient tant aimé, et à invoquer pour lui la miséricorde de Dieu. Les preuves d'affection qu'ils donnèrent en ces tristes jours à Hervé-Bazin et à sa famille furent profondément touchantes. Les religieuses, habituées à ces veilles douloureuses, étaient stupéfaites de tant de marques d'attachement et de respect prodiguées au défunt. Dès le premier jour, un grand nombre des prêtres qui purent être prévenus à temps célébrèrent la sainte messe pour l'âme qui venait de partir. On ne saurait dire ce qui fut offert de messes, de communions et de prières à la même intention. Les dépêches de condoléance affluaient de tous côtés, et, quoique la saison y fût un obstacle, un nombre inusité de couronnes, de fleurs, de bouquets, s'amassaient dans la chambre : couronne des cercles et corporations, couronne de la conférence Saint-Louis, des Dames patronnesses, de l'Association des jeunes filles, couronne des professeurs de l'Université, des étudiants de la Faculté de droit, de l'*Anjou,* sans compter celle des parents et des amis.

Deux jours plus tard, le jeudi 10 janvier, les obsèques donnèrent lieu à une manifestation plus imposante encore. Jamais peut-être l'église Saint-Laud n'avait vu réunie autour d'un cercueil une foule aussi considérable et aussi recueillie. La vaste nef était trop petite, et nombre de gens durent attendre sur la place la sortie du cortège. En l'absence de Mgr Freppel, M. l'abbé Grimault, vicaire général, donna l'absoute. Les huit corporations avaient tenu à apporter leurs drapeaux voilés de crêpe, la conférence Saint-Louis, les deux cercles catholiques d'ouvriers, l'Université, les Dames patronnesses, l'Association des jeunes filles, d'autres œuvres encore avaient fait de même. C'était bien un spectacle d'un deuil inusité, d'une sorte de deuil public qu'on avait sous les yeux. On le vit mieux encore quand le cortège sortit de l'église et traversa la ville, car un grand nombre d'ouvriers, massés à droite et à gauche des boulevards, continuèrent à l'accompagner en silence, formant un front qui barrait toute la chaussée. Ils avaient quitté leur travail, eux qu'on accuse si souvent d'ingratitude, ils avaient perdu plusieurs heures de leur paye pour venir ainsi, inconnus, ignorés, rendre un hommage, le plus touchant de tous, à celui qui s'était dépensé pour eux. Les cordons du poêle étaient tenus par MM. André Joubert, Couscher de Champfleury, ancien magistrat, président des cercles catholiques d'Angers, Paul Henry et Maisonneuve, professeurs à l'Université, en robes ainsi que tous leurs collègues.

Au cimetière, deux discours furent prononcés, l'un par M. Couscher de Champfleury, l'autre par M. Georges Pavie, au nom des amis de jeunesse d'Hervé-Bazin. Tous deux rappelèrent, avec une émotion que toute l'assistance comprenait et sentait aussi, les services rendus par l'homme qui venait de disparaître, les exemples de vertu qu'il avait donnés, le respect et la sympathie qu'il avait conquis dans une vie, hélas! trop courte. Ce qui ressortait de ces nobles paroles, de l'attitude de la foule, de cette imposante manifestation qui s'était prolongée pendant deux jours entiers, c'était avant tout une impression religieuse. Il y avait là un enseignement si visible, un exemple si fortifiant, que la plupart des assistants le remarquaient, et que l'un d'eux pouvait dire, exprimant la pensée de beaucoup d'autres :

« Dans sa mort comme dans sa vie, Hervé-Bazin a procuré la gloire de Dieu et le bien des œuvres ouvrières. »

Quelques jours plus tard, le 28 janvier 1889, un service solennel était célébré pour le repos de l'âme d'Hervé-Bazin dans la chapelle de l'Internat Saint-Clair, à l'Université. Mgr le recteur, tous les professeurs de la Faculté de droit, en robes, ceux des autres Facultés, tous les étudiants, y assistaient. A la fin de la cérémonie, l'assemblée se rendit au palais de l'Université, où M. Gavouyère, doyen de la Faculté de droit, prononça l'éloge d'Hervé-

Bazin. Il avait à parler surtout du professeur, du collègue regretté. Il ne s'en tint pas là, et ces pages, dictées sous l'impression de ce deuil tout récent par une ancienne et honorable sympathie, furent la première esquisse de cette belle physionomie d'homme d'étude, d'orateur et de chrétien.

D'autres études bibliographiques, destinées à honorer la mémoire d'Hervé-Bazin, parurent successivement dans l'*Association catholique,* revue de l'œuvre des Cercles, dans la *Revue des Institutions et du Droit*[1]*,* dans la *Revue du Monde catholique*[2]*,* dans la *Réforme sociale*[3]*,* dans l'*Union économique,* dans la *Revue d'Anjou*[4]*,* etc... Les journaux de Paris, un très grand nombre de journaux de province, sans distinction d'opinion, saluèrent d'un regret l'ami ou l'adversaire si loyal qui disparaissait, en même temps que les lettres les plus touchantes, les plus admirables souvent, arrivaient de tous côtés à la veuve d'Hervé-Bazin. Elles se succédèrent pendant longtemps les unes aux autres, comme pour verser une plus longue consolation au cœur de ceux qui demeuraient dans l'affliction, et nous pouvons dire que si elles étaient publiées, elles formeraient, de tous les témoignages qu'elles renferment, comme une auréole de sainteté autour du front d'Hervé-Bazin.

Mais c'est sous l'impression des dernières paroles d'Hervé-Bazin lui-même que nous voulons laisser le lecteur de ce livre. Nous avons suivi Hervé-Bazin depuis sa

[1] Article de Mgr de Kernaëret.
[2] Article de M. Celier.
[3] Article de M. A. Delaire.
[4] Article de M. André Joubert.

première enfance jusqu'à son dernier jour, et nous avons pu constater l'ascension continuelle de son âme, jusqu'à ce parfait détachement de lui-même, jusqu'à cette unique recherche de Dieu qui ont marqué les dernières années de sa vie. Nulle part cet épanouissement d'une âme chrétienne, arrivée à un degré éminent de vertu, n'apparaîtra mieux que dans le testament laissé par lui. Puissent ces dernières lignes de notre ami ajouter encore au bien qu'il a pu faire, et clore, comme un dernier exemple, le récit d'une vie qui en a donné tant d'autres !

MON TESTAMENT

« 3 septembre 1888.

« O mon Dieu, je remets mon âme entre vos mains, et vous supplie de vouloir bien la recevoir en votre saint paradis. Vous m'avez comblé de grâces ici-bas. Vous m'avez fait naître en une famille chrétienne; vous m'avez donné de bons parents et surtout un grand-père et une mère dont je bénis la mémoire; vous m'avez gardé quand j'étais orphelin, vous m'avez uni à la meilleure, la plus aimable et la plus chrétienne des femmes, qui a rendu ma vie heureuse et douce; vous m'avez donné huit enfants dont les vertus naissantes font mon bonheur et mon espérance; vous m'avez conduit en pays chrétien; vous m'avez placé en une carrière où l'apostolat catholique auprès des jeunes gens est à la fois une loi et une joie... O bon Jésus, vous m'avez tout donné, je vous dois tout ! J'ai bien mal répondu à tant de bienfaits, et vous ai souvent offensé... Pardonnez-moi à l'heure de ma mort, ayez pitié de moi, et ouvrez-moi vos bras paternels. O mon Dieu, miséricorde ! Je vous aime, je vous adore, je vous bénis.

« Ma chère femme, ma bien-aimée... ne pleurez pas. Soyez forte et courageuse pour continuer à diriger vos enfants dans les voies de la vertu. Pensez à vos filles, à Jacques et à Michel, qui ont tant besoin de vous. La vie est très courte, nous nous retrouverons au ciel, où j'irai vous attendre avec la grâce du bon Dieu que j'aime tant. Vous savez que la tendresse chrétienne est éternelle comme Celui qui en est la source. L'Église nous a unis, non pour un jour, mais pour toujours, à la condition que nous méritions tous deux d'aller au ciel. Je vous en supplie, ayez de la foi et du courage. Priez beaucoup pour moi, et faites prier, dès que je serai mort, pour que mon âme sorte vite du purgatoire, que je redoute beaucoup. Faites dire pour moi beaucoup de messes, et communiez pour moi souvent. Quand je serai près de Jésus et de la vierge Marie, notre patronne, je prierai à mon tour pour vous.

« Je n'ai point de recommandations particulières à vous faire pour nos enfants. Continuez ce que nous avons commencé. Faites-en de bonnes chrétiennes et de bons chrétiens, de bonnes Françaises et de bons Français. Je compte sur nos aînées pour vous aider. Elles sont déjà en âge d'entendre ce dernier vœu de leur père.

« Mes chers petits enfants, vous m'avez donné beaucoup de consolations. Aimez Dieu, l'Église, le pape, votre mère, et ce pauvre peuple de France, que les méchants égarent. Priez, travaillez, soyez les apôtres du bien. J'espère que Dieu appellera quelques-uns d'entre vous à son service. Si vous entendez sa voix, volez à son appel.

Dans votre cher couvent, priez chaque jour, soir et matin, pour la délivrance de l'âme de votre père. Demandez pour lui une indulgence plénière dès le lendemain de sa mort, et recommencez souvent, souvent. Si vous restez dans le monde, donnez-y l'exemple. Soyez des soldats du Christ, des vaillants. N'ayez pas de respect humain. Que l'on vous voie courageusement, franchement et très simplement catholiques, comme si vous viviez au XIIIe siècle. Mettez toute votre intelligence au service de la religion. Comment un Français chrétien pourrait-il vivre dans l'indifférence et dans l'inaction, quand trente millions de Français, peut-être catholiques de nom, vivent loin de Dieu? Donnez-vous aux œuvres ouvrières et sociales... O mon bien-aimé petit Jacques, mon cher petit Michel, comprenez les grands devoirs de la vie. Soyez de bons chrétiens, de bons Français, de bons fils et de bons frères. Votre père vous bénit. »

Ici Hervé-Bazin donne un souvenir à tous ses frères et sœurs, à son cousin, à ses amis intimes qu'il nomme, et à ses excellents collègues de l'Université, et particulièrement de la Faculté de droit. Il leur demande surtout une prière et une communion.

« ...Je me recommande aussi aux prières du comité des Cercles catholiques d'Angers. Que ce cher comité, que j'ai tant aimé, vive toujours dans l'union la plus chrétienne. Qu'il soit une famille. Qu'il s'applique surtout à vivre en grande union avec MM. les curés et avec Monseigneur, et que les intérêts religieux du peuple angevin soient leur grand souci.

« Je suis heureux de mourir dans la religion du bon

saint François d'Assise. Puisse-t-il venir à ma rencontre et me défendre au jugement dernier! J'engage vivement mes amis à entrer dans le tiers ordre. Merci aux RR. PP... Qu'ils soient tous bénis par leur pauvre petit frère François, de la Fraternité d'Angers. Je remercie également tous mes frères du tiers ordre, et je leur demande une messe et une communion; je leur aurai une éternelle reconnaissance s'ils veulent bien, le premier ou le second dimanche du mois qui suivra ma mort, demander pour moi une indulgence plénière.

« Jeunes gens chrétiens de l'Université et de la conférence Saint-Louis, restez pieux, purs, vaillants; travaillez et combattez pour l'Église et la patrie. Aimez surtout la pureté! Tout est là. Donnez un souvenir à votre ancien professeur et directeur qui vous aimait tant, et priez pour le repos de son âme. A son tour, il demandera à Dieu de vous donner la persévérance dans la vertu.

« Je prie ma chère femme de redire à Mgr Freppel que je meurs en le remerciant une dernière fois des bontés qu'il a eues pour moi, et dont j'étais si indigne. J'envoie aussi un dernier salut à ceux qui combattent si vaillamment pour notre ami l'ouvrier, à tous les chefs de l'œuvre des Cercles, MM. de Mun, Harmel, la Bouillerie, la Tour du Pin, la Guillonnière, de Marolles, et à tous ceux qui m'ont appelé dans les conférences. Qu'ils continuent leurs travaux avec courage, simplicité, humilité, confiance en Dieu, sans enjamber sur la Providence. Le xxe siècle verra le triomphe de leurs idées. Qu'ils soient remerciés pour le bien qu'ils ont fait aux riches de la terre en leur rappelant leurs devoirs. Qu'ils prient pour moi. Je n'ai été qu'un serviteur inutile, mais j'aimais bien l'Œuvre.

« Je veux donner un dernier souvenir et un dernier salut aux corporations chrétiennes d'Angers. O mes chers amis, artisans et ouvriers, soyez fidèles à ces corporations, aimez-les, développez-les, maintenez-les fidèles à la confrérie, aux patrons du métier, aux lois de l'Église, à MM. les Directeurs. Vivez dans une union de famille. Ne vous séparez pas de l'œuvre des Cercles. Pensez quelquefois à moi, et priez pour moi. Vous avez une bonne part de mon cœur.

« Je révoque tous testaments antérieurs, et je compte sur la piété et la loyauté de mes enfants pour qu'ils restent toujours très unis et soumis à leur mère. Ils lui obéiront jusqu'à son dernier soupir, et ses moindres désirs feront loi pour eux. . . . .

« A Dieu, ma bien-aimée. A Dieu, mes chers enfants. Soyez toujours de bonnes chrétiennes et de bons chrétiens. Je vous en supplie, priez pour moi : arrachez-moi, si vous m'aimez, aux flammes du purgatoire. C'est mon dernier cri.

« O mon Dieu, ayez pitié de votre indigne serviteur. Saint François, venez à moi. Sainte vierge Marie, recevez votre enfant...

« HERVÉ-BAZIN.

« Le Patys, 3 septembre 1888. »

FIN

TABLE

Avertissement. 8

I

La vallée de la Loire. — La famille de Ferdinand Hervé. — Mort de son père. — Premiers emprunts aux *Cahiers rouges*. — Mort de sa grand'mère et de son grand-père. — Entrée au lycée d'Angers; ce qu'il y souffre. — Compliment à Mgr Angebault. — Lettre à sa mère. — Mort de sa mère. — Il est reçu bachelier 11

II

Pension de Marquié. — Premières amitiés. — Hervé part pour Paris. — La vie d'étudiant à Paris. — Lettres et notes. — Catéchisme aux ramoneurs chez M. Keller. — Vacances. — Solitude à Rousson. — Un mois aux bords de la mer. — Lettre de M. Accolas. 30

III

Portrait physique et moral de Ferdinand Hervé. — Fiançailles. — Lettres à sa fiancée. — Débuts au barreau d'Angers. — Mariage. 51

IV

Rôle d'Hervé-Bazin dans sa nouvelle famille. — L'Histoire de l'Église. — Retraites à Solesmes. — Premières œuvres : Conférences de Saint-Vincent-de-Paul; Cercle catholique; Patronage Saint-Serge. — Séjour à Paris. — Fondation de l'Université d'Angers. — Hervé-Bazin est nommé professeur. — Fête d'inauguration à la cathédrale d'Angers 66

V

Le *Livre d'or de l'Université d'Angers*. — Œuvre des Cercles. — Banques populaires. — Hervé-Bazin est nommé professeur d'Économie politique.

— Congrès de Chartres. — M. Charles Périn. — *Traité d'Économie politique*. — Mouvement royaliste. — Hervé-Bazin au Comité légitimiste d'Anjou. — Première conférence de Segré. — Son genre d'éloquence. — Lettre de M. l'abbé Douvain. — Toast aux *Associations professionnelles*, 1881. — Le poète 84

VI

Retraite d'Athis. — Fondation du *Petit Angevin*. — Un feuilleton. — *Mémoires et Récits de François Chéron*. — La *Monarchie selon le programme du Roi*. — Correspondance régionale dans l'*Union*. — Lettre à M. de Monvallier 106

VII

Vie de famille. — Hervé-Bazin au Patys. — Lettres à ses enfants. . . 120

VIII

Rapport sur la décentralisation. — La *Trilogie historique*. — Conférence de Chartres. — Conférence de Paris. 149

IX

Voyage à Goritz. — Mort du roi. — Fondation de l'*Anjou*. — Tiers ordre de Saint-François. — Naissance de Françoise. — Prière 163

X

Seconde édition du *Traité d'Économie politique*. — Conférences de Bordeaux, le Havre, Rouen, Caen, Arras, Séez, Alençon. — Une candidature. 177

XI

La croix de commandeur de Saint-Grégoire-le-Grand. — Toast à l'évêque-député. — Voyage dans les Flandres. — Humble jugement de soi-même. 186

XII

Hervé-Bazin et les jeunes gens. — La conférence Saint-Louis. — Lettres à des jeunes gens. — A un futur publiciste. — Après un examen heureux. — Au même après un échec. — A un étudiant qui avait perdu sa mère. — Pour inviter à une retraite. — Au même. — Au vicomte Robert de Roquefeuil. — Pour demander un service pour les Œuvres. — A un découragé. — Au même. — Au même. — Autres lettres. — A un poète. — A un inquiet. — Avant le mariage. — A un jeune bachelier avant son entrée au Séminaire. — Quelques réponses 197

XIII

Les *Grandes Journées de la Chrétienté*. — Fondation des premières corporations. — Élections municipales de 1886. — Comment Hervé-Bazin comprenait le rôle de candidat. — Congrès de Lille. Rapport sur la Décentralisation. — Assemblée régionale de l'œuvre des Cercles à Angers. — Toast à l'œuvre des Cercles. — Congrès de Nantes 245

XIV

Mort de M. Victor Pavie. — Présidence du comité des Cercles. — Fondation de trois nouvelles corporations. — Travail de nuit des femmes. — Le devoir social. — Association des jeunes filles pour le catéchisme. — L'effroi de n'avoir rien fait 263

XV

Conférences de Poitiers et de Montmorillon. — Mort de M. Mongazon. — Première attaque de congestion. — Plan des *Grands Ordres* et du *Jeune homme chrétien*. — Lettre à ses amis. — Retraite à l'université. — Congrès de la jeunesse catholique. — Procession de la Fête-Dieu. — Lettre d'un ouvrier. — Lettre d'un curé. — Hervé-Bazin et les ouvriers des Cercles. — Naissance de Michel. — Lettre à M. Alex. Celier 276

XVI

Conférence du Havre. — Dernière allocution au cercle de l'Immaculée-Conception. — Les *Grands Ordres et Congrégations de femmes*. — Le *Jeune homme chrétien*. — Le secrétariat de la zone de l'Ouest. — Lettres de félicitations. — Lettres du nouveau secrétaire de zone. — Un mot du R. P. Alet. — Dernière retraite d'Hervé-Bazin à l'Université. 303

XVII

Derniers traits. — Dernières paroles à la conférence Saint-Louis. — La mort. — Testament d'Hervé-Bazin 334

25135. — Tours, impr. Mame.

9106

NOUVELLE SÉRIE GRAND IN-8°

POUR LES CLASSES SUPÉRIEURES

Caractères de La Bruyère. Illustrations de V. Foulquier.

Chanson de Roland (LA). Traduction précédée d'une introduction et accompagnée d'un commentaire, par Léon Gautier, membre de l'Institut, professeur à l'École des Chartes. Ouvrage couronné par l'Académie des inscriptions et belles-lettres.

Légendes révolutionnaires, par Edmond Biré.

Oraisons funèbres de Bossuet (LES), suivies du Sermon pour la profession de Mme de La Vallière, du Panégyrique de saint Paul et du Sermon sur la vocation des Gentils; avec des notices par M. Poujoulat. Illustrations de V. Foulquier.

Petits chefs-d'œuvre des conteurs français, par E. Ragon.

Un homme d'œuvres. — Ferdinand-Jacques HERVÉ-BAZIN (1847-1889).

Vie charitable de M. de Melun, fondateur de l'Œuvre des apprentis et des jeunes ouvrières, par Alexis Chevalier.

Vie de saint Martin, évêque de Tours, apôtre des Gaules, par A. Lecoy de La Marche.

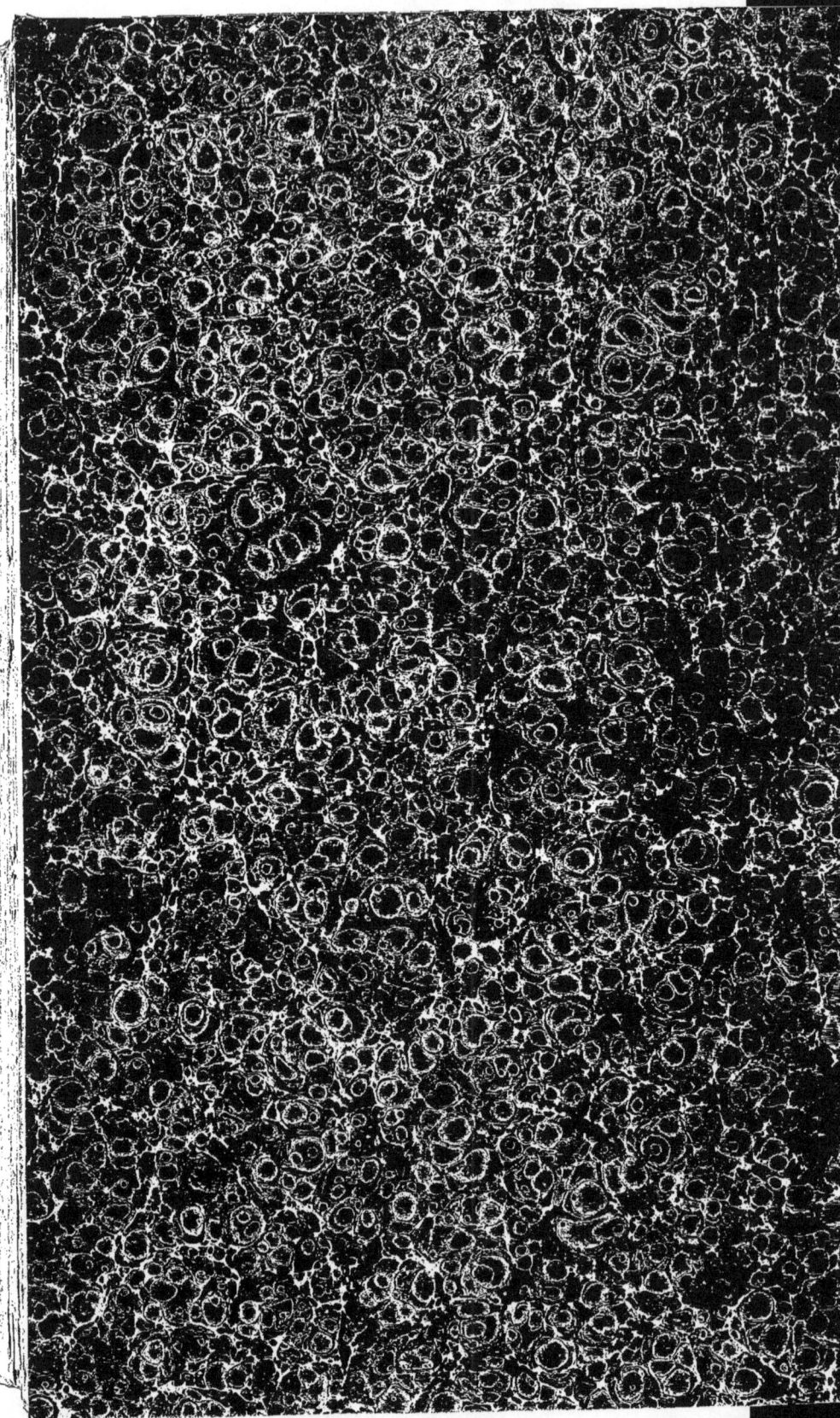

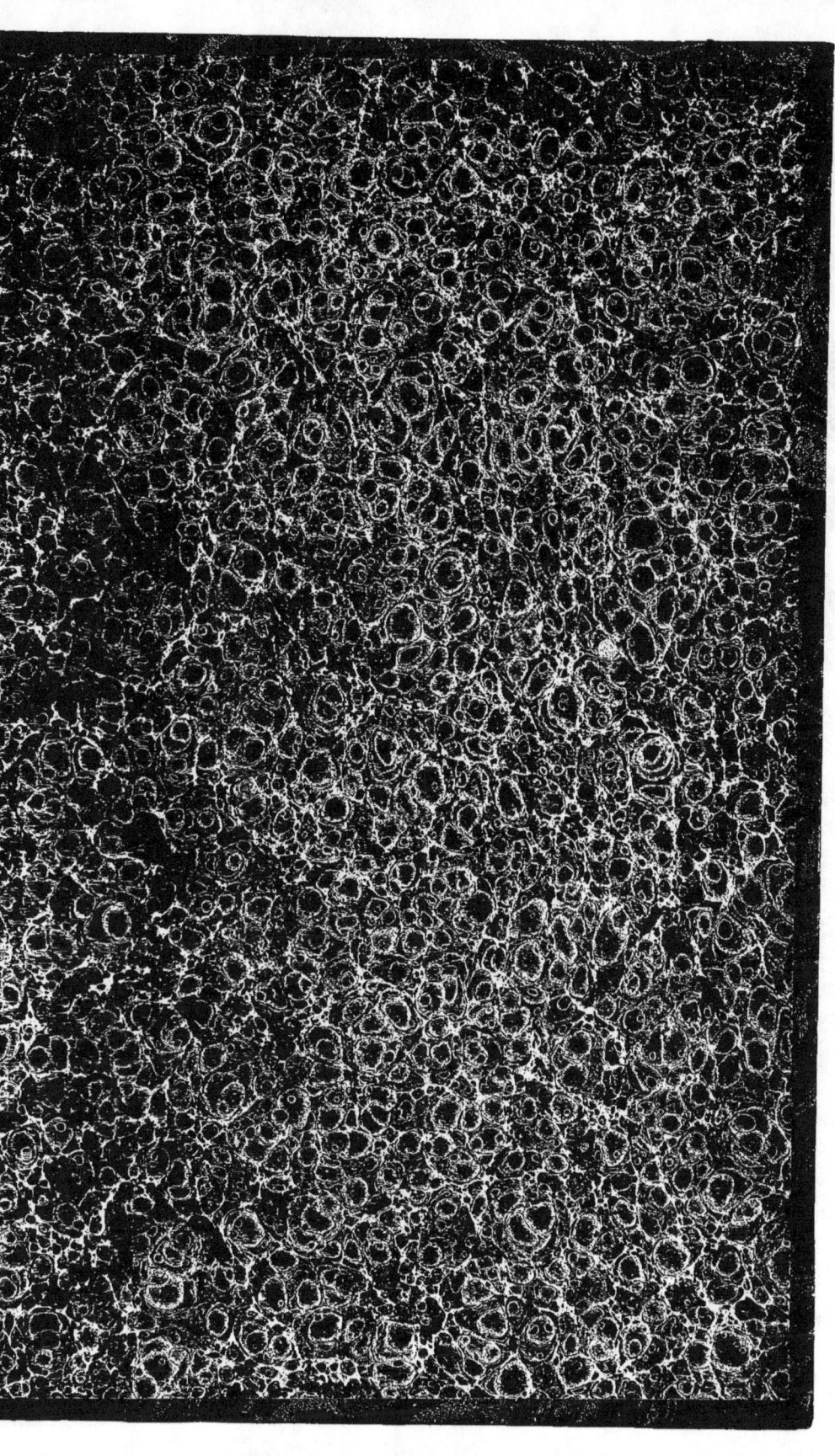

www.ingramcontent.com/pod-product-compliance
Lightning Source LLC
Chambersburg PA
CBHW070455170426
43201CB00010B/1347